Tentativas, Atentados e ASSASSINATOS
que Estremeceram o Mundo

STEPHEN J. SPIGNESI

Tentativas, Atentados e ASSASSINATOS
que Estremeceram o Mundo

M.Books do Brasil Editora Ltda.

Av. Brigadeiro Faria Lima, 1993 - 5º andar - Cj. 51
01452-001 - São Paulo - SP - Telefones: (11) 3168 8242 / 3168 9420
Fax: (11) 3079 3147 - E-mail: vendas@mbooks.com.br

Dados de Catalogação na Publicação

J. Spignesi, Stephen
Tentativas, Atentados e Assassinatos que Estremeceram o
Mundo/Stephen J. Spignesi
2004 - São Paulo - M.Books do Brasil Editora Ltda.
1. História 2. Assassinatos
ISBN: 85-89384-35-7

Do original
In the Crosshairs – Famous Assassinations and Attemps
from Julius Caesar to John Lennon

© 2003 by Stephen J. Spignesi
Original em inglês publicado pela The Career Press
© 2004 by M.Books do Brasil Ltda.
Todos os direitos reservados.

EDITOR
MILTON MIRA DE ASSUMPÇÃO FILHO

Produção Editorial
Salete Del Guerra

Tradução
Roger Maioli dos Santos

Revisão
Sílvio Ferreira Leite
Lucrecia Barros de Freitas

Capa
Douglas Lucas

Editoração e Fotolitos
ERJ Composição Editorial

2004
Proibida a reprodução total ou parcial.
Os infratores serão punidos na forma da lei.
Direitos exclusivos cedidos à
M.Books do Brasil Editora Ltda.

Este livro é dedicado a duas mulheres maravilhosas,

Melissa Grosso

e

Colleen Payne,

que sabem as razões desta homenagem.

Como fui intensamente auxiliado e estimulado durante a pesquisa e composição de Tentativas, Atentados e Assasinatos que Estremeceram o Mundo, minha tentativa de agradecer a todos que me ajudaram não expressará a profundidade de minha gratidão. A qualidade da assistência que recebi de tantos, tantos anjos, foi extraordinária; quaisquer erros que tenham permanecido no texto final são meus e somente meus. Obrigado a todos.

John White, Mike Lewis, Colleen Payne, Melissa Grosso, Dr. Bob McEachern, Southern Connecticut State University, Lee Mandato, Jim Cole, Ron Fry, Career Press, Martin Wolcott, University of New Haven, Stacey Farkas, Kevin Quigley, Anne Brooks, ABC News, BBC News, CNN, *The New York Times, New Haven Register, Los Angeles Times USA Today, Yale University Press, Gale Research, Yahoo News, Time, Time Europe, Time Asia, Newsweek,* PBS, E!, *www.cia.gov, www.whitehouse.gov, www.fbi.gov, www.newsmax.com, www.arttoday.com, www.abe.com, www.ebay.com.*

SUMÁRIO

1. Tomás à Beckett 1
2. Alan Berg 4
3. Júlio César 7
4. Jimmy Carter 10
5. Fidel Castro 13
6. Jacques Chirac 16
7. Winston Churchill 19
8. Cláudio 22
9. Bill Clinton 25
10. John Connally 29
11. Bob Crane 33
12. Jefferson Davis 37
13. Charles de Gaulle 41
14. Thomas Dewey 45
15. Medgar Evers 48
16. Louis Farrakhan 52
17. O Arquiduque Francisco Ferdinando 55
18. Larry Flynt 58
19. Gerald Ford 62
20. Henry Clay Frick 66
21. Indira Gandhi 70
22. Mohandas Gandhi 73
23. James Garfield 77
24. Germaine Greer 80
25. George Harrison 83
26. Phil Hartman 87
27. Wild Bill Hickok 90

Tentativas, Atentados e Assassinatos que Estremeceram o Mundo

28. ADOLF HITLER 93

29. HERBERT HOOVER 97

30. HUBERT HUMPHREY 99

31. ANDREW JACKSON 101

32. O REVERENDO JESSE JACKSON 104

33. JESSE JAMES 107

34. ANDREW JOHNSON 110

35. VERNON JORDAN 113

36. EDWARD KENNEDY 116

37. JOHN F. KENNEDY 118

38. ROBERT F. KENNEDY 123

39. MARTIN LUTHER KING JR. 127

40. VLADIMIR LENIN 130

41. JOHN LENNON 133

42. ABRAHAM LINCOLN 137

43. HUEY P. LONG 141

44. MALCOLM X 145

45. JEAN-PAUL MARAT 148

46. IMELDA MARCOS 152

47. CHRISTOPHER MARLOWE 155

48. WILLIAM MCKINLEY 159

49. HARVEY MILK 162

50. SAL MINEO 165

51. LORDE MOUNTBATTEN 168

52. HOSNI MUBARAK 172

53. HAING S. NGOR 175

54. RICHARD NIXON 178

55. LEE HARVEY OSWALD 181

56. O PAPA JOÃO PAULO II 184

57. O PAPA PAULO VI 187

58. Yitzhak Rabin 190

59. Rasputin 193

60. Ronald Reagan 197

61. George Lincoln Rockwell 201

62. Franklin Delano Roosevelt 204

63. Theodore Roosevelt 207

64. Anuar el-Sadat 210

65. Theresa Saldana 213

66. Rebecca Schaeffer 217

67. Monica Seles 220

68. William Henry Seward 223

69. Alexandre Soljenitsin 227

70. Margaret Thatcher 230

71. Leon Trotski 234

72. Harry S. Truman 238

73. Gianni Versace 241

74. George Wallace 244

75. Andy Warhol 247

Posfácio – Mortes por Encomenda 251

Apêndice – As Armas Escolhidas 252

Notas 257

Bibliografia 270

Índice Remissivo 281

Introdução
Assim Seja Sempre com as Celebridades

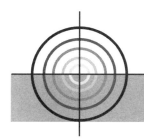

O assassinato é a modalidade extrema de censura.
— George Bernard Shaw[1]

Qualquer um pode matar qualquer um.
— Lynette "Squeaky" Fromme[2]

O termo assassino vem do persa hassassin, que significa "consumidor de haxixe". Designação dos seguidores de uma seita ou tribo do norte do Irã, antiga Pérsia, na época das Cruzadas. Estes seguidores costumavam consumir haxixe antes de suas batalhas. Este termo também foi mencionado por Marco Polo em As Viagens de Marco Polo (XIII).

Se uma pessoa famosa é atacada ou recebe ferimentos mortais, a equipe médica que a atende costuma recorrer a medidas extremas (e obviamente fúteis) para reavivá-la. Quando o presidente Kennedy (página 118) foi levado ao hospital Parkland Memorial, em Dallas, parte de seu crânio fora arrancada e seu cérebro virara uma massa sangrenta. Qualquer outro teria sido declarado morto já no momento da internação, mas, no caso de Kennedy, os médicos realizaram uma traqueotomia, injetaram-lhe fluidos, sangue e esteróides, e se empenharam por vinte minutos tentando preservar sua vida, antes de desistir. Indira Gandhi (página 70) estava clinicamente morta quando a levaram às pressas para o hospital, mas os médicos a operaram da mesma forma, removendo entre 16 e 20 balas de seu corpo, e chegando até a divulgar pedidos de doação de sangue. Deve-se dizer sempre que todo o possível foi feito; daí a tentativa de realizar milagres.

Tentativas, atentados e assassinatos que esmetremeceram o mundo

Tentativas, Atentados e Assassinatos Que Estremeceram o Mundo trata de assassinatos e tentativas de homicídio.

Os assassinatos serviram a propósitos muito diversos ao longo dos séculos. Já foram ferramenta política, mas também manifestação de obsessão, psicose e desilusão.

Ao lograr êxito, uma tentativa de assassinato pode gerar imensas mudanças políticas, culturais e sociais (como no caso de John F. Kennedy e Yitzhak Rabin, por exemplo). Na maioria dos casos, no entanto, não tem efeito algum. Tentativas malogradas tornam-se notas no rodapé da história — notas que não costumam incluir mais do que os detalhes do aprisionamento do assassino e a descrição do local em que a vítima (ele ou, em casos raros, ela) sofreu a execução. Arthur Bremer, que feriu a balas George Wallace (página 244), lamentou não ter alcançado a fama de assassino de Lee Harvey Oswald. Observou que não somente a maior parte das pessoas o ignora, como até seu alvo, George Wallace, é hoje desconhecido da maioria dos jovens.

Por vezes, o motivo de um assassinato, ou tentativa, é assombrosamente mundano. O agressor de Ronald Reagan (página 197) queria impressionar uma atriz. O assassino de Rebecca Schaeffer (página 217) estava apaixonado por ela. Francisco Duran (páginas 25-28), que disparou contra a Casa Branca com o objetivo de atingir Bill Clinton, afirmou que tencionava destruir uma névoa ligada por um cordão umbilical a um ente alienígena.

As armas mais utilizadas pelos assassinos de *Tentativas, Atentados e Assassinatos Que Estremeceram o Mundo* são os revólveres de calibre 0,38 e 0,44. Entre os rifles, o preferido é o 0,30-06, seguido do rifle de assalto AK-47. Facas são usadas com menos freqüência, já que o esfaqueamento requer grande proximidade do alvo, além de uma mentalidade que admita (e, em alguns casos, deseje) o contato pessoal com a vítima.

Incluem-se aqui homicidas criativos — assassinos que recorreram a armas exóticas como bombas-relógio, bombas de butano, granadas de mão, piqueta, cogumelos envenenados, agulha envenenada, espadas e até o tripé de uma câmera.

NOTA: Ao longo de Tentativas, Atentados e Assassinatos Que Estremeceram o Mundo *usaremos o termo* assassino* *(às vezes acrescido de "pretenso", "frustrado" e assim por diante) para designar a pessoa que matou ou atacou a vítima — mesmo que essa não tenha perecido em decorrência do atentado. Empregaremos o termo tendo em mente o nome da ordem secreta de fanáticos muçulmanos que, no início do século XI, aterrorizava e matava cruzados cristãos e outras pessoas. Da mesma forma, usaremos o termo* assassinato *no dossiê que abre cada seção, para designar tanto homicídios como atentados.*

– xii –

1
TOMÁS À BECKETT

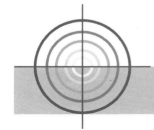

MORREU ✓
SOBREVIVEU —

Na aparência, era de compleição esguia e tez pálida, com cabelos escuros, nariz comprido e traços faciais bem definidos. Dono de uma expressão alegre, era cativante e amável em suas conversas e franco em seus discursos, malgrado certa gagueira ao falar. Tinha tão agudos o discernimento e o juízo, que sempre tornava sabiamente simples as questões difíceis.

— Robert of Cricklade[1]

VÍTIMA: Tomás à Beckett

NASCIMENTO: 21 de dezembro de 1118

MORTE: 29 de dezembro de 1170

IDADE NA OCASIÃO DO ATENTADO: 52 anos

OCUPAÇÃO: Chanceler da Inglaterra, arcebispo da Cantuária, amigo e, depois, inimigo do rei Henrique II, mártir inglês conhecido atualmente como São Tomás Beckett.

ASSASSINOS: Reginaldo FitzUrse[2], Guilherme de Tracy, Hugo de Morville e Ricardo le Breton: quatro cavaleiros ambiciosos a serviço do corrupto rei Henrique II.

DATA E MOMENTO DO ATENTADO: Terça-feira, 29 de dezembro de 1170, ao entardecer.

Assassinato de Tomás à Beckett

LOCAL DO ATENTADO: Em frente ao altar de São Benedito, na Catedral da Cantuária, na Inglaterra.

ARMAS: Espadas.

DESFECHO DO ASSASSINATO: Após diversos golpes de espada, incluindo um que lhe rompeu o crânio e esfacelou o cérebro, Tomás morreu quase imediatamente.

CONSEQÜÊNCIAS JUDICIAIS: Os quatro cavaleiros, que a princípio se gabaram, orgulhosos de seu feito, foram logo excomungados e buscaram refúgio na Escócia. Acabaram por se entregar a Henrique II, que os encaminhou ao papa para punição. O pontífice lhes impôs um período de jejum e ordenou que se unissem às cruzadas e servissem por 14 anos na Terra Santa. Henrique reconheceu, posteriormente, que errara ao acusar Tomás de roubo, e penitenciou-se caminhando descalço e em andrajos pela Cantuária, enquanto monges o açoitavam com juncos.

Às vezes cumpre pesar bem o que dizemos, especialmente se somos o rei da Inglaterra.

Henrique II viajava pela França com um de seus arcebispos, quando soube que Tomás Beckett, o mais alto membro da Igreja na Inglaterra, voltara ao país e fora recebido com grande aclamação pelo povo.

Tomás fora sagrado arcebispo pelo rei — então seu amigo — na tentativa de estabelecer uma aliança fácil, mas eficaz, entre a monarquia e a Igreja. Infelizmente, para Henrique II, seus planos não transcorreram conforme o previsto. Depois de implementar leis que lhe dariam o controle de todas as questões envolvendo o clero na Inglaterra, ele foi denunciado publicamente por Tomás, que criticou também as novas leis, embaraçando sensivelmente o monarca e deixando-o numa situação insustentável.

Reagindo com rapidez e astúcia, Henrique convocou Tomás e o acusou de ter furtado grandes somas da Igreja em sua época de chanceler. O rei esperava desviar a atenção pública do desdém que Tomás demonstrava por sua autoridade. Houve tamanho alvoroço em torno das acusações que o arcebispo julgou prudente fugir para a França. Deixou a Inglaterra em outubro de 1164 e permaneceu seis anos no exílio.

Ao saber que Tomás fora acolhido de braços abertos ao retornar, Henrique sentiu-se ultrajado. O arcebispo Roger, de York, que acompanhava o rei pela França, agravou sua indignação lembrando-lhe que seria necessário confrontar Tomás após a viagem, e que não haveria paz no reino inglês enquanto o arcebispo lá permanecesse.

Foi então que Henrique exclamou, furioso: "Quem me livrará desse padre intrometido?"[3]

Suas palavras foram ouvidas por quatro de seus cavaleiros, que viram de súbito uma grande oportunidade de "subir na vida", por assim dizer. Se pusessem fim à "Questão Tomás", de imediato eles se elevariam aos olhos do rei, e riquezas e privilégios copiosos os aguardariam no futuro.

O que fizeram, então, os quatro ambiciosos cavaleiros? Partiram sem tardar para a Inglaterra. Chegaram em 29 de dezembro e rumaram prontamente para a Cantuária. Sua aproximação foi causa de grande alarme, e os monges que acolhiam Tomás o exortaram a deixar sua casa e buscar refúgio na catedral, onde se celebrava uma cerimônia vespertina.

Tomás fez o que lhe pediram, mas os cavaleiros o seguiram catedral adentro e o atacaram com suas espadas. De Tracy o golpeou primeiro. Os outros o feriram mais três vezes. Tomás caiu de joelhos e, então, le Breton o atingiu com tanta força na cabeça, que seu crânio se abriu e a lâmina da espada se rompeu. O cérebro de Tomás esparramou-se pelo assoalho da catedral e os cavaleiros concluíram seu trabalho espalhando restos de miolos por todo o piso de mármore. A essa altura, os fiéis já haviam fugido da igreja e foram seguidos pouco depois pelos cavaleiros, que deixaram para trás o corpo violado, com a cabeça em pedaços, jazido numa poça de sangue e massa encefálica. Edward Grim, companheiro de Tomás, foi ferido por um dos cavaleiros, mas sobreviveu.

Três dias após o assassinato, conta-se que teve início uma série de milagres, todos causados, ao que se presumia, pelo espírito do morto. De acordo com textos medievais, a alma de Tomás restaurou a visão de cegos, deu voz aos mudos, audição aos surdos, movimento aos aleijados. Alega-se que chegou mesmo a trazer mortos de volta à vida. Três anos mais tarde, o arcebispo foi canonizado como São Tomás Beckett, pelo papa Alexandre III. Seus restos mortais, originalmente sepultados atrás de um dos altares da catedral, foram transferidos, em 1220, para um santuário construído especialmente em sua honra, na Capela da Trindade. Talvez como vingança pelo desrespeito que Tomás demonstrara por seu homônimo e ancestral, o rei Henrique VIII destruiu o Santuário de São Tomás, em 1538. Acredita-se que os despojos do mártir também tenham sido destruídos nessa ocasião.

2
Alan Berg

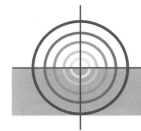

MORREU ✓

SOBREVIVEU ―

Alan Berg (...) é mais famoso morto do que era em vida. Sua memória assombra tanta gente (...) pois sua morte pode ser lida como uma mensagem: seja cauteloso, prudente, seja brando, nunca pressione ninguém, nunca diga o que realmente pensa, ofereça-se como refém a tipos suspeitos, antes mesmo que eles se manifestem. Hoje, muitas pessoas se opõem ao apelo populoresco do "Lixo da TV". Elas têm razão. E os apresentadores de tais programas são polemistas desavergonhados. Mas pelo menos não se intimidam. De que serve a liberdade de expressão aos que temem ofender?

— Roger Ebert[1]

VÍTIMA: Alan Berg

NASCIMENTO: 1934

MORTE: 18 de junho de 1984

IDADE NA OCASIÃO DA MORTE: 50

OCUPAÇÃO: Controvertido e provocante apresentador de programas de rádio, autodenominado "O Selvagem das Ondas Sonoras".

ASSASSINOS: Bruce Carroll Pierce (n. 1954), 32 anos, atirador; David Eden Lane (n. 1938), 46 anos, motorista do carro de fuga; Robert Jay Mathews (1953-1984), líder e mentor do plano para assassi-

Alan Berg

nar Berg; todos membros de um movimento neonazista pertencente ao Poder Branco e à Resistência Ariana, chamado A Ordem (também conhecido como Brüder Schweigen).

DATA E MOMENTO DO ATENTADO: Segunda-feira, 18 de junho de 1984, pouco depois das 21 horas; a ambulância chegou às 21h39; declarado morto às 21h45.

LOCAL DO ATENTADO: Entrada do condomínio de Berg, em Denver, no Colorado.

ARMA: Submetralhadora semi-automática de calibre 0,45.

DESFECHO DO ASSASSINATO: Berg morreu de ferimentos múltiplos de bala na cabeça e no pescoço. A polícia encontrou dez cápsulas de calibre 0,45 na entrada do condomínio; o boletim de ocorrência registrou quase vinte perfurações causadas por projéteis no corpo de Berg, que foi encontrado no chão, mas com os pés ainda dentro do carro.

CONSEQÜÊNCIAS JUDICIAIS: Bruce Carroll Pierce foi preso em 1985, julgado por assassinato e finalmente condenado por violação dos direitos civis de Berg, infração da Lei de Hobbs e fraude. Sentenciado a 252 anos de prisão, atualmente cumpre pena em Leavenworth, no Kansas. David Eden Lane foi preso em março de 1985 e passou por três julgamentos em três cortes diferentes. Em seu primeiro julgamento, que se deu em Seattle, Washington, em abril de 1985, foi acusado de conspiração, negociata e participação nas atividades da Ordem. Condenado, ele recebeu uma sentença de 40 anos. No segundo julgamento, em outubro de 1987, Lane foi acusado de violar os direitos civis de Berg e declarado culpado. Sentenciado a 150 anos, apelou da sentença em 1989. Seu terceiro julgamento foi em Fort Smith, no Arkansas, em fevereiro de 1987. Respondeu por acusações de sedição, conspiração e violação de direitos civis. Recusou o aconselhamento legal e assumiu a própria defesa. A data mais próxima para que Lane termine de cumprir as duas primeiras penas é 29 de março de 2035.

Tudo levava a crer que Alan Berg desafiava as pessoas a lhe darem um tiro, e houve vezes em que tal mensagem se fez entender perfeitamente nas entrelinhas.

De fevereiro de 1984 até o dia de sua morte, Berg apresentou um programa diário de quatro horas na rádio KOA-AM, atingindo mais de 200 mil ouvintes em 38 Estados norte-americanos. Ex-advogado famoso pelo descaramento, Berg deu vazão à mesma ira indignada em seu programa de rádio, emprestando um novo sentido à palavra *rude*. Ele falava de tudo e de todos, inclusive de seus problemas pessoais, de seu alcoolismo e de outros tópicos picantes, que por vezes enfureciam seus ouvintes, mas sempre os mantinham na escuta.

Tentativas, Atentados e Assassinatos que Estremeceram o Mundo

O forte de Berg era o confronto, e ele tinha como hábito desligar o telefone na cara dos participantes, que faziam o mesmo com ele. Convidados sem conta abandonavam o estúdio bruscamente, com o programa no ar, fartos do seu estilo de entrevista combativo e insultuoso.

Se levarmos tudo isso em conta, a morte de Berg se reveste de uma negra ironia. Ele nem teve a chance de um confronto final.

Um supremacista branco, que fora alvo do escárnio de Berg, aguardou-o certa noite de segunda-feira na entrada de seu condomínio. Berg havia encerrado o programa do dia e, depois de uma parada para comprar a comida do cachorro, dirigiu-se ao condomínio. Mal abriu a porta de seu Volkswagen, Bruce Pierce o alvejou com uma submetralhadora. Berg foi atingido por tantas balas, e de forma tão repentina, que caiu imediatamente no chão, com os pés ainda dentro do veículo. Se não estava morto ao tocar o solo, morreu segundos depois.

Nada foi roubado de Berg. Sua carteira permaneceu intocada; sua residência, trancada e segura. A Ordem não tinha interesse em seus bens; só o queria morto. Seu assassinato fora rigorosamente encomendado, pois ele era judeu, branco, inimigo da intolerância e, claro, antinazista. E dissera isso tudo ao vivo, chamando repetidamente de "estúpidos" os membros da Ordem e outros grupos supremacistas brancos que idolatravam Adolf Hitler.

Um pouco antes de sua morte, Berg tentara obter uma licença de porte de arma, que lhe foi negada. Justificou, perante as autoridades, que recebia freqüentes ameaças de morte, mas não foi levado a sério.

Em 1987, o escritor, comediante, ator e monologuista Eric Bogosian compôs e estrelou uma peça (*As Vozes da Ira*) baseada em Alan Berg, sem ser contudo uma encenação literal de sua história. Mais tarde, Bogosian protagonizaria a aclamada adaptação cinematográfica da mesma peça, dirigida em 1989 por Oliver Stone.

3
Júlio César

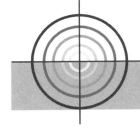

Morreu   ✓

Sobreviveu   —

Aqui esteve um César!
Quando haverá outro?
— William Shakespeare[1]

Vítima: Caio Júlio César

Nascimento: 12/13 de julho de 100? a.C.

Morte: 15 de março de 44 a.C., os "Idos de Março"

Idade na Ocasião da Morte: 55?

Ocupação: Ditador, general e estadista romano; converteu a república romana em uma monarquia (embora sem jamais assumir o título de imperador ou rei); retornou a Roma após uma campanha de sucesso na Ásia e disse ao Senado: *"Vini, vidi, vici"* ("Vim, vi, venci"); conquistador da Gália (atual França); adotou Augusto (cujo nome original era Caio Otávio), que se tornaria o primeiro imperador de Roma; conduziu Cleópatra ao trono do Egito.

César

Assassinos: Os arquitetos e iniciadores do plano foram Marco Bruto (85?-42 a.C.) e Cássio, amigos de César. Mas tantos senadores romanos se envolveram no atentado, que muitos

— 7 —

Tentativas, Atentados e Assassinatos que Estremeceram o Mundo

foram feridos pelos próprios comparsas, ocupados em apunhalar freneticamente a víti-ma. Acredita-se que entre 23 e 60 senadores tomaram parte no assassinato de César.

DATA E MOMENTO DO ATENTADO: 15 de março de 44 a.C., pouco após o meio-dia.

LOCAL DO ATENTADO: O Senado romano, em frente à estátua de Pompeu.

ARMAS: Adagas — muitas, muitas adagas.

DESFECHO DO ASSASSINATO: César foi abordado totalmente de surpresa. Depois que a primeira lâmina o penetrou, defendeu-se brevemente com um buril usado para escrever em tabletes de cera, mas sucumbiu ao se defrontar com o grande número de senadores envolvidos no ataque. Cobriu o rosto com a toga e recebeu 23 punhaladas, cujo efeito conjunto foi fatal. César morreu estirado no piso do Senado, em frente à estátua de Pompeu.

CONSEQÜÊNCIAS JUDICIAIS: Cássio e Bruto depuseram perante o Senado no dia seguinte ao assassinato, explicando que haviam arquitetado e levado a efeito seu plano porque César estava se tornando um déspota, havia proibido a prática de tributar cidadãos para bene-fício pessoal dos senadores, e ainda pretendia transferir a capital do império romano para Alexandria, no Egito, onde poderia estar próximo a Cleópatra, que ele fizera rainha dos egípcios. Os senadores favoráveis a César não discutiram tais questões, e ainda declararam Marco Antônio, o braço direito de César, seu sucessor. Marco Antônio per-doou os assassinos, mas não tardou a haver conflitos entre os soldados leais a Bruto e aqueles leais a César (e, por conseguinte, a Marco Antônio). Esse último logo abafou o levante e, pouco tempo depois, tanto Bruto como Cássio cometeram suicídio.

Enquanto era apunhalado pelos senadores romanos, Júlio César não disse "Até tu, Bruto". Essa frase foi usada em muitos relatos literários do crime para permitir que o perso-nagem de César expressasse concisamente seu espanto ao constatar que o amigo Bruto o traíra tão insensivelmente.

Os dois relatos mais antigos do assassinato — o de Plutarco e o de Suetônio — dizem que César permaneceu em silêncio durante o ataque.* Ele não disse uma palavra. Suetônio informa, contudo, que, segundo "outras fontes", as últimas palavras de César foram dirigidas

---

* Spignesi é preciso quanto a Suetônio (ver seqüência do parágrafo), mas não quanto a Plutarco. Segundo esse, quando César apercebeu-se de que Casca o atacava, perguntou-lhe: "Casca, perver-so, que fazes?". (N. T.)

a Bruto, tendo sido essas: "Tu também, meu filho?" Muitos historiadores dão crédito a esse relato, embora Suetônio não o tenha feito.

No século XVI, William Shakespeare reproduziu, em segunda mão, o relato de Suetônio, a princípio na versão do Primeiro Quarto de sua peça *A Verdadeira Tragédia de Ricardo, Duque de York* (não incluída na versão revisada de *Ricardo II*), e também no Terceiro Ato da monumental *Júlio César* (no verso "E tu, Bruto, também apunhalarás César?").

De qualquer modo, seria de esperar que César dissesse algo, tal a enormidade da traição de Bruto. Além disso, o alegado uso da palavra *filho*, por César, seria verossímil, uma vez que tivera um caso duradouro com a mãe de Bruto e havia rumores difundidos de que ele era seu pai. (Bruto apunhalou César nos órgãos genitais. Esse ato dá pretexto a muitas interpretações, especialmente quando se sabe que, depois de ser atingido na virilha, César rendeu-se e resignou-se à morte.)

Os antigos romanos davam a presságios, portentos, sonhos e adivinhações a mesma atenção que nós, modernos, damos à CNN e à previsão do tempo. Na noite anterior ao assassinato de César, sua esposa Calpúrnia sonhou com a morte do marido. César não lhe deu ouvidos. Calpúrnia então o lembrou de que um quiromante lhe predissera que os idos de março (15 de março) lhe seriam fatais. O alerta, juntamente com o sonho da esposa, convenceram César a não sair de casa naquele dia. Contudo, um de seus homens chegou logo em seguida e zombou de sua superstição. César decidiu, então (embora com relutância), seguir para o teatro de Pompeu, no Senado, conforme planejara.

A conjuração contra César, envolvendo 60 senadores, deveria ocorrer assim que ele chegasse ao Senado. No caminho, alguém (a história não nos diz quem, mas era claramente pessoa leal a César) lhe entregou um pergaminho que detalhava o atentado. César sempre recebia petições, e provavelmente não tinha cabeça, naquela hora, para ler o que julgava ser um requerimento.

Tão logo chegou ao Senado e assentou-se sob a estátua de Pompeu, Tílio Címber aproximou-se e solicitou-lhe permissão para que seu irmão, banido por César de Roma, retornasse do exílio. Durante a conversa, Casca pôs-se atrás do interlocutor, levantou sua toga e o apunhalou no alto das costas. Foi o sinal para que o ataque tivesse início, e o pandemônio sobreveio. Em segundos, Júlio César estava morto.

O assassinato de César não teve outro efeito que o de pôr seu filho adotivo, Augusto, no poder, preparando o palco para os césares imperiais que se seguiriam.

4
JIMMY CARTER

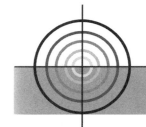

MORREU —

SOBREVIVEU ✓

John W. Hinckley é a encarnação do pesadelo de qualquer família. É o filho que se perde nos infernos pessoais da depressão, do desespero e, por fim, do irrevogável desastre, deixando aos pais somente a amargura do "talvez" e a futilidade do "se ao menos".

— *Newsweek*[1]

VÍTIMA: James "Jimmy" Earl Carter

NASCIMENTO: 1º de outubro de 1924

MORTE: —

IDADE POR OCASIÃO DO ATAQUE: 56

OCUPAÇÃO: 39º presidente dos Estados Unidos (1977-1981).

ASSASSINO IMPLICADO: John W. Hinckley Jr. (n. 29 de maio de 1955), que ainda tentaria, sem sucesso, assassinar Ronald Reagan.

DATA E MOMENTO DO ATENTADO: O atentado se daria provavelmente em outubro de 1980, depois de um período em que Hinckley observara Carter ativamente.

LOCAL DO ATENTADO: O atentado ocorreria provavelmente durante uma campanha política em Nashville, no Tennessee.

Jimmy Carter

ARMA: A arma poderia ser um dos revólveres de Hinckley.

DESFECHO DO ASSASSINATO: Hinckley deixou de perseguir o presidente Carter e desistiu dos planos de assassiná-lo. Em vez disso, tentou matar o presidente Ronald Reagan (página 197).

CONSEQÜÊNCIAS JUDICIAIS: Hinckley estava a caminho de um dos locais de campanha de Carter, quando foi preso em um aeroporto, após a segurança ter encontrado revólveres em sua bagagem. O incidente parece ter convencido Hinckley a abandonar a idéia de assassinar Carter, embora também se diga que a má posição do presidente nas pesquisas tenha contribuído para que ele aguardasse um alvo mais famoso. A prisão de Hinckley no aeroporto aparece como a única conseqüência judicial de seu intento. Ele teve os revólveres confiscados, pagou uma multa de US$ 62,50 e acabou liberado. Nenhum serviço de vigilância foi designado para observá-lo após o acontecimento.

A história é escrita conforme os fatos, e os livros de história trariam hoje algo muito diferente, caso John Hinckley não fosse detido no aeroporto ao transportar armas. Jimmy Carter poderia ter sido vítima de assassinato, e Jim Brady não sofreria para o resto da vida de lesões cerebrais. Mas, como disse, a história é escrita conforme os fatos, e não foi assim que as coisas se deram.

O agente do serviço secreto, curvado sobre pilhas de fotos, usava uma pequena lupa para esquadrinhar as imagens. Centenas de rostos perpassavam, conforme ele deslizava a lente por sobre a multidão, em busca de indivíduos que pudessem representar uma ameaça ao presidente. O policial analisava imagens do público que se reunira durante um comício do presidente Carter em Nashville, no Tennessee, em 1980. Quando ele corria a lupa por uma das fotografias, deteve-se atônito. Em meio à multidão, havia um jovem que ele conhecia, alguém troncudo e desalinhado, com cabelos de cor arenosa e óculos. O agente se sentou. "Caramba!", murmurou por entre os dentes. Então, focou melhor a lupa sobre a foto e observou o rosto ampliado de John W. Hinckley.

Era como a cena de *Taxi Driver* em que Robert De Niro, de jaqueta do exército e cabelo tipo moicano, comparecia ao comício de um candidato à presidência — salvo que o palestrante, nesse caso, não era um mero candidato; mas de fato o presidente dos Estados Unidos.

Tentativas, Atentados e Assassinatos que Estremeceram o Mundo

John W. Hinckley Jr. estava na ala externa da multidão, com os olhos ocultos por óculos de sol e as mãos nos bolsos da jaqueta. Deixara as armas no hotel. Ele não pretendia atirar no presidente naquele dia.

Jimmy Carter foi um de seus possíveis alvos, antes de Hinckley resolver assassinar o presidente Reagan. Hinckley jamais fora reconhecido como ameaça ao presidente, muito embora (como o serviço secreto descobriria após o atentado a Reagan) houvesse sido fotografado em meio à multidão nos comícios de Carter.

Como sabemos, Hinckley não atirou em Jimmy Carter, nem começou a persegui-lo de comício em comício. Deixou passarem-se os meses entre outubro de 1980 e a primavera de 1981, até pouco antes do fim de março. Aí voou para Washington, dessa vez com dois revólveres não-detectados, hospedou-se em um hotel e escreveu uma carta para Jodie Foster.

Em seguida, foi até o Washington Hilton e aguardou na calçada, em meio à multidão, como fizera seis meses antes. Seus bolsos não estavam mais vazios. O resto é história — como nos contam os livros de hoje.

5
FIDEL CASTRO

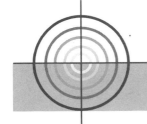

MORREU   —

SOBREVIVEU   ✓

Se sobreviver a assassinatos fosse esporte olímpico, eu levaria a medalha de ouro.

— Fidel Castro[1]

VÍTIMA: Fidel Castro

NASCIMENTO: 13 de agosto de 1926

MORTE: —

OCUPAÇÃO: Advogado, premiê de Cuba (1959-1976), presidente de Cuba (de 1976 até o presente).

ASSASSINOS ALEGADOS: A CIA (1960-?), a Máfia (1962-3), sete norte-americanos de origem cubana (1998).

DATA E MOMENTO DOS ATENTADOS: (1960-1998).

LOCAL DOS ATENTADOS: Pontos diversos de Cuba.

Fidel Castro

ARMAS: Uma bizarra mistura de ataques pretensamente mortais, incluindo-se: colocar fungos na roupa de mergulho de Castro para causar-lhe uma doença epidérmica crônica; depositar esporos de tuberculose no regulador de ar do seu equipamento de mergulho; instalar uma concha explosiva no trecho de solo oceânico onde ele costumava mergulhar; equipar canetas com uma agulha para injetar-lhe um inseticida mortal; envenenar seus cigarros com um potente alucinógeno, que lhe causaria desvarios durante aparições públicas; envenenar seus cigarros com uma toxina virótica; ocultar explosivos em seus cigarros (Cigarros explosivos? Sim. E não se trata de piada.); pôr sais de tálio em seus sapatos para que sua barba, cabelos, sobrancelhas e pêlos púbicos caíssem; alvejá-lo com um rifle telescópico; e lançar fogos de artifício, alardeando que a segunda vinda de Cristo era iminente, na esperança de que o povo cubano, ao ver os fogos, derrubasse Castro em uma revolução indômita.

DESFECHO DOS ASSASSINATOS: Castro está vivo e bem.

CONSEQÜÊNCIAS JUDICIAIS: Nenhuma.

De acordo com a BBC, Fidel Castro "sobreviveu, pelo que se diz, a mais de 600 atentados patrocinados pela CIA"[2].

Seiscentos atentados *frustrados*? Bem, isso explicaria a Baía dos Porcos*, não é mesmo?

Para muitos cubanos, Castro *é* Cuba. Ele é amado e odiado, mas não há dúvida de que a identidade da nação insular se define pela presença dominante de Fidel Castro. O filósofo francês Jean-Paul Sartre disse certa vez que: "Castro é a um só tempo a ilha, os homens, o gado e a terra. É a ilha como um todo."[3]

Ele sobreviveu durante nove mandatos de presidentes norte-americanos. É visto pelo povo e pelo governo dos Estados Unidos como o último comunista, e sua proximidade geográfica é, há muito, um motivo de preocupação.

Há décadas, o governo dos Estados Unidos, e muitos norte-americanos, acreditam que o mundo seria um lugar melhor e mais seguro sem Fidel Castro. Impusemos restrições comerciais a Cuba por um prazo aparentemente eterno, e todavia deixamos de lado nossas diferenças ideológicas e agimos em prol do governo cubano ao devolver Elián González a seus pais, na Cuba comunista.

Nos anos 60, a CIA pôs em prática a Operação Mangusto, um complô clandestino para assassinar Castro. O maior obstáculo era que a organização não dispunha de meios para entrar com êxito em Cuba e imiscuir-se na zona de acesso pessoal de Castro.

A solução? Contratar um mafioso para o trabalho.

---

* Alusão a uma tentativa frustrada, por parte dos americanos, de invadir Cuba em abril de 1961. O ponto escolhido para a invasão era a Baía dos Porcos, na costa meridional da ilha. (N. T.)

Isso não é tão bizarro como pode parecer. Nos anos 50, a Máfia possuía uma imensa organização contrabandista em Havana, e os chefões em Chicago, Nova York, Filadélfia e outras localidades mantinham, em Cuba, contatos que poderiam ser utilizados na Operação Mangusto.

A CIA começou a "trabalhar" com o chefão de Chicago, Sam Giancana, com seus sócios Meyer Lansky, Johnny Rosselli, Santo Trafficante Jr. (da Flórida), e outros manda-chuvas da Máfia. Todavia, sendo a organização como era, eles aparentemente embolsaram o dinheiro e iludiram a CIA, alegando que se empenhavam com diligência no plano, quando na realidade não estavam fazendo nada para arquitetar um assassinato factível.

A CIA acabou suspendendo a Operação Mangusto, não antes de desperdiçar horrores em dinheiro e recursos e de ter sido humilhada frente aos demais serviços de inteligência pela "rasteira" que levou da Máfia.

Em 1997, sete norte-americanos de origem cubana foram presos por tentar matar Fidel Castro durante uma conferência internacional na ilha Margarita, na Venezuela. O barco em que estavam começou a afundar e, quando a guarda costeira os resgatou, encontrou a bordo armas, munição e suprimentos militares. Foi o fim do complô da Fundação Nacional Cubano-Americana contra Castro.

Há certamente novos complôs sendo arquitetados contra Castro, e não se sabe se ele deixará o cargo por renúncia, morte ou assassinato. É certo, porém, que até que ele se vá, continuará a ser uma pedra no sapato do governo norte-americano.

6
Jacques Chirac

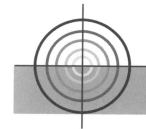

Morreu —
Sobreviveu ✓

Não me parece que tenha havido um complô, pois, nesse caso, o atirador teria usado uma arma de maior calibre. Parece o ato de um demente.
— Nicolas Couteau[1]

Vítima: Jacques Chirac

Nascimento: 29 de novembro de 1932

Morte: —

Idade por Ocasião do Atentado: 69

Ocupação: Presidente da França

Assassinato Frustado: Maxime Brunerie (n. 1977), 25 anos, neonazista ligado ao Grupo de Defesa da União (uma organização racista de direita), estudante, motorista em meio período, conhecido pela polícia por seus problemas emocionais.

Data e Momento do Atentado: Domingo, 14 de julho de 2002, Dia da Bastilha, pouco depois das 10 horas, durante o desfile comemorativo anual.

Local do Atentado: Avenida dos Champs-Elysées, próximo ao Arco do Triunfo, em Paris, na França.

Arma: Um rifle de calibre 0,22.

Jacques Chirac

– 16 –

DESFECHO DO ASSASSINATO: Brunerie conseguiu disparar um tiro contra o presidente, que desfilava em pé em um jipe militar, mas errou o alvo. Enquanto tentava preparar o segundo disparo, viu-se desarmado por pessoas que assistiam à parada; a arma foi apontada para o alto e, em seguida, arrancada de suas mãos. Brunerie tentou apontar a arma contra si mesmo, após alvejar o presidente, mas não teve tempo.

CONSEQÜÊNCIAS JUDICIAIS: Brunerie foi mantido em detenção psiquiátrica. Ouviu as acusações na segunda-feira, 15 de julho de 2002. Seu caso estava em aberto até a edição deste livro.

Outro atirador solitário, outro veículo aberto, outra tentativa malograda de assassinato, outra intervenção dos cidadãos, outro vexame para a segurança.

O atentado contra o presidente francês Jacques Chirac é a mais recente ocorrência do tipo a ser mencionada neste livro, e aconteceu durante a celebração anual do Dia da Bastilha — dia em que, no ano de 1789, a Bastilha de Paris foi tomada pelos cidadãos, nos primórdios da Revolução Francesa.

O Dia da Bastilha é um feriado nacional na França, e seu tema são as relações franco-americanas. Presentes ao grande desfile estavam 163 cadetes do exército dos Estados Unidos, além de 75 bombeiros nova-iorquinos acompanhados de suas famílias, todos desfilando em um carro de bombeiros de Nova York.

Alega-se que havia 2.500 policiais uniformizados e à paisana em meio à multidão, e, todavia, o assassino conseguiu chegar até a passarela carregando um rifle dentro de um estojo de violão marrom. O estojo não foi verificado, e não se sabe se havia postos de revista nas proximidades.

A arma era um rifle de caça de calibre 0,22, e fora comprada legalmente uma semana antes. Estava totalmente carregada, com cinco balas.

Depois de passar pelo Arco do Triunfo, o jipe presidencial seguiu pelos Champs-Elysées com Chirac em pé, acenando para a multidão. Quando o veículo chegou a cerca de 150 metros de Brunerie, o homem abriu o estojo do violão, tirou o rifle, mirou e disparou. Sua mira era contudo terrível, e a bala não passou nem perto do presidente. Jacques Weber, um turista da Alsácia, viu a ação do atirador. "Olhei à minha esquerda e vi um cano de arma apontado para a passarela. Olhei para trás e vi um homem apontando para os desfilantes. Ouvi um estrondo e pensei: 'O sujeito está atirando!' Agarrei seu rifle e o dirigi para cima, para que não ferisse ninguém, e em seguida procurei dominá-lo. Ele tentou se matar. Arranquei a arma de suas mãos e outras pessoas o imobilizaram."[2]

A multidão começou a gritar pela polícia, que chegou dois ou três minutos depois. Algumas testemunhas expressaram sua preocupação pelo tempo que os policiais demoraram. O atirador foi algemado e levado preso. Chirac não sabia do atentado que sofrera, e o desfile prosseguiu.

Alguns jornais franceses informaram que Brunerie havia sido candidato pelo Movimento Nacional Republicano, um partido de extrema direita que brotara da Frente Nacional de Jean-Marie Le Pen, e concorrera nas eleições municipais de 2001. Le Pen, derrotado por Chirac em 2001, negou qualquer relação com o atirador. Ele fez uma declaração condenando qualquer atentado dirigido ao representante do Estado. "Eu sabia que, se algum louco viesse a atirar no presidente, diriam de uma forma ou de outra que ele era da extrema direita."[3]

O atentado contra Chirac foi a primeira tentativa conhecida de assassinar um presidente francês, desde as várias incursões para pôr fim à vida de Charles de Gaulle, (página 41) no início da década de 1960.

7
WINSTON CHURCHILL

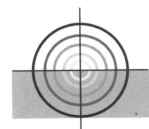

MORREU   —

SOBREVIVEU   ✓

Seguiremos até o fim, lutaremos na França, lutaremos nos mares e oceanos, lutaremos nos ares com confiança e força crescentes; defenderemos nossa ilha, custe o que custar; lutaremos nas praias, lutaremos nas pistas de pouso, lutaremos nos campos e nas ruas, lutaremos nas colinas; e jamais nos renderemos.

— Winston Churchill[1]

VÍTIMA: Sir Winston Leonard Spenser Churchill

NASCIMENTO: 30 de novembro de 1874

MORTE: 24 de janeiro de 1965

IDADE POR OCASIÃO DO ATENTADO: 68

OCUPAÇÃO: Primeiro-ministro da Inglaterra durante a Segunda Guerra Mundial; lorde do almirantado da marinha britânica; criador das expressões "Cortina de Ferro", "sangue, suor, lágrimas e trabalho" e "um segredo envolto em mistério no seio de um enigma"; jornalista e escritor aclamado; ganhador do Prêmio Nobel de Literatura; cidadão honorário dos Estados Unidos.

Churchill

ASSASSINOS (SEM ÊXITO): A Luftwaffe alemã.

DATA E MOMENTO DO ATENTADO: Terça-feira, 1º de junho de 1943, às 12h54.

Tentativas, Atentados e Assassinatos que Estremeceram o Mundo

LOCAL DO ATENTADO: Um jato comercial DC-3 da British Overseas Airway Corporation (BOAC), de nome *Ibis*, que voava sobre a Baía de Biscaia, no norte da Espanha e oeste da França.

ARMA: Artilharia aérea.

DESFECHO DO ASSASSINATO: Churchill não embarcou no vôo fatal e, assim, saiu ileso da tentativa de assassinato. Mas 17 pessoas que estavam no vôo — 13 passageiros e quatro tripulantes — pereceram com a derrubada do avião.

CONSEQÜÊNCIAS JUDICIAIS: Nenhuma. De qualquer modo, os aliados venceram a guerra.

Qual a relação entre o filme *E o Vento Levou* e Winston Churchill? O ator Leslie Howard, que interpretou Ashley Wilkes na celebrada adaptação do romance de Margaret Mitchell sobre a Guerra Civil, estava no avião que a Luftwaffe derrubou na tentativa de eliminar Churchill, supostamente a bordo. Após o fim da guerra, revelou-se que Leslie Howard, um patriota apaixonado, tomara deliberadamente o vôo, mesmo sabendo que serviria apenas de engodo, para desviar a atenção da verdadeira aeronave de Churchill.

Porém (para fazer as vezes de advogado do diabo), a história de que Howard se prestara ao martírio pela causa aliada não poderia ser falsa? Três passageiros que estariam no *Ibis* naquele dia foram removidos para que Howard e seu agente de negócios, Alfred Chenhalls, pudessem embarcar. Parece ter sido uma decisão de última hora. Se Leslie Howard soubesse que o DC-3 seria derrubado, aguardaria até que o avião estivesse lotado, para, então, embarcar? E, se acreditasse que ninguém a bordo sobreviveria, teria levado seu agente para a morte?

O interessante é que existe outra teoria para explicar a escolha daquele avião como alvo. Ela envolve o já mencionado empresário de Leslie Howard, Alfred Tregear Chenhalls. A hipótese sugere que os alemães podem ter espionado as pessoas enquanto embarcavam, tomando Chenhalls por Churchill. Chenhalls era baixo e corpulento, fumava charutos e tinha uma semelhança notável com o primeiro-ministro britânico. Se verdadeira, cai por terra a suposição de que Howard foi um cordeiro que se ofereceu ao sacrifício.

Nem o DC-3 nem os corpos das pessoas jamais foram encontrados.

Churchill se aposentou após a guerra e viveu até os anos dourados. Morreu em 1965, na avançada idade de 90 anos.

Winston Churchill

Bibliografia de Winston Churchill

1898   *The Story of the Malakand Field Force (A história da força terrestre de Malakand)*

1899   *River War (Guerra fluvial)*

1900   *Savrola*

1908   *My African Journey (Minha viagem pela África)*

1923   *The World Crisis (A crise mundial)*

1930   *Minha Mocidade*

1931   *The Eastern Front (A fronte ocidental)*

1932   *Thoughts and Adventures (Reflexões e aventuras)*

1948   *Painting as a Pastime (A pintura como passatempo)*

1948   *The Second World War (A Segunda Guerra Mundial)*

1956   *História dos Povos de Língua Inglesa*

8
CLÁUDIO

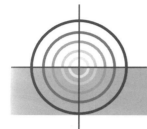

MORREU ✓

SOBREVIVEU ___

Ita feri ut se mori sentiat
Golpeai-o de tal modo que ele sinta estar morrendo.
— Suetônio[1]

VÍTIMA: Tibério Cláudio César Augusto Germânico

NASCIMENTO: 1º de agosto de 10 a.C.

MORTE: 13 de outubro de 54

IDADE POR OCASIÃO DO ATENTADO: 64

OCUPAÇÃO: Imperador de Roma (41-54), fisicamente inválido, historiador, escritor, iniciador da anexação das ilhas britânicas como províncias do Império Romano, chegado ao trono pelo assassínio (que pode ter ajudado a planejar) de seu sobrinho Calígula (Caio César).

ASSASSINA: Sua esposa (e sobrinha) Agripina, a Jovem (15-59), de 39 anos.[2]

DATA E MOMENTO DO ATENTADO: 13 de outubro de 54, ao longo de um período de 24 horas.

LOCAL DO ATENTADO: Seu palácio no Palatino, a mais importante das sete colinas da Roma antiga.

Cláudio — Roma e Vaticano

Cláudio

ARMAS: Cogumelos envenenados — *Amanita Caesarea* e *Amanita phalloides.*[3]

DESFECHO DO ASSASSINATO: Cláudio ingeriu um ensopado contendo cogumelos envenenados e começou a passar mal algumas horas depois. Chamou um médico, que pode ou não ter participado do complô assassino, e pode ou não ter ministrado ao imperador um enema envenenado. Cláudio foi piorando rapidamente e sofreu dores horríveis por quase um dia, antes de expirar, na noite seguinte ao trágico jantar. Os sintomas do envenenamento por *Amanita* são dores estomacais extremas, náusea, vômitos violentos, sede intensa, cianose (coloração azulada da pele e membranas mucosas) e diarréia com sangue, seguidos de uma desidratação fatal e de danos letais ao fígado, aos rins e ao coração. A vítima permanece consciente durante toda essa provação.

CONSEQÜÊNCIAS JUDICIAIS: A traição de Agripina conseguiu levar seu filho Nero ao trono. Embora Nero provavelmente soubesse que Agripina matara o marido, não houve ação legal contra ela. Nero incorreu nos excessos que lhe permitiam sua posição de imperador (comida, bebida, mulheres e jogos), e a relação entre mãe e filho rapidamente se deteriorou. Nero decidiu livrar-se da mãe fazendo soçobrar o navio em que ela viajava. Como Agripina logrou sobreviver ao naufrágio, ele enviou soldados para executá-la. Segundo os relatos, ela aceitou a sentença de morte, mas pediu que a executassem com a perfuração de seu útero. Queria que esse ato fosse a profanação do local de nascimento de tão traiçoeiro filho. Os soldados atenderam ao seu último desejo.

Antes de ser proclamado imperador, Cláudio era figura conhecida em Roma e nos arredores. Sofria de diplegia (paralisia bilateral, de ambos os lados do corpo, como os dois braços, as duas pernas e assim por diante), gaguejava, tinha um pé torto e babava em público. Enfim, não fazia boa imagem. Costumava ainda adormecer em banquetes, e os outros convidados o alvejavam com restos de comida, enquanto ele ressonava. Também punham-lhe sandálias nas mãos e em seguida o despertavam, para rirem-se à larga quando ele esfregava o rosto com a sola do calçado.

Cláudio era tido por idiota, mas, depois de tornar-se imperador, fez saber que simulava imbecilidade para que as pessoas baixassem a guarda em sua presença. Era na verdade um homem inteligente e erudito. Escrevera histórias bem aceitas, a respeito dos etruscos e dos cartagineses, e, aos 47 anos, fora elevado a cônsul por Calígula — três anos antes do assassinato desse e da própria ascensão ao trono.

Cláudio casou-se quatro vezes: com Pláucia, Élia, Messalina e Agripina. Divorciou-se das duas primeiras; a terceira, a licenciosa Messalina, foi executada; a quarta, Agripina, o matou.

– 23 –

Messalina morreu a mando de Cláudio. Promovia orgias sob seu nariz, e esposou outro homem estando ainda casada com ele, que a condenou à morte e permitiu-lhe tempo para cometer suicídio. Como ela se recusara, ele mandou que um guarda a trespassasse com a espada.

Uma vez imperador, Cláudio demonstrou-se um líder capaz, embora megalomaníaco e intolerante. Conferiu cargos públicos a escravos libertos, baniu os druidas, expulsou os judeus e destinou grandes recursos a obras públicas, como pontes e aquedutos.

Agripina já tinha um filho, Nero, quando casou-se com Cláudio. Desde a consumação do casamento, desejava que Nero assumisse o trono quando Cláudio morresse ou caísse. Cláudio, porém, queria que seu sucessor fosse Britânico, filho que tivera com Messalina. Agripina decidiu livrar-se de Cláudio e pôr Nero no trono — e foi precisamente o que fez. Britânico, o filho de Cláudio, morreu por envenenamento quatro meses após a morte do pai.

9
BILL CLINTON

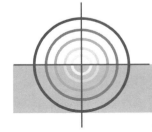

MORREU   —

SOBREVIVEU   ✓

É ótimo estar de volta à segurança da Casa Branca.
— Presidente Clinton[1]

VÍTIMA: William "Bill" Jefferson Clinton

NASCIMENTO: 19 de agosto de 1946

MORTE: —

IDADE POR OCASIÃO DO ATENTADO: 48

OCUPAÇÃO: 42º presidente dos Estados Unidos (1993-2001).

ASSASSINO CONDENADO: Francisco Martin Duran (n. 1968), 26 anos, estofador residente em Security, no Colorado; nascido em Albuquerque, no Novo México; dispensado vergonhosamente do exército após ter lançado um veículo sobre um grupo de pedestres, estando embriagado (1981); prisioneiro militar no Forte Leavenworth por três anos e meio.

Bill Clinton

DATA E MOMENTO DO ATENTADO: Sábado, 29 de outubro de 1994, aproximadamente às 15 horas.

LOCAL DO ATENTADO: Tiros foram disparados de fora do cercado da Casa Branca, enquanto Clinton estava na parte residencial do prédio.

Tentativas, Atentados e Assassinatos que Estremeceram o Mundo

ARMAS: Um rifle semi-automático Norinco e uma espingarda Mossberg.

DESFECHO DO ASSASSINATO: O presidente Clinton saiu incólume; a Casa Branca e algumas das árvores locais foram atingidas pelos 27 tiros de Duran.

CONSEQÜÊNCIAS JUDICIAIS: Duran respondeu por 11 acusações de traição, incluindo-se a tentativa de assassinar o presidente, e foi declarado culpado de 10 dentre as 11 acusações. Esteve sujeito a receber pena de prisão perpétua, sem livramento condicional. Em 8 de outubro de 1996, ele foi sentenciado a 40 anos de prisão.

Psiquiatras que serviram como testemunhas de defesa de Francisco Duran afirmaram que, ao disparar contra a Casa Branca, o réu tentava destruir uma névoa conectada a um ente alienígena por um cordão umbilical. Aparentemente, Duran achava que devia destruir a névoa para salvar o mundo, e que isso seria possível, se atirasse contra a Casa Branca. Insanidade? Foi o motivo declarado, mas o júri não acreditou e Duran acabou na prisão, supostamente na crença de que a névoa alienígena estava prestes a aniquilar o mundo.

Antes do bombardeio em Pearl Harbor, o "perímetro de segurança" da Casa Branca começava nas portas de acesso ao prédio. Depois do ataque japonês, passou a abranger a alta cerca de ferro nos limites da propriedade. Imagine só: antes de 7 de dezembro de 1941, os cidadãos podiam caminhar à vontade pelo quintal da Casa Branca, livres mesmo para ir até o prédio e olhar pelas janelas, caso desejassem. Hoje, qualquer um que puser o pé no quintal acionará toda sorte de alarmes e correrá o risco de ser fuzilado, se não se detiver imediatamente e obedecer a cada comando da polícia ou do serviço secreto. (Veja a história de Marcelino Corniel na página 28.)

A residência da Primeira Família fica no segundo andar da Casa Branca, nos fundos. As janelas são feitas de vidros à prova de balas. As paredes têm mais de um metro de espessura. Um contingente de agentes do serviço secreto está instalado nas proximidades.

No sábado, 29 de outubro de 1994, o presidente Clinton estava na parte residencial do prédio assistindo pela televisão a um jogo de futebol americano entre universitários. Acabara de chegar de uma permanência de quatro dias no Oriente Médio, e a tarde de sábado era provavelmente um momento livre e sem compromissos, em que ele poderia descansar e recompor-se da viagem. A partir das 15 horas, porém, a tarde foi tudo, menos repousante.

Agentes do serviço secreto irromperam na sala onde o presidente estava e o conduziram às pressas até... bem, não sabemos até onde, pois os detalhes da segurança do presidente nunca são discutidos. Mas é certo que o abrigo, recinto ou refúgio escolhido era provavelmente o lugar mais seguro no momento.

Francisco Duran vagou por cerca de uma hora pela calçada em frente à Casa Branca. Depois, sacou subitamente de sob o casaco um rifle semi-automático (modificado por ele para conter mais balas e ser facilmente escondido), passou o cano da arma entre as barras da cerca metálica e abriu fogo. Em seguida, recuou e começou a descer a calçada em direção ao prédio do Tesouro, crivando de balas a Casa Branca. Quando ele parou para manejar o rifle, tentando recarregá-lo, dois transeuntes o agarraram e o imobilizaram, segurando-o até que o serviço secreto o levasse preso.

Os tiros de Duran estilhaçaram uma janela da sala de imprensa, perfuraram as paredes da Casa Branca em diversos pontos e se alojaram em árvores do quintal. Apesar da afobação dos agentes, em nenhum momento o presidente correu riscos reais, embora na época não fosse possível precisar o poder de fogo de Duran. E se ele possuísse explosivos presos ao corpo ou tivesse os bolsos cheios de granadas de mão? Encontrou-se uma outra arma em seu veículo, mas a saraivada de tiros constituiu todo o ataque.

Duran jamais explicou oficialmente seus motivos para tentar assassinar o presidente, mas acredita-se que o tiroteio era um protesto contra as restrições que Clinton impusera à venda e posse de armas de fogo. Além da missão de salvar o mundo da letal névoa alienígena, é claro.

Em agosto de 1998, revelou-se que Osama bin Laden conspirara duas vezes para assassinar o presidente Clinton, nas Filipinas e no Paquistão.

Nove intrusões recentes na Casa Branca

▶ 12 de setembro de 1994. *Frank Eugene Corder* furtou um Cessna, decolou, invadiu o espaço aéreo da Casa Branca e lançou o avião contra a área sul da Mansão Executiva. O Cessna chocou-se contra uma árvore próxima à escadaria do pórtico sul e atingiu um canto da Casa Branca, abaixo dos aposentos do presidente Clinton. Corder morreu no desastre.

▶ Dezembro de 1994. *Joseph Maggio*, de 36 anos, estacionou junto à cerca da Casa Branca e anunciou, a quem estivesse ouvindo, que possuía uma bomba no carro. Em seguida, saiu do veículo e começou a correr. Foi perseguido e rapidamente capturado pela polícia e pelo serviço secreto. Não havia bomba alguma em seu automóvel.

Tentativas, Atentados e Assassinatos que Estremeceram o Mundo

▶ Dezembro de 1994. *Franklin Ruff,* 27 anos, de Las Vegas, foi preso no Ellipse, um parque aberto entre a ala sul da Casa Branca e o Monumento a Washington. Comenta-se que Ruff portava uma arma, mas nada se sabe sobre o incidente.

▶ Dezembro de 1994. *Richard Green,* 44 anos, de Washington, foi preso e acusado de invasão de propriedade, após ter entrado no quintal da Casa Branca, quando o portão sudoeste se abriu para dar passagem a um veículo.

▶ Dezembro de 1994. *Marcelino Corniel,* de 33 anos, um sem-teto, foi morto a tiros pela polícia na calçada da Casa Branca. Ele corria pela Pennsylvania Avenue brandindo uma faca.

▶ Dezembro de 1994. *Um homem não identificado* deu tiros de revólver contra a Casa Branca. Quatro balas foram encontradas no quintal, mas nada se sabe sobre o incidente.

▶ 25 de dezembro de 1994. *Lolando Bello,* 19 anos, foi preso e acusado de invasão de propriedade e ameaças, após ser flagrado sobre uma das cercas da Casa Branca, no Natal. Bello disse à polícia que só queria ver o presidente.

▶ 23 de maio de 1995. *Leland W. Modjeski,* portador de problemas mentais, saltou a cerca de segurança e correu em direção à Casa Branca. Agentes do serviço secreto o atingiram com tiros, mas ele sobreviveu. Modjeski levava um revólver descarregado e pode ter tentado um "suicídio azul" (por ação da polícia).

▶ Dezembro de 1995. *Melvin Doyle Glover,* de 63 anos, do Texas, foi preso nas proximidades da Casa Branca com um rifle em seu carro.

10
JOHN CONNALLY

MORREU —
SOBREVIVEU

Em questão de segundos, sobreveio esse incidente que mudou a vida de todos nós, que, para muita gente, alterou o curso da história de maneira inescrutável; e ele nos faz refletir, ponderar e indagar a nós mesmos se fazemos todo o possível, em nosso dia-a-dia, para contribuir de alguma forma para a sociedade em que vivemos, já que nunca sabemos quando nosso dia chegará.

— Governador John Connally[1]

VÍTIMA: John Connally

NASCIMENTO: 27 de fevereiro de 1917

MORTE: 15 de junho de 1993

IDADE POR OCASIÃO DO ATENTADO: 46

OCUPAÇÃO: Governador do Texas, ex-secretário da Marinha.

ASSASSINO RECONHECIDO: Lee Harvey Oswald (1939-1963), 24 anos, assassino do presidente John F. Kennedy.

DATA E MOMENTO DO ATENTADO: Sexta-feira, 22 de novembro de 1963, às 12h30.

LOCAL DO ATENTADO: Um desfile motorizado em frente à biblioteca de Dallas, no Texas.

John Connally

Tentativas, Atentados e Assassinatos que Estremeceram o Mundo

ARMA: Um rifle de ferrolho Mannlicher-Carcano de 6,5 mm.

DESFECHO DO ASSASSINATO: Essa é a descrição oficial do atentado, extraída do relatório da Comissão Warren[2], seguida de uma descrição das cirurgias e do tratamento do governador:

O tiroteio

Antes de ocorrer o tiroteio, o governador Connally estava voltado para a multidão da ala direita. Ele se virava para o lado esquerdo, quando sentiu um tranco no dorso. Fora atingido por uma bala, que penetrou a extremidade direita de suas costas, abaixo da axila. O projétil atravessou seu tronco em declive, saindo abaixo do mamilo direito, varando-lhe o pulso, que repousava em seu colo, e ferindo sua coxa esquerda. O impacto do tiro pareceu arremessar o governador para a direita, sobre a sra. Connally, que o acolheu.

O tratamento médico de John Connally

O governador Connally contraiu uma grave ferida pneumotorácica no peitoral direito, que lhe causava extrema dor e dificuldade para respirar. Tubos de borracha foram inseridos entre a segunda e a terceira costelas, para reexpandir o pulmão direito, que colapsara devido à abertura no tórax. Às 13h35, depois de o governador ser levado à sala de cirurgia, o dr. Shaw deu início à primeira operação, removendo as bordas da ferida torácica e suturando o pulmão deficiente e os músculos lacerados. A ferida elíptica, nas costas do governador, localizada ao lado de sua axila direita, tinha por volta de 5/8" (um centímetro e meio) no diâmetro maior, e foi tratada removendo-se a borda lacerada e suturando-se o músculo inferior e a pele. A cirurgia foi concluída às 15h20.

Duas operações adicionais foram feitas para tratar outras feridas das quais o governador não suspeitara, até recuperar a consciência no dia seguinte. Aproximadamente entre as 16 horas e 16h50, o dr. Charles F. Gregory, chefe de cirurgia ortopédica, operou as feridas que o governador possuía no pulso direito, com a assistência do dr. William Osborne e do dr. John Parker. A ferida na parte posterior do pulso foi deixada parcialmente aberta, para fins de drenagem, e a da parte anterior ampliada, higienizada e fechada. A fratura foi corrigida com um molde com tração moderada. Enquanto a segunda operação estava em curso, o dr. George T. Shires, auxiliado pelos doutores Robert McClelland, Charles Baxter e Ralph Don Patman, trataram a ferida de bala na coxa esquerda. A lesão, com cerca de 2/5" de diâmetro (um centímetro) e localizada aproximadamente 12 cm acima do joelho esquerdo, foi higienizada e fechada com suturas. Um pequeno fragmento metálico permaneceu na perna do governador.

CONSEQÜÊNCIAS JUDICIAIS: Lee Harvey Oswald (Capítulo 55) foi ferido e morto a tiros por Jack Ruby, dois dias depois de o presidente Kennedy ser assassinado e o governador Connally ferido. Conseqüentemente, ele nunca foi julgado por seus crimes.

Estaria o governador do Texas, John Connally, meramente na linha de fogo em Dallas, quando Oswald começou a atirar, sendo assim uma vítima colateral? Ou seria John Connally o alvo desejado, e Oswald acabou falhando?

Sabe-se que Oswald mandara uma carta a Connally em 30 de janeiro de 1962 (época em que o governador era secretário da Marinha), queixando-se de que sua dispensa do serviço naval fora mudada de honrosa para desonrosa, quando se soube que ele jurara fidelidade à União Soviética. Na carta, Oswald dizia a Connally que "empregaria todos os meios para corrigir a grave falta ou injustiça perpetrada contra um honrado cidadão norte-americano" pela Marinha e pelo governo dos Estados Unidos.

O secretário Connally respondeu a Oswald que acabara de renunciar ao cargo, para candidatar-se ao governo do Texas, e que encaminhara a carta a seu sucessor. Oswald aceitou o fato, mas continuou tentando reverter a dispensa desonrosa, sem êxito algum. O Conselho de Dispensa da Marinha notificou Oswald, por correspondência, em 25 de julho de 1963, dizendo que não reverteria a decisão de dispensa.

Teria Oswald culpado John Connally pela "grave injustiça" que sofrera? Em testemunho perante a Comissão Warren, em 6 de setembro de 1964, a esposa de Oswald, Marina, declarou que, a seu ver, o esposo "estava atirando em Connally e não no presidente Kennedy"[3].

Mas a resposta parece ser não — Oswald não culpava Connally, e, portanto, o governador *não* era seu alvo em 22 de novembro de 1963, em Dallas. Se Oswald quisesse atingir Connally, poderia fazê-lo de forma mais simples e com resultados mais garantidos do que durante um desfile presidencial. E, mesmo durante o evento, houve muitos momentos em que Connally teria sido um alvo mais fácil do que na hora em que o carro enveredou pela Elm Street e Kennedy bloqueou a visão que Oswald tinha do governador. As conclusões da Comissão Warren sobre essa teoria são que:

Parece, portanto, que se a dispensa indesejada de Oswald influiu em sua motivação, isso foi muito mais em termos de uma hostilidade geral contra o governo e seus representantes do que de rancor contra qualquer pessoa em particular.[4]

A maioria das evidências parece demonstrar que o governador John Connally estava no momento errado, na hora errada, encurralado em um assassinato presidencial.

O governador recuperou-se plenamente dos ferimentos. Morreu em 1993, de fibrose pulmonar, aos 75 anos de idade.

11
Bob Crane

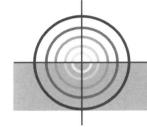

Morreu ✓
Sobreviveu ―

Que mancha era aquela? Ninguém soube, nem mesmo o médico.
— Michael Lake, sargento de fuzilaria naval e porta-voz do júri[1]
Parece que um peso de cinco toneladas foi tirado de minha cabeça.
— John Carpenter[2]

Vítima: Robert "Bob" Crane

Nascimento: 13 de julho de 1928

Morte: 29 de junho de 1978

Idade por Ocasião do Atentado: 49

Ocupação: Ator, mais conhecido por estrelar como o coronel Hogan no populariíssimo seriado de televisão *Guerra, Sombra e Água Fresca* (1965-1971).

Assassino: Desconhecido.

Data e Momento do Atentado: 29 de junho de 1978, durante a madrugada, provavelmente entre as 3 horas e 3h30.

Local do Atentado: Em seus alojamentos no Winfield Apartments, em Scottsdale, no Arizona.

Arma: O tripé de uma câmera.

Bob Crane

Tentativas, Atentados e Assassinatos que Estremeceram o Mundo

Desfecho do Assassinato: Crane foi morto por no mínimo dois golpes violentos na parte posterior da cabeça, abaixo da orelha esquerda.

Conseqüências Judiciais: Em 1994, 16 anos após a morte de Crane, seu amigo John Carpenter foi acusado do crime. Após oito semanas de julgamento e dois dias e meio de deliberação, Carpenter obteve a absolvição. O crime nunca foi solucionado.

Teria John Carpenter — o melhor amigo de Bob Crane e seu principal coadjuvante em vídeos domésticos de pornografia — espancado Crane até a morte e escapulido com um pedaço de seu cérebro colado na porta do carro? O júri de seus semelhantes disse que não. Há quem discorde até hoje de tal veredicto.

Quatorze anos após o assassinato de Bob Crane, John Henry Carpenter foi preso e acusado de assassinato em primeiro grau. Carpenter, vendedor de equipamentos de filmagem, saíra com Crane e mais duas mulheres na noite do crime, mas Crane voltara para casa sozinho por volta de 2h30 da madrugada. Seu corpo foi encontrado às 14 horas da tarde seguinte por Victoria Berry, uma das protagonistas da produção regional americana *Beginner's Luck* (Sorte de iniciante), que Crane estava estrelando. Ele fora espancado até a morte com um objeto que a polícia descreveu como "um instrumento comprido e rombudo". Hoje, supõe-se ter sido o tripé de uma câmera.

No caso de Crane, há uma negra ironia no uso de um tripé como arma assassina. Bob Crane gostava de filmar-se fazendo sexo com mulheres. Seu amigo John Carpenter, primeiro vendedor americano da Sony, ensinou-o a operar câmeras de vídeo, o que lhe permitiu gravar muitos de seus encontros sexuais, compilando uma coleção e tanto de fitas pornô caseiras. Em troca do conhecimento e das aulas, acredita-se que Carpenter partilhasse dos favores sexuais das muitas "namoradas" de Crane, tendo mesmo aparecido em um vídeo em que ele e Crane faziam sexo oral com a mesma jovem.

A teoria apresentada contra Carpenter, durante o julgamento, foi de que Bob Crane se cansara da presença incômoda do amigo e rompera ou tinha planos de romper a amizade na época do assassinato. A promotoria alegou que Carpenter ficara arrasado pela possível perda da amizade, ciente de que, uma vez fora dos círculos sociais de Crane, não poderia mais manter relações com tantas jovens.

A polícia, chamada logo após a descoberta do corpo de Crane, encontrou a cena do crime seriamente comprometida pelo manuseio irregular das evidências, por práticas indevidas em tais situações, e viu-se incapacitada a deduzir algo dos indícios e pistas.

– 34 –

Em uma reportagem de 1994, da revista *Arizona Republic*, a jornalista Pamela Manson detalhou os erros cometidos pelo Departamento de Polícia de Scottsdale:

Permitiu-se que a atriz que encontrara o corpo atendesse ao telefone na cena do crime, possivelmente antes que os técnicos tivessem a chance de procurar impressões digitais. Sua mochila não foi vistoriada.

Policiais entravam e saíam o tempo todo do apartamento onde se descobriu o corpo de Crane em 29 de junho de 1978. As evidências, atiradas em um saco de lixo comum, fizeram com que importantes itens se misturassem a materiais descartados.

Os funcionários que circulavam pelo complexo na manhã do crime nunca foram interrogados.

No dia seguinte, o filho e o empresário de Crane puderam remover pertences do apartamento, antes que fossem analisados em busca de impressões digitais.

Os investigadores já consideravam Carpenter entre os suspeitos, mas não vasculharam seu quarto de hotel.[3]

Em 1994, depois da absolvição de Carpenter, o sargento John Cocca, representante do departamento de polícia de Scottsdale, admitiu que seu pessoal não se saíra muito bem na análise da cena do crime de Crane. "Dizer que não cometemos erros seria simplório", disse Cocca. "Todavia, o departamento cresceu e amadureceu. Somos mais profissionais, porque o público o exige. E os policiais também."[4]

Carpenter foi acusado do crime quando veio à tona uma foto na qual se via um fragmento de *alguma coisa* apegado à porta de seu carro, pouco depois do assassinato. Era uma substância gordurosa, que a promotoria afirmou tratar-se de um pedaço do cérebro de Crane. O material, porém, se perdera. E a única evidência física que a promotoria dispunha era uma mancha de sangue, removida do carro pouco depois do assassinato. O tipo de sangue correspondia ao de Crane. Mas tudo aconteceu antes do advento dos testes de DNA, e uma pessoa, de cada sete, apresentava o tal tipo sangüíneo (B). O júri absolveu Carpenter.

Carpenter morreu de um ataque cardíaco em setembro de 1998, aos 70 anos de idade. Sua esposa disse a um repórter: "Ele fez algumas coisas bem estúpidas na vida, mas não acho que matar Bob Crane tenha sido uma delas"[5].

Quando perguntaram ao filho de Bob Crane, Scott, se achava que Carpenter matara seu pai, ele respondeu: "Não sei se Carpenter o matou. Só ele sabe."[6] E John Carpenter levou essa informação para o túmulo.

Pós-escrito: Em uma terça-feira, 16 de julho de 2002, o filho de Bob Crane, Bob Scott "Scotty" Crane, foi expulso da pré-estréia do filme *Auto Focus*, que a Sony fizera sobre a vida de seu pai, com Greg Kinnear no papel principal. O meio-irmão de Scotty, Robert David Crane, que teve um pequeno papel no filme, permaneceu na sessão. Scotty Crane criticava há muito o roteiro, que sugeria que Bob Crane talvez não fosse seu pai biológico. Seu advogado declarou posteriormente que havia evidências de DNA de que Bob Crane era, de fato, o pai de Scotty.[7]

Filmografia de Bob Crane[8]

The Donna Reed Show (1958) — seriado de TV	*The Delphi Bureau* (1972) — para a TV
Return to Peyton Place (1961)	*Make Mine Red, White and Blue* (1972) — para a TV
Man-Trap (1961)	*Herbie Day at Disneyland* (1974) — para a TV
Guerra, Sombra e Água Fresca (1965) — seriado de TV	*Superdad* (1974)
The Wicked Dreams of Paula Schultz (1968)	*The Bob Crane Show* (1975) — seriado de TV
A Vida é um Manicômio (1969) — para a TV	*Gus* (1976)

12
JEFFERSON DAVIS

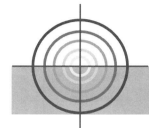

MORREU   —

SOBREVIVEU   ✓

Estou certo de não sentir hostilidade alguma por vocês, senadores do Norte. Estou certo de que não há nenhum dentre vocês, por acirradas que possam ter sido nossas discussões, a quem eu não poderia dizer desde já, na presença de meu Deus, que lhe quero bem; e tais são, seguramente, os sentimentos das pessoas que represento, para com aquelas que vocês representam. Sinto, por conseguinte, que não expresso senão o desejo delas quando declaro que espero — e que elas esperam — manter com vocês relações pacíficas, muito embora tenhamos de nos separar.

— Jefferson Davis[1]

VÍTIMA: Jefferson Davis

NASCIMENTO: 3 de junho de 1808

MORTE: 6 de dezembro de 1889

IDADE POR OCASIÃO DO ATENTADO: 56

OCUPAÇÃO: Senador dos Estados Unidos, presidente dos Estados Confederados da América[2]; prisioneiro dos soldados da União por dois anos após sua captura, em 1865; acusado de

Davis

Tentativas, Atentados e Assassinatos que Estremeceram o Mundo

traição em 1866, após a Guerra Civil (sem nunca ter sido julgado); autor de uma história da Confederação.*

ASSASSINOS FRUSTRADOS: Ulric Dahlgren (1843-1864), 21 anos, coronel da União (o mais jovem soldado a alcançar tal patente), vítima de amputação na guerra, filho do almirante John Dahlgren (conhecido como "pai da artilharia naval americana" e favorito do presidente Lincoln); Hugh Judson Kilpatrick (1836-1881), general confederado, líder da ofensiva de Kilpatrick-Dahlgren.

DATA DO ATENTADO: Março de 1864.

LOCAL DO ATENTADO: Richmond, na Virgínia.

ARMAS: Armas de fogo.

DESFECHO DO ASSASSINATO: Dahlgren foi morto durante uma ofensiva destinada a libertar soldados da União, antes de conseguir implementar o plano de assassinato.

CONSEQÜÊNCIAS JUDICIAIS: Quando o presidente confederado Jefferson Davis soube do plano de Dahlgren para assassiná-lo, autorizou ataques de terroristas confederados contra o Norte, especificamente por meio de incêndios, assaltos a banco e sabotagens. Também se acredita que o plano de Dahlgren persuadiu o alto comando confederado a sancionar o seqüestro de Abraham Lincoln (Capítulo 42) — iniciativa da qual posteriormente declinariam, provocando a tentativa solitária de Booth de assassinar o presidente.

O plano era concertar um ataque de cavalaria contra Richmond, Virgínia, para libertar 10 mil soldados da União aprisionados em Belle Isle. Hugh Judson Kilpatrick chegaria pelo norte e Ulric Dahlgren, pelo sul. Após a ofensiva, investiriam contra a Prisão de Libby, onde havia oficiais da União detidos, e os libertariam também. Em seguida, ateariam fogo em toda Richmond, regressando triunfantes ao norte, enquanto o centro de poder da Confederação, na Virgínia, se consumiria em chamas.

O assalto foi aprovado pessoalmente pelo presidente Lincoln, e não houve dúvidas, no alto comando da União, de que o jovem Dahlgren teria êxito. Contudo, os acontecimentos não se dariam como o planejado.

---

* Durante a Guerra Civil Americana (1861-1865), os Estados Unidos se separaram em dois blocos: a União, ao norte, e os Estados Confederados da América (a "Confederação"), ao sul. Os membros do bloco sulista — os *confederados* — desejavam autonomia política e a preservação da escravatura. A vitória da União, em 1865, abafou os ímpetos secessionistas, reintegrando os Estados e levando à abolição da escravatura. (N.T.)

Jefferson Davis

No início de março de 1864, Dahlgren e sua tropa de invasores foram emboscados por um batalhão confederado nas proximidades de Richmond, e Dahlgren foi morto. A edição de 5 de março de 1864 do *Richmond Examiner* informava que Dahlgren comandava entre 300 e 400 homens, e que os confederados tomaram "90 prisioneiros, 35 negros e 150 cavalos". O ódio por Dahlgren mostrava-se evidente: "O desgraçado que os comandava era filho do comodoro Dahlgren, afamado por sua artilharia naval. Seria bom aviso se o corpo desse pirata de terra firme fosse agrilhoado ao pedaço de solo onde caiu."[3]

Soldados da confederação vasculharam o corpo de Dahlgren e encontraram documentos que revelavam a verdadeira natureza do ataque: o assassinato de Jefferson Davis e seu gabinete. Essa nota de Dahlgren dirigia-se a seus homens:

Vocês foram escolhidos entre brigadas e regimentos para empreenderem, em equipe, uma missão desesperada — missão que, se bem-sucedida, gravará seus nomes em letras indeléveis no coração de seus compatriotas, e fará com que as preces de nossos companheiros de luta, hoje confinados em prisões hediondas, os acompanhem e aos seus, aonde quer que vão. (...) Esperamos libertar primeiro os prisioneiros da ilha Belle e, após pô-los a caminho, cruzar o rio James em direção a Richmond, destruir as pontes depois de cruzá-las e exortar os prisioneiros libertos a depredar e queimar essa odiosa cidade, não permitindo que o líder dos rebeldes, Davis, e sua cambada de traidores escapem. (...) Os homens devem permanecer em coesão, e logo que adentrarem a cidade, ela deve ser incendiada e Jeff destruído. Davis e seu gabinete, mortos.[4]

A reação do Sul, julgando-se retrospectivamente, foi ingênua e risível. *Como o inimigo se atreve a planejar a morte de nosso líder? Essa é uma guerra de cavalheiros; tais desaires não são permitidos.* Sim, parece que os confederados se sentiram *insultados* pelo plano de Dahlgren e Kilpatrick destinado a assassinar Jefferson Davis — um adepto da secessão, defensor da escravidão e inimigo da União. Dahlgren e seus asseclas haviam incorporado o princípio segundo o qual quando se quer matar um cão, não se corta sua cauda, mas sua cabeça — e os sulistas ficaram horrorizados.

Depois do fracasso do ataque, o Sul retaliou com atos terroristas e também sancionou o seqüestro de Abraham Lincoln.

Quanto a Dahlgren, houve rumores de que seu cadáver fora dessacralizado por soldados da Confederação, depois da descoberta do plano de assassinato. O fato provocou

– 39 –

Tentativas, Atentados e Assassinatos que Estremeceram o Mundo

grande consternação em seu pai, o almirante Dahlgren, e a esse respeito o major-general Benjamin Butler, da União, escreveu ao velho Dahlgren uma carta:

As declarações dos jornais de Richmond de que se infligiram desonras aos restos mortais de seu filho são falsas; eles foram decente e devidamente sepultados sob a direção de um oficial de igual patente a serviço dos confederados. Digo ainda que obtive dele as mais positivas garantias de que você receberá os restos de seu filho no próximo barco sob bandeira branca.[5]

Jefferson Davis viveu tranqüilamente após a guerra (recusando-se firmemente, contudo, a jurar fidelidade aos recompostos Estados Unidos), e morreu em 1889, aos 80 anos.

13
CHARLES DE GAULLE

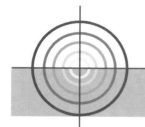

MORREU —

SOBREVIVEU ✓

Os franceses só se unirão ante a ameaça de perigo. Ninguém consegue agregar um país que tem 256 tipos de queijo.
— Charles de Gaulle[1]

VÍTIMA: Charles André Joseph Marie de Gaulle

NASCIMENTO: 22 de novembro de 1890

MORTE: 9 de novembro de 1970

IDADE POR OCASIÃO DO ATENTADO: 69-79

OCUPAÇÃO: General, presidente da França (1959-1969), líder do Movimento da Livre Resistência Francesa durante a Segunda Guerra Mundial, anticomunista convicto, defensor da retirada francesa da Argélia, fortalecedor da posição internacional da França (defendendo até mesmo a aquisição de armas nucleares), escritor.

ASSASSINOS SEM ÊXITO: Houve 31 tentativas documentadas de assassinar Charles de Gaulle durante sua vida, a maioria planejada pela OAS (a Organisation de L'Armée Secrète — Organização do Exército Secreto), especificamente pelo tenente-coronel da força aérea francesa Jean-Marie Bastien-

Gaulle

Thiry (1927-1963) e por George Watin, líder argelino da Missão Três da OAS, responsável pelo atentado de agosto de 1962 contra de Gaulle. Também há evidências de que a CIA norte-americana chegou a arquitetar a morte de de Gaulle depois que ele expulsou tropas americanas da França.

DATA E MOMENTO DOS ATENTADOS: O maior número de atentados ocorreu durante o mandato presidencial de de Gaulle (1959-1969), sendo que a última tentativa documentada se deu em 1º de julho de 1966.

LOCAL DOS ATENTADOS: Pontos diversos da França.

ARMAS: Bombas de butano, submetralhadoras, explosivos plásticos.

DESFECHO DO ASSASSINATO: Nenhuma das tentativas de assassinato contra de Gaulle teve sucesso. Ele morreu em casa, aos 79 anos, de ataque cardíaco.

CONSEQÜÊNCIAS JUDICIAIS: Jean-Marie Bastien-Thiry foi condenado à morte pelos atentados à vida de de Gaulle e executado por um pelotão de fuzilamento em 11 de março de 1963. George Watin foi preso na Suíça em 1964 e expulso do país. Mudou-se para a América do Sul. Mesmo expatriado, foi condenado à morte pelas autoridades francesas, mas acabou perdoado. Morreu no Paraguai.

Charles de Gaulle tinha fibra e jamais entrava em pânico. Não há melhor exemplo de seu brio do que sua atitude durante um atentado, em agosto de 1963, na Catedral de Notre Dame. Os assassinos abriram fogo contra ele dentro da igreja, durante a cerimônia religiosa. Teria de Gaulle escapulido da catedral, ou se enfiado embaixo de um banco? Nada disso. O general continuou de frente para o altar cantando o *Te Deum,* um hino sacro de louvor a Deus.

Segue-se a lista dos atentados contra de Gaulle mais dignos de nota.

▶ 5 de setembro de 1961: Uma bomba de butano de 26 quilos acrescidos de outros 10 quilos de explosivos plásticos foi enterrada na areia próxima a uma ponte sobre o rio Sena. O plano era detoná-la no exato momento da passagem do carro presidencial, após o que um grupo de terroristas da OAS, munido de submetralhadoras, abriria fogo contra o veículo (supostamente detonado), fechando o assassinato com chave de ouro, por assim dizer. O agente da OAS incumbido de apertar o botão "detonar" literalmente se acovardou, e o veículo de de Gaulle passou pela ponte sem nenhum problema.

Charles de Gaulle

▶ 8 de setembro de 1961: Três dias após o malogro de 5 de setembro, a OAS decidiu tentar novamente. Os explosivos ainda estavam enterrados. Os terroristas apenas retomaram suas posições e aguardaram uma vez mais que o carro de Gaulle aparecesse. Dessa vez, o indivíduo encarregado de acionar o detonador fez seu trabalho e a bomba de butano explodiu; os explosivos plásticos, contudo, negaram fogo, de velhos que estavam. Eram da época da Segunda Guerra Mundial e haviam perdido sua combustibilidade. A bomba de butano fez com que o carro de de Gaulle fosse envolvido por chamas, mas seu motorista, igualmente fleumático, simplesmente atravessou a conflagração e ninguém saiu ferido.

▶ 23 de junho de 1962: Nesse dia, o carro de de Gaulle devia ser emboscado a caminho de um casamento em Rebrechien. Sem saber da emboscada, ele foi à cerimônia de helicóptero.

▶ 25 de junho de 1962: Para esse dia havia um novo plano de cilada, mas a polícia francesa avistou os carros da OAS. Os infortunados terroristas, para evitar a prisão, tiveram de fugir.

▶ 8 de agosto de 1962: A OAS planejou alvejar de Gaulle em seu carro, enquanto ele se dirigia ao aeroporto para receber o ex-presidente norte-americano Dwight D. Eisenhower. Felizmente para de Gaulle, e infelizmente para a OAS, o carro de um civil acabou envolvido no ataque. Os assassinos da OAS — o que é notável — preferiam não ferir civis e desistiram do plano.

▶ 22 de agosto de 1962: Enquanto de Gaulle seguia com sua esposa para o aeroporto de Villacoulbay, a limusine presidencial foi emboscada por 15 membros da OAS em uma avenida do subúrbio parisiense de Petit Clamart. Todos os assassinos portavam armas automáticas e mais de 100 tiros foram disparados. Doze penetraram o carro e dois atingiram os pneus, mas espantosamente ninguém saiu ferido. Bem, de Gaulle chegou a cortar o dedo ao remover um caco de vidro do paletó. Esse é o atentado no qual o presidente é lembrado por um famoso comentário: "Eles atiram que nem porcos!" O que ele disse, porém, foi "*Quels maladroits!*", que se traduz livremente por "Que palermas!"[2]

▶ Fevereiro de 1963: Descobriu-se um complô para assassinar de Gaulle durante uma cerimônia na Escola Militar de Paris. Um atirador munido de rifle deveria alvejar, do telhado, o presidente. Por razões desconhecidas, o plano não foi levado adiante.

▶ 26 de agosto de 1963: Esse atentado, descrito anteriormente, teve início enquanto o cortejo motorizado do presidente rumava para a Catedral de Notre Dame, e continuou no seu interior. Dois ou três civis foram mortos, mas de Gaulle não se intimidou e chegou mesmo a cantar o *Te Deum*.

Em 9 de novembro de 1970, de Gaulle, aposentado, e aos 79 anos, instalou-se em frente à televisão, para jogar paciência, antes do início do noticiário vespertino. De repente, exclamou: "Estou com uma dor aqui nas costas!"[3] Em seguida, tombou para a frente, caindo sem consciência sobre a mesa. Foram suas últimas palavras. Um médico e um padre foram chamados. O médico não pôde fazer nada, mas o padre conseguiu ministrar os últimos ritos a de Gaulle. Uma carta selada, dirigida ao presidente francês Pompidou, expressava seus desejos no tocante ao funeral:

Meu túmulo deve ser aquele em que jaz minha filha Anne, e onde um dia minha esposa também repousará. Inscrição: Charles de Gaulle (1890-). Nada mais. (...) Não desejo um funeral de Estado. Nada de presidentes, nem ministros, nem dele-gações parlamentares, nem representantes de entidades públicas. (...) Não deve haver oração, seja na igreja, seja em outra parte. Nada de oração fúnebre no parlamento. (...) Declaro que recuso desde já qualquer distinção, promoção, dig-nidade, citação, decoração, quer francesa, quer estrangeira. Aquela que me for conferida o será em violação de minha última vontade.[4]

De Gaulle não especificou a música de sua missa fúnebre, mas provavelmente não se queixaria se entoassem o *Te Deum*.

14
THOMAS DEWEY

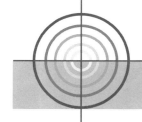

MORREU   —

SOBREVIVEU   ✓

O filho da puta tem de morrer! Se vocês não me ajudarem, faço a coisa eu mesmo!

— Dutch Schultz[1]

VÍTIMA: Thomas Edmund Dewey

NASCIMENTO: 24 de março de 1902

MORTE: 16 de março de 1971

IDADE POR OCASIÃO DO ATENTADO: 33

OCUPAÇÃO: Procurador distrital de Nova York (1937-1941), candidato derrotado à presidência (em 1944 e 1948), governador do Estado de Nova York (1943-1955), advogado, promotor especial para casos de extorsão em 1935.

ASSASSINO CONSPIRADOR: Dutch (Holandês) Schultz (1902-1935), 33 anos, gângster, amigo e ajudante do chefão Lucky Luciano, da Máfia.

DATA DO ATENTADO: 25 de outubro de 1935 (data planejada).

LOCAL DO ATENTADO: A cabine telefônica de uma farmácia em Nova York foi o local escolhido. (O balconista que por azar estivesse em serviço no momento seria assassinato após a morte de Dewey, para que a única testemunha fosse eliminada.)

Thomas Dewey

Tentativas, Atentados e Assassinatos que Estremeceram o Mundo

ARMA: Uma pistola com silenciador.

DESFECHO DO ASSASSINATO: O assassinato não se consumou, pois Louis Lepke, um dos chefões da Máfia, estando muito insatisfeito com o plano de Schultz contra Dewey, encomendou a morte do primeiro. No outono de 1935, Charlie "Besouro" Workman, um capanga da Máfia, eliminou Dutch Schultz e três de seus sectários no Palace Chop House, um restaurante de Nova Jérsei.

CONSEQÜÊNCIAS JUDICIAIS: Como Dutch Schultz foi eliminado pelos próprios comparsas, o plano de assassinar Thomas Dewey não gerou conseqüências judiciais. Lucky Luciano, contudo, foi preso em junho de 1936 sob 62 acusações e recebeu uma sentença de 30 a 50 anos — graças aos esforços de Thomas Dewey.

Dutch odiava Dewey. O diligente procurador distrital investigava intensamente Dutch Schultz e seus rapazes, e Dutch queria livrar-se dele. Dewey já o havia incriminado em 1933. Naquela época, Dutch era tão atrevido que comparecera à abertura de uma boate na Times Square três dias após a acusação. As coisas haviam mudado. Havia dinheiro demais em jogo para eles correrem o risco de que Dewey interferisse de súbito nas operações e as interrompesse, prendendo os participantes. Schultz sabia que suas linhas telefônicas estavam grampeadas, e um de seus comentários mais comuns ao desligar era: "Espero que suas orelhas despenquem!"[2]

Dewey dava largos passos para arruinar as operações de usura e lavagem de dinheiro de Schultz, e havia rumores de que um grande júri seria instaurado num futuro não muito distante. Como observou Richard H. Smith em *Thomas Dewey and His Times* (Thomas Dewey e seu tempo): "De uma maneira ou de outra (...) Dewey [estava] determinado a arrastar Schultz a um tribunal onde seu dinheiro e influência fossem inúteis."[3]

Não se pode ganhar dinheiro na prisão, e era lá que Dewey pretendia pôr Dutch, Lucky e todos os outros arquicriminosos que compunham o submundo de Nova York e Nova Jérsei nos *roaring twenties* e *big-money thirties**.

Dutch decidiu eliminar Dewey e propôs o trabalho a Albert Anastasio, que não somente declinou como contou a Lucky Luciano os planos do Holandês. O destino de Schultz (e por conseguinte de Dewey) estava nas mãos de Lucky Luciano e de uma comissão de poderosos da Máfia.

---

* Expressões populares americanas, sem correspondente em português. Podem ser traduzidas como "os frenéticos anos 20" e "os endinheirados anos 30". (N. T.)

Descobriu-se que Schultz vinha observando Dewey e conhecia sua agenda. Todas as manhãs, ele visitava a mesma farmácia, onde usava a mesma cabine telefônica para ligar para a esposa. Todas as manhãs. Na manhã de 25 de outubro de 1935, um dos homens de Schultz seguiria Dewey até a farmácia, passando-se por cliente, e aguardaria até que ele entrasse na cabine telefônica, que naquele momento seria uma arapuca mortal.

O atirador deveria alvejar Dewey na cabine com uma pistola munida de silenciador e, logo que ele estivesse morto, eliminaria o balconista. Não havendo outras pessoas na farmácia, o plano teria pleno sucesso e o atirador poderia simplesmente sair da loja deixando atrás de si um procurador e um balconista mortos.

A reunião que discutiu o complô durou seis longas horas, ao fim das quais concluiu-se que o plano de Schultz era tolo, arriscado, e resultaria em prejuízo duradouro para a influência e pretensa respeitabilidade que muitos dos mafiosos haviam conquistado ao longo dos dez anos anteriores.

Charlie "Besouro" Workman recebeu a incumbência de apagar Dutch Schultz e eliminar assim uma das dores de cabeça de Lucky Luciano.

Besouro e dois de seus comparsas abriram fogo contra Dutch em um restaurante chinês. Na mesma noite, um dos capangas de Dutch foi morto numa barbearia. Pelos cinco dias que se seguiram, outros dez rapazes do Holandês foram mortos.

Quanto a Schultz, permaneceu inconsciente no hospital por quase um dia, morrendo finalmente às 20h30 de 24 de outubro de 1935. Essas foram suas últimas palavras:

Por favor, ajudem-me. Henny! Max! Venham até aqui! Ensopado de feijão franco-canadense! Olha que eu pago! Deixem-me em paz![i]

Quanto a seu inimigo Thomas E. Dewey, ele não foi alvejado na cabine telefônica e acabou governador do Estado de Nova York, concorrendo duas vezes à Presidência. Além do trabalho de combate ao crime, a história o lembrará como o político que venceu Harry Truman na eleição presidencial de 1948 — pelo menos na primeira página do *Chicago Daily Tribune.*

15
MEDGAR EVERS

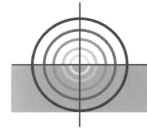

MORREU   ✓

SOBREVIVEU   —

Por dois anos e meio arrisquei minha vida (como muitos outros afro-americanos) em longínquos campos de batalha, com o objetivo de salvaguardar a América e a democracia — só para voltar a nosso país natal e ver negadas as mesmas coisas pelas quais lutáramos. (...) Ouvi dizerem que "a resistência à tirania é a obediência a Deus", e por essa razão, quando não por outras, não abandonaremos nossa infatigável luta até que os últimos vestígios de segregação e discriminação nos Estados Unidos sejam aniquilados.

— Medgar Evers[1]

Se eu morrer, será por uma boa causa. Venho lutando pelos Estados Unidos tanto quanto os soldados do Vietnã.

— Medgar Evers[2]

VÍTIMA: Medgar Evers
NASCIMENTO: 2 de julho de 1925
MORTE: 12 de junho de 1963, às 3h14, no Hospital Universitário
IDADE POR OCASIÃO DO ATENTADO: 37

Evers

Medgar Evers

OCUPAÇÃO: Secretário local da divisão da NAACP (National Association for the Advancement of Colored People — "Associação Nacional para o Progresso das Pessoas de Cor"), com sede no Mississipi.

ASSASSINO: Byron De La Beckwith (1921-2001), 42 anos, supremacista branco.

DATA E MOMENTO DO ATENTADO: Quarta-feira, 12 de junho de 1963, pouco depois da meia-noite.

LOCAL DO ATENTADO: Próximo à casa de Evers, em Jackson, no Mississipi.

ARMA: Um rifle Enfield de calibre 0,30-06 com visão telescópica.

DESFECHO DO ASSASSINATO: Envers voltava para casa, por volta da meia-noite, após comparecer a um encontro da campanha por direitos civis promovida pela NAACP em Jackson, no Mississipi. Estacionou seu Oldsmobile azul-claro, ano 1962, atrás da caminhonete da esposa, desceu e dirigiu-se a uma entrada lateral que dava acesso à garagem. Carregava uma pilha de camisetas em que se lia "Jim Crow Must Go!" ("Abaixo Jim Crow[3]!"). Beckwith disparou de um abrigo a cerca de 70 metros dali, atingindo Evers abaixo da omoplata direita. A bala varou o corpo de Evers, quebrou uma janela da sala de estar, resvalou na parede da cozinha, ricocheteou no refrigerador, atingiu um bule de café e foi parar sob uma melancia no balcão da cozinha. Evers cambaleou até a porta, onde foi recebido em desespero pela esposa e os três filhos. Um vizinho que acordara com o tiro chegou às pressas. Alguém chamou a polícia. Quando os policiais chegaram, Evers foi acomodado na caminhonete do vizinho, Houston Wells, e levado ao Hospital Universitário. Suas últimas palavras foram "Ponham-me sentado" e "Soltem-me"[4]. Ele morreu no hospital três horas depois, como resultado de ferimentos internos e hemorragia.

CONSEQÜÊNCIAS JUDICIAIS: Onze dias depois da morte de Evers, a polícia prendeu Beckwith e o indiciou pelo assassinato. Um rifle 0,30-06 com suas impressões digitais havia sido encontrado na cena do crime. Beckwith afirmou que aquele era de fato seu rifle, mas que o haviam roubado. Dois júris formados exclusivamente por homens brancos jamais o condenariam, e Beckwith permaneceu livre por 31 anos, até que em 1993 a Suprema Corte do Mississipi determinou que ele poderia ser julgado mais uma vez pelo assassinato de Evers. O terceiro julgamento de Beckwith teve início em fevereiro de 1994, e incluiu depoimentos de testemunhas que se lembravam de tê-lo ouvido contar vantagem durante um encontro da Ku Klux Klan, dizendo: "Matar aquele negro não me causou mais desconforto do que o que sente uma mulher parindo um filho"[5]. Beckwith, que ostentava uma bandeira confederada na lapela, foi declarado culpado em pouco menos

– 49 –

Tentativas, Atentados e Assassinatos que Estremeceram o Mundo

de sete horas de deliberação. O racista de 72 anos, condenado à prisão perpétua, morreu em janeiro de 2001 em uma penitenciária do Mississipi.

Medgar Evers vinha de uma família pobre. Os filhos raramente viam roupas novas ou sapatos, e o pai, James Evers, jamais soubera ler ou escrever. Mas sempre tiveram comida na mesa, e o pai de Medgar os ensinara a não tolerar afrontas, qualquer que fosse a cor dos ofensores.

Quando criança, Medgar Evers não odiava os brancos. Aceitava de maneira inocente as crueldades de Jim Crow, no Mississipi, nos anos 20, condescendendo instintivamente com a cautela de seu pai em relação aos brancos. James Evers tinha sempre em mente a prontidão com que um branco podia preparar uma forca no galho de uma árvore, e por isso dizia a Medgar e a seu irmão Charles que tivessem paciência e tolerassem o que o biógrafo de Evers, Adam Nossiter, chama de "realidades fixas"[6]. Essas realidades — ter de caminhar até a escola, enquanto os alunos brancos tomavam ônibus; ter de pedir sanduíches em uma aléia atrás do balcão, longe dos clientes brancos; ver as roupas ensangüentadas de um vizinho linchado, ao passar pelo campo — logo se tornaram inaceitáveis para Medgar, e esse ambiente social justificaria facilmente um perpétuo rancor. (Todos sabemos que há norte-americanos da época da Segunda Guerra Mundial que admitem odiar todos os japoneses *até hoje*, por causa de Pearl Harbor.)

Medgar e seu irmão revidavam, pregando peças maliciosas nos garotos brancos e atirando pedras no seu ônibus, mas não tardou para que "a raiva e o rancor em relação aos brancos [se convertessem] em ódio"[7]. Ele ingressou no exército com o objetivo — segundo gracejava — de aprender a matar brancos. Mas a vida militar, embora ainda segregada nos anos 40, mostrou a Evers um mundo onde a cor da pele não tinha importância. Os europeus (ele se estabeleceu na França a certa altura) não se importavam com o fato de ele ser negro. Evers até namorou uma francesa branca por algum tempo.

Quando voltou ao Mississipi, após seu termo no exército, ficou horrorizado com a gravidade da situação dos negros, pois conseguia vê-la com certo distanciamento.

Medgar se tornou vendedor de seguros em uma empresa de proprietários negros, e uniu-se à NAACP. Em pouco tempo, abandonou os seguros para se tornar agente de campo da NAACP, e estava empenhado em alcançar as metas da organização, quando foi assassinado. Seus esforços se destinavam a conseguir guardas de segurança para os estudantes negros e a permitir que os negros comessem nos balcões dos restaurantes, experimentassem roupas e chapéus nas lojas de departamento e, é claro, tivessem direito a voto.

O assassinato de Medgar Evers foi o primeiro de uma década turbulenta, que incluiu a morte de Martin Luther King Jr., Robert Kennedy, John F. Kennedy e muitas outras personalidades menos conhecidas, que também trabalhavam pela igualdade racial.

O legado de Medgar Evers é que seus sonhos se tornaram realidade... em grande parte.

16
Louis Farrakhan

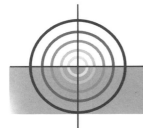

MORREU —

SOBREVIVEU ✓

Essas grandes gravadoras retratam nosso povo de maneira imunda e degradante, e todavia jamais permitiriam que um homem como Michael Jackson dissesse uma única palavra que pudesse manchar sua reputação — elas, porém, nos expõem ao mundo como palhaços e portadores da imundície. Não, eu vou lutar contra isso.

— Louis Farrakhan[1]

VÍTIMA: Louis Farrakhan, nascido Louis Eugene Walcott

NASCIMENTO: 11 de maio de 1933

MORTE: —

IDADE POR OCASIÃO DO ATENTADO: Não se sabe

OCUPAÇÃO: Líder e ministro do movimento Nação Islâmica.

ASSASSINA IMPLICADA: Qubilah Shabazz, filha de Malcolm X, 34 anos, implicada e gravada clandestinamente em fita pelo informante do FBI Michael Fitzpatrick, indiciada em 12 de janeiro de 1995, após uma investigação de sete meses realizada pelo Grande Júri Federal americano, com oito acusações por uso de instalações comerciais interestaduais (telefones) para tramar a morte de Louis Farrakhan.

Farrakhan

DATA E MOMENTO DO ATENTADO: Indeterminados.

LOCAL DO ATENTADO: Indeterminado.

ARMA: Indeterminada.

DESFECHO DO ASSASSINATO: Nenhum atentado contra a vida de Louis Farrakhan jamais foi levado a efeito.

CONSEQÜÊNCIAS JUDICIAIS: O caso foi abandonado pelos agentes federais sem ir a julgamento, após combinarem com Shabazz que ela procuraria tratamento para amenizar seu problema de ódio e evitaria encrencas pelo período de dois anos.

Qubilah Shabazz, filha de Malcolm X, líder de campanhas por direitos civis, tinha quatro anos de idade quando seu pai foi assassinado. Décadas depois, foi gravada uma fita em que ela dizia que considerava Louis Farrakhan culpado pelo seu assassinato, e que ele deveria morrer por isso.

Suas palavras foram registradas por um informante do FBI chamado Michael Fitzpatrick, de 34 anos, que, por razões pessoais, parece ter obrigado Shabazz a dizer em fita aquilo de que o governo precisava para indiciá-la. Havia bons argumentos para acusar os agentes de coerção, e o caso foi abandonado antes de ir a julgamento.

Por anos, acreditou-se que Louis Farrakhan estivera envolvido, com o apoio dos Muçulmanos Negros, no assassinato de Malcolm X. O noticiário americano *60 Minutes,* da CBS, chegou a acusar sem rodeios o líder da Nação Islâmica, o que o irritou profundamente. Foi um sintoma da impressão generalizada de que Farrakhan tinha sido membro da facção radical dos Muçulmanos Negros responsável pelo assassinato. Em entrevista ao jornal *The Final Call,* em 15 de maio de 2000, quando lhe perguntaram: "Como sua família vem lidando com a afirmação de Mike Wallace de que você esteve envolvido no assassinato de Malcolm X?", ele respondeu: "Minha família está muito irritada"[2].

Uma reportagem do *New York Post,* na qual Betty Shabazz, mãe de Qubilah Shabazz e viúva de Malcolm X, dizia ser do "conhecimento comum" que Farrakhan tramara o assassinato, gerou um processo multimilionário contra o jornal. Levando em conta os comentários desbocados da sra. Shabazz, muitos receberam sem surpresa a revelação de que sua filha teria planejado o assassinato de Farrakhan.

Desde que o caso Qubilah Shabazz foi resolvido, Farrakhan organizou a Marcha de Um Milhão de Homens, em 1995, e a Marcha de Um Milhão de Famílias, em 2001, e continua lutando pelas causas em que acredita. Também já fez diversas declarações provocativas,

Tentativas, Atentados e Assassinatos que Estremeceram o Mundo

dizendo que muita gente na comunidade negra serve mais para fomentar a divisão do que a união e a tolerância. Algumas de suas declarações mais acerbadas tinham como alvo os brancos, particularmente homossexuais e judeus:

Os brancos são humanos em potencial — mas ainda não evoluíram.[3]

Os judeus são tão ruins em política, que perderam metade de seu povo no Holocausto. Achavam que podiam confiar em Hitler e o ajudaram a pôr em pé o Terceiro Reich.[4]

Parece que não há problemas em ser homossexual ou cometer qualquer outro pecado que se escolha... mas tenho de trazer esse homossexual à baila e perguntar-lhe se ele quer viver a vida que Deus lhe destinou ou a vida que ele mesmo escolheu.[5]

17
O ARQUIDUQUE FRANCISCO FERDINANDO

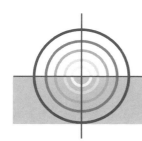

MORREU ✓

SOBREVIVEU ―

Receios e precauções mutilam a vida. O medo é sempre uma das coisas mais daninhas. Vivemos com um perene medo da morte. O homem deve simplesmente confiar em Deus.

— Francisco Ferdinando[1]

VÍTIMAS: O arquiduque Francisco Ferdinando; sua esposa, a condessa Sophie Chotek; Erik Merizzi, oficial que acompanhava o arquiduque no cortejo; quase 20 espectadores feridos na explosão da granada

NASCIMENTO: 18 de dezembro de 1863

MORTE: 28 de junho de 1914

IDADE POR OCASIÃO DO ATAQUE: 50 anos

OCUPAÇÃO: Sobrinho do imperador austríaco Francisco José, primeiro na linha de sucessão ao trono do Império Austro-Húngaro.

ASSASSINOS: Gabrilo Princip (1894-1918), 19 anos, membro do grupo nacionalista sérvio Mão Negra; Nedeljko Gabrinovic, outro membro. De acordo com Borijove Jevtic, um dos conspiradores — que dez anos mais tarde escreveria um relato[2] do assassínio —, houve um total de 22 membros da Mão Negra envolvidos na conspiração. Incluíam-se aí Muhamed

Ferdinando

Mehmedbasic, Vaso Cubrilovic, Cvetko Popovic e Trifko Grabéz. Princip deu os tiros de revólver. Gabrinovic lançou a bomba.

DATA E MOMENTO DO ATENTADO: Domingo, 28 de junho de 1914, por volta das 10 horas (a granada) e por volta das 11h15 (os disparos).

LOCAL DO ATENTADO: Um cortejo motorizado no cais Appel em Sarajevo, na Iugoslávia (ambos os atentados).

ARMAS: Uma pistola automática Browning e uma granada com pregos e pedaços de chumbo e ferro foram as armas usadas de fato nos dois atentados.[3] Acredita-se que os mais de vinte conspiradores, porém, estavam *todos* armados com pistolas e granadas.[4]

DESFECHO DO ASSASSINATO: A granada que Gabrinovic arremessou para concretizar o primeiro atentado não feriu o arquiduque nem sua esposa, mas atingiu o acompanhante Erik Merizzi e aproximadamente uma dúzia de espectadores. Na cerimônia que se seguiu ao atentado, Ferdinando disse: "Senhor prefeito, viemos a Sarajevo em visita pacífica e fomos recebidos com bomba. Isso é ultrajante."[5] Pouco depois, quando o cortejo do arquiduque retomou o percurso, Princip disparou duas vezes. A primeira bala atingiu Ferdinando no tórax, próximo ao pescoço. A segunda acertou a esposa grávida de Ferdinando no abdome. Ela tombou no assoalho, aos joelhos do arquiduque, e morreu quase imediatamente.

CONSEQÜÊNCIAS JUDICIAIS: Esse assassinato desencadeou a fagulha que deu início à Primeira Guerra Mundial. Depois de lançar a granada contra o veículo aberto do arquiduque, Gabrinovic fugiu até um rio e tomou cianureto. Todos os conspiradores estavam munidos de cianureto, pois o suicídio seria preferível à captura. A substância, inesperadamente, estava muito velha, e apenas causou em Gabrinovic males terríveis e vômito. Ele foi capturado. Mais tarde, após disparar seus dois tiros, Princip fez o mesmo e engoliu o veneno. Seu cianureto não era mais novo que o outro, e ele também apenas ficou doente e vomitou. Princip foi capturado por militares e duramente espancado. Eles o lançaram ao chão e o golpearam na cabeça com o lado plano das espadas; desferiram-lhe pontapés; fatiaram-lhe a pele do pescoço com o fio das espadas; e praticaram outras torturas horríveis, fazendo com que Princip perdesse um braço e quase morresse. Ele acabou sentenciado a 20 anos de prisão (não estava sujeito à pena de morte, por não ter ainda 21 anos) e morreu em 1918, atrás das grades, de tuberculose. De acordo com Jevtic, Princip teve as pernas imobilizadas por cadeias que não foram removidas uma única vez durante os quatro anos em que esteve preso. Em seu julgamento, ele disse: "Não me sinto um criminoso, pois dei fim àquele que vinha fazendo o mal"[6]. De todos os conspiradores, 16 receberam condenação. Alguns permaneceram presos, outros foram executados.

Uma única morte pode ter profundas influências; uma única morte pode resultar em dezenas de milhões de outras mortes; uma única morte pode suscitar uma guerra mundial. Todos conhecemos essa verdade, pois o assassinato do arquiduque Francisco Ferdinando deu início à Primeira Guerra Mundial, em que mais de 20 milhões de pessoas em todo o mundo foram mortas.

A Áustria-Hungria usou o assassinato de Francisco Ferdinando como pretexto para declarar guerra contra a Sérvia. A Rússia deu apoio imediato aos sérvios. A Alemanha manifestou seu apoio à Áustria, declarando guerra contra a Rússia e a França. A Grã-Bretanha declarou guerra contra a Alemanha. A Áustria declarou guerra contra a Rússia. E estava iniciada a Primeira Guerra Mundial.

No fim das contas, a Grã-Bretanha, a França, a Rússia, a Bélgica, a Itália, o Japão, os Estados Unidos e outros aliados derrotaram a Alemanha, a Áustria-Hungria, a Turquia e a Bulgária.

Hoje, na Sérvia, o Museu Gavrilo Princip honra o assassino que se mobilizou pela independência sérvia e matou o herdeiro do opressor trono austríaco.

O juramento de lealdade da Sociedade da Mão Negra

"Pelo sol que me aquece, pela terra que me alimenta, por Deus, pelo sangue de meus ancestrais, por minha honra e minha vida, juro fidelidade à causa do nacionalismo sérvio, e juro por ela sacrificar minha vida."[7]

18
LARRY FLYNT

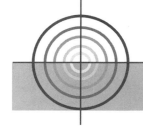

MORREU   —

SOBREVIVEU   ✓

Não espero que a revista Time *me considere o Homem do Ano. Mas espero que os norte-americanos me dêem um mínimo de crédito — ainda que seja de má vontade — por tudo o que fiz para proteger sua liberdade de expressão.*
— Larry Flynt[1]

Não poupávamos ninguém. Procurávamos ofender intencionalmente as pessoas, satirizando os negros, os brancos, os judeus, os cristãos, os ricos, os pobres. Eu queria proporcionar um foro para o tipo de humor negro que caracteriza as indústrias, as fábricas, o local de trabalho das pessoas comuns.
— Larry Flynt[1]

VÍTIMA: Larry Flynt

NASCIMENTO: 1º de novembro de 1942

MORTE: —

IDADE POR OCASIÃO DO ATAQUE: 35 anos

OCUPAÇÃO: Editor de muitas revistas, das quais a *Hustler* é uma das mais famosas.

Flynt

ASSASSINO ASSUMIDO: Joseph Paul Franklin (n. 1951), nascido James Clayton Vaughn, 27 anos, supremacista branco, anti-semita, autor de um atentado contra a vida do ativista dos direitos civis Vernon Jordan (Capítulo 35).

DATA E MOMENTO DO ATENTADO: Segunda-feira, 6 de março de 1978, por volta do meio-dia.

LOCAL DO ATENTADO: Na rua da Corte do Condado de Gwinnett, em Lawrenceville, Geórgia.

ARMA: Um rifle de calibre 0,44.

DESFECHO DO ASSASSINATO: Flynt sobreviveu, mas acabou paralisado da cintura para baixo, com dificuldades de fala permanentes. A princípio, os médicos lhe deram 50% de chances de voltar a andar, mas Flynt está preso à cadeira de rodas desde o disparo.

CONSEQÜÊNCIAS JUDICIAIS: Enquanto cumpria penas perpétuas múltiplas na prisão, Franklin confessou que atirara em Flynt. Foi indiciado, mas não julgado pelo crime. Atualmente, está encarcerado no corredor da morte do Missouri, nos Estados Unidos.

Larry Flynt e seu advogado, Gene Reeves, tinham acabado de almoçar na cafeteria B and J, em Lawrenceville, Geórgia, e retornavam ao tribunal para a sessão vespertina de mais um de seus julgamentos por obscenidade, quando ocorreram os disparos. Da toca de um atirador silvaram balas. Reeves foi atingido no braço e Flynt no estômago. Flynt foi levado às pressas para o hospital, onde os médicos removeram seu baço e parte dos intestinos perfurados. Sua medula estava intacta, mas a bala atravessara um conjunto de nervos na base da espinha, e, apesar do otimismo cauteloso dos médicos, Flynt jamais voltaria a andar. Reeves se recuperou plenamente. Flynt sofreu de dores excruciantes por vários anos e acabou viciando-se em analgésicos.

Larry Flynt goza da estranha notoriedade de ter sido a única pessoa que fez Courtney Love corar. Conta-se que Love, esposa de Kurt Cobain, líder do Nirvana, e vocalista da banda feminina Hole, já cantou sem calcinha e com uma das pernas apoiada em um monitor, proporcionando aos fãs da primeira fileira uma vista e tanto. Portanto, como fica óbvio, não é mulher que core facilmente. Todavia, Larry, considerado um ginecologista autodidata (a *Hustler* se caracteriza por seus pôsteres com temas ginecológicos), conseguiu deixar Courtney enrubescida.

Love interpretou a esposa de Flynt, Althea Leasure, na biografia cinematográfica de Flynt filmada em 1996 por Milos Forman, *O Povo contra Larry Flynt* (com Woody Harrelson no papel de Flynt). Um dia, no set de filmagens, Flynt perguntou desinteressadamente a Love: "Althea tinha a vulva cabeluda. Como é a sua, Courtney?"

Para Courtney, talvez não fizesse diferença se Flynt descobrisse sozinho, sentando-se na primeira fileira em algum de seus shows. No set de filmagens, a pergunta estava inserida nos propósitos do filme, mas *fora* de contexto para Courtney Love, cuja sensualidade eletrizante ativava-se normalmente durante as apresentações do Hole.

Daí o enrubescimento.

A pergunta descarada de Flynt, dirigida a Love, é um sinal de seu estilo — e também da atitude editorial de sua revista, a *Hustler*. Esse procedimento, calcado na idéia de que "nada é sagrado" levou Flynt a incluir na revista fotos até então consideradas tabus, como de mulheres maduras, grávidas, deficientes e vítimas de amputações, bem como sessões com celebridades nuas (mais notoriamente com Jacqueline Kennedy Onassis) e, ao que parece, retratando todas as perversões conhecidas. Flynt abordou temas como o sadomasoquismo, os triângulos amorosos, a bestialidade e, o que mais perturbou seu assassino, o sexo inter-racial.

Certa vez, Flynt publicou fotos de página inteira com uma mulher branca e outra negra fazendo sexo. James Clayton Vaughn, também conhecido como Joseph Franklin, ex-membro da Ku Klux Klan e do Partido Nazista Americano, não gostou das fotos. A seu ver, Flynt era culpado de promover a miscigenação, e tinha de ser punido e morto.

Flynt não foi sua única vítima, contudo. Mais tarde, soube-se que Franklin cometera entre 15 e 20 crimes de ódio similares, todos motivados pela ojeriza a negros e judeus, como também por sua crença apaixonada de que Deus o instruía a infligir punições em seu nome. Ele acreditava que sua missão divina era limpar o mundo, expurgando-o dos negros.

Franklin matara dois negros em Utah, em 1980, pelo "crime" de praticar corrida com duas mulheres brancas; explodira uma sinagoga em Chattanooga, no Tennessee, em 1977; matara um casal inter-racial no Wisconsin, em 1986 (algo descrito pelos promotores do Estado como "o que há de mais próximo a matar por esporte"[3]); e era suspeito de outros 10 assassinatos motivados por ódio em cinco Estados americanos (Geórgia, Indiana, Ohio, Oklahoma e Pensilvânia).

Franklin foi condenado por atirar em um homem de 42 anos, que estava em frente a uma sinagoga, após o *bar mitzvah* de seu filho. As filhas da vítima assistiram a tudo. Franklin ainda confessou sua tentativa de assassinar Vernon Jordan, líder da Liga Urbana Nacional (página 113). Como já cumpria pena por seus muitos crimes (inclusive quatro penas perpétuas), a promotoria do Distrito da Geórgia recusou-se a julgá-lo pelo disparo contra Flynt.

Posteriormente, Franklin pediu desculpas pelo tiro que dera em Flynt, dizendo: "Hoje não carrego em meu coração senão amor por Larry. Lamento muito o que aconteceu. Larry tem seus defeitos, mas já não o odeio. É o único atentado, dentre os que cometi, que já me fez chorar."[4]

O remorso de Franklin é de certa forma irônico, considerando-se seu comprometimento com o ódio racial, o fanatismo e o anti-semitismo. Ele lamenta suas ações porque hoje acredita que pode ter sido judeu em vidas passadas.

19
GERALD FORD

MORREU —

SOBREVIVEU ✓

Não acho que um presidente deva se curvar frente a um punhado de gente que quer tomar a justiça em suas mãos. Se não pudermos ter a chance de conversar uns com os outros e de apertar a mão uns dos outros, então há algo de errado com nossa sociedade.

— Presidente Gerald Ford, após os atentados contra sua vida[1]

VÍTIMA: Gerald Ford

NASCIMENTO: 14 de julho de 1913

MORTE: —

IDADE POR OCASIÃO DOS ATENTADOS: 62 anos

OCUPAÇÃO: 38º presidente dos Estados Unidos.

Tentativa de assassinato Nº 1

ASSASSINA FRUSTRADA: Lynette "Squeaky" Alice Fromme (n. 1948), 26 anos, fanática ecológica, seguidora de Charles Manson[2], convidada do programa de TV americano *The Ed Sullivan Show* (como integrante do grupo de dança juvenil *The Lariats*).

Gerald Ford

Gerald Ford

DATA E MOMENTO DO ATENTADO: Sexta-feira, 5 de setembro de 1975, pouco depois das 10 horas.

LOCAL DO ATENTADO: Em uma calçada em Sacramento, na Califórnia, entre o hotel Senator e o Capitólio da Califórnia. Ford distribuía apertos de mão ao público em sua caminhada de 150 metros até o Capitólio, onde faria um discurso sobre o crime nos Estados Unidos.

ARMA: Uma pistola semi-automática Colt de calibre 0,45, ocultada em um coldre preso à perna da assassina, sob um longo vestido vermelho. (A arma pertencia a Harold Eugene Boro, 65 anos, um civil que fazia projetos de engenharia para a base da força aérea de McLellan. Boro foi mencionado posteriormente como "papai açúcar" de Fromme, gíria que designa "um homem abastado e normalmente mais velho, que dá presentes caros a jovens em troca de companhia ou favores sexuais"[3]. A arma tinha quatro balas no carregador, mas nenhuma na câmara, quando Fromme puxou o gatilho pela primeira vez. Ela foi cercada e presa, antes de conseguir acioná-la novamente.)

DESFECHO DO ASSASSINATO: Larry M. Beundorf, agente do serviço secreto, tomou a arma de Fromme no momento em que ela estendeu o braço e mirou o presidente. Ela puxou o gatilho uma vez, sem disparar a arma, mas o agente conseguiu travar a pistola com o dedo e evitou a tentativa de um segundo tiro. O presidente Ford saiu do local ileso, mas abalado. Testemunhas declararam que sua face perdera a cor, mas ele se recuperou rapidamente e fez o discurso previsto, pouco depois.

CONSEQUÊNCIAS JUDICIAIS: Fromme foi condenada por tentativa de assassinar o presidente e sentenciada à prisão perpétua. Conseguiu escapar do presídio, na Virgínia do Oeste, em 1987, mas os policiais a recapturaram 40 horas depois. Atualmente, cumpre sua sentença em um presídio de segurança máxima no Texas. Ainda é seguidora de Manson.

Lynette "Squeaky" Fromme, discípula de Charles Manson, queria matar o presidente Gerald Ford e assim chamar a atenção para o aprisionamento "injusto" de Manson, pelos assassinatos de Tate e LaBianca. Achava que se fosse acusada de atentado contra Ford, Manson seria chamado a testemunhar em seu julgamento (ela deixara bem claro ao FBI e ao serviço secreto sua devoção a Manson) e, uma vez no banco de testemunhas, ele poderia exprimir-se e regalar o mundo com suas crenças e filosofias.

Todas as alegações da defesa não bastaram para conseguir o veredicto de inocência por razão de insanidade. Por isso, seu advogado tentou convencer o júri de que, como

– 63 –

Lynette identificava Ford com seu pai, realmente não tencionava matá-lo, o que se inferia pelo fato de a câmara de disparo estar vazia. Nenhum dos argumentos funcionou.

Tentativa de assassinato Nº 2

ASSASSINA FRUSTRADA: Sara Jane Moore (n. 1930), 45 anos, casada cinco vezes (duas vezes com o mesmo homem), mãe de quatro filhos, ex-contadora do *San Francisco Examiner,* ex-informante do FBI, cliente (na adolescência) de um armazém na Virgínia do Oeste, onde a mãe de Charles Manson trabalhava como caixa.

DATA E MOMENTO DO ATENTADO: Segunda-feira, 22 de setembro de 1975, por volta das 15h30.

LOCAL DO ATENTADO: A esquina das ruas Post e Powell, em San Francisco, Califórnia, enquanto Ford se encaminhava para sua limusine.

ARMA: Um revólver Smith & Wesson de calibre 0,38.

DESFECHO DO ASSASSINATO: Moore conseguiu disparar um tiro contra o presidente. Um fuzileiro naval aposentado, Oliver Sipple[4], 33 anos, viu o cano cromado da arma, gritou "Revólver!" e golpeou o braço de Moore no momento do disparo. O golpe de Sipple fez com que Moore errasse o alvo, e a bala atingiu a fachada de um hotel, ricocheteou para a direita e atingiu um motorista de táxi, ferindo-o ligeiramente. O tiro passou a uma distância entre 60 e 90 cm do presidente. Ele saiu ileso. O motorista de táxi se recuperou.

CONSEQÜÊNCIAS JUDICIAIS: Moore foi presa imediatamente. Durante o julgamento, disse: "Tentei, consciente e intencionalmente, matar Gerald R. Ford, presidente dos Estados Unidos, usando para isso um revólver, e gostaria de me declarar culpada"[5]. O juiz tentou dissuadir Moore da declaração de culpa, já que com isso garantiria para si mesma a sentença de prisão perpétua. Ela se recusou, e, uma semana depois, o juiz aceitou sua confissão e a condenou a passar a vida na prisão. Moore cumpre sua sentença no Presídio Federal de Dublin, no norte da Califórnia, nos Estados Unidos.

Sara Jane Moore tentou matar o presidente Ford para restabelecer sua ligação com alguns grupos de esquerda que passaram a evitá-la depois que se tornou, por um breve período, informante do FBI. Ela vivera períodos conturbados antes do atentado, e os vizinhos comentavam seus acessos de cólera, seus muitos casamentos e dificuldades financeiras. Aparentemente, Moore acreditava que tudo poderia melhorar se caísse nas boas graças de organizações ligadas ao Exército Simbiótico de Libertação (grupo que seqüestrou Patty Hearst) e outras facções políticas marginais.

Moore parecia de fato querer matar o presidente, chegando até a comentar com o pessoal do serviço secreto: "Se eu tivesse minha 0,44, teria acertado o sujeito"[6]. A pistola a que ela se referia fora confiscada pela polícia no dia anterior ao atentado, e agentes federais a interrogaram, liberando-a em seguida.

20
HENRY CLAY FRICK

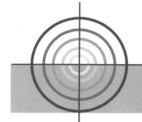

MORREU —

SOBREVIVEU ✓

No que quer que eu me envolva, sigo em frente com tudo.
— Andrew Carnegie[1]

VÍTIMA: Henry Clay Frick

NASCIMENTO: 19 de dezembro de 1849

MORTE: 2 de dezembro de 1919

IDADE POR OCASIÃO DO ATENTADO: 42 anos

OCUPAÇÃO: Magnata do aço de Pittsburgh, colecionador de arte, *chairman* da Companhia Siderúrgica Carnegie (1889-1900).

ASSASSINOS FRUSTRADOS: Alexander Berkman (1870-1936), 22 anos, anarquista; Emma Goldman[2] (1869-1940), escritora e anarquista, que comprara para Berkman a arma usada para alvejar Frick.

DATA E MOMENTO DO ATENTADO: Sábado, 23 de julho de 1892, às 13h55.

LOCAL DO ATENTADO: O escritório de Frick na Companhia Siderúrgica Carnegie, em Homestead, um subúrbio de Pittsburgh, na Pensilvânia.

Frick

ARMAS: Uma pistola e uma adaga.

DESFECHO DO ASSASSINATO: Berkman acertou dois tiros no pescoço de Frick e, em seguida, o apunhalou pelo menos sete vezes com uma adaga. As feridas de Frick não foram fatais, e ele voltou ao trabalho em uma semana. O outro homem que estava no escritório no momento, John Leishman, assistente pessoal de Frick, saiu ileso, apenas com pequenos cortes e escoriações sofridas ao rolar no chão com Berkman. A luta, a prisão e a saída de Frick e Berkman levaram algum tempo, e quase 2 mil pessoas se aglomeraram na calçada à medida que o drama se desenrolava.

CONSEQÜÊNCIAS JUDICIAIS: Berkman quase foi linchado e morto a tiros no escritório, mas Frick interveio para que um policial não o ferisse nem matasse. "Não atire! Não o mate! A lei há de puni-lo!", gritou Frick.[3]

A cena era surreal. Os transeuntes se detinham e olhavam atônitos, enquanto três homens, um deles pingando sangue, lutavam e se debatiam no segundo andar de um prédio comercial. A janela era enorme e proporcionava uma visão perfeita para quem estivesse do outro lado da rua.

O anarquista Alexander Berkman disse à recepcionista que representava uma agência de empregos de Nova York e precisava falar com Henry Frick, *chairman* da imensa e poderosa Companhia Siderúrgica Carnegie.

Tão logo entrou no escritório, sacou a pistola e atirou em Frick, que estava sentado à mesa, com a perna direita sobre o braço da poltrona. Berkman mirara a cabeça de Frick, mas como esse saíra ligeiramente da posição para ver quem entrava, a bala o atingiu no pescoço. O tiro deixou Frick estupefato. Leishman saltou de sua cadeira e avançou sobre Berkman, que voltou à carga rapidamente e atingiu Frick uma vez mais no pescoço.

Enquanto Berkman se preparava para o terceiro tiro, Leishman agarrou seu braço e o apontou para o teto, onde a bala se alojou. A essa altura, Frick estava em pé, e a luta envolvendo os três homens teve início. Leishman chutou os joelhos de Berkman e os três tombaram. Berkman tirou uma adaga do bolso e começou a desferir golpes a esmo, atingindo Frick pelo menos sete vezes.

Nesse momento, um xerife invadiu o escritório de arma em punho. Quando fez mira em Berkman, Frick lhe pediu que não atirasse.

Seis pessoas — algumas das quais estavam entre os siderúrgicos cuja opressão Berkman tentava vingar — saltaram sobre o assassino e o imobilizaram. Dentro de minutos, a polícia chegou e o prendeu.

Berkman cumpriu 14 anos pela tentativa de assassinato de Henry Clay Frick.

Ao sair da prisão, publicou uma autobiografia, *Prison Memoirs of an Anarchist* (Memórias do cárcere de um anarquista). No trecho a seguir, ele descreve o momento em que compreendera qual era sua missão e por que resolvera eliminar Henry Clay Frick:

Meu propósito está bem claro para mim. Uma luta acirrada vem tendo lugar em Homestead: o povo está manifestando o espírito adequado ao resistir à tirania e à invasão. Meu coração exulta. É isso, enfim, o que sempre esperei do trabalhador norte-americano: uma vez insurgido, ele não tolerará interferências; superará todos os obstáculos e conquistará ainda mais do que exigira a princípio. É esse o espírito do passado heróico reencarnado nos operários siderúrgicos de Homestead, Pensilvânia. Que alegria suprema a de contribuir para tal obra! É essa minha missão natural. Sinto a força das grandes façanhas. Não há em minha mente a menor sombra de dúvida. O povo — os trabalhadores do mundo, os produtores — abarca, para mim, o universo. Só ele conta. O resto são parasitas sem o direito de existir. Mas ao povo pertence a Terra — de direito, senão mesmo de fato. E para que lhe pertença realmente, todos os meios são justificáveis; não, são recomendáveis, mesmo a ponto de tirar uma vida.[4]

Se houvesse um inferno na Terra (excluindo-se o interior dos vulcões), seriam as usinas siderúrgicas do final do século XIX. Os trabalhadores toleravam turnos de 12 horas por 14 centavos a hora, e arriscavam a vida todas as vezes que passavam pelos portões da usina. Havia imensos caldeirões de metal derretido; serras gigantes cortavam lingotes de aço, cuspindo chamas e escórias; e havias áreas tão perigosas ao redor dos fornos, que os trabalhadores as chamavam de "armadilhas da morte".

Em julho de 1892, os siderúrgicos fizeram greve na usina da Carnegie, em Homestead, na Pensilvânia, protestando não somente contra as condições de trabalho desumanas e mortais, mas também contra a expulsão de trabalhadores e suas famílias de casas pertencentes à empresa, e contra a redução dos salários já ínfimos.

O estímulo para a tentativa de assassinato — a gota d'água para Berkman e sua amante, a colega anarquista Emma Goldman — foi a chacina dos grevistas, realizada por detetives da agência Pinkerton, às margens do rio Monongahela, em 6 de julho de 1892. A postura de Andrew Carnegie era simples: não havia nada a negociar. Os trabalhadores tinham de aceitar plenamente suas condições ou perder o emprego. E o sindicato devia ser esmagado. Ele confiou a Henry Clay Frick a missão de manter a situação sob controle.

Os grevistas foram atacados, às margens do Monongahela, por ordem de Frick. Ele contratou um grupo de facínoras da agência Pinkerton — chamados eufemisticamente de "detetives", mas constituindo, na realidade, algo similar a uma milícia privada. Os mercenários abriram fogo contra a multidão sem prévio aviso, matando 16 trabalhadores e ferindo dezenas de outros. Um menino morreu no fogo cruzado, assim como três detetives.

No fim das contas, o atentado não obteve resultado algum, e Berkman nem chegou a ganhar o apoio dos trabalhadores, que passaram a evitá-lo por ter dado à empresa algo que ela poderia usar contra sua classe. A guarda nacional ocupou as fábricas, a empresa contratou trabalhadores substitutos e a greve de Homestead não teve nenhum efeito em relação a Carnegie e à companhia.

A despeito dos motivos altruístas de Berkman e Emma Goldman, seus esforços foram insignificantes. Berkman cometeu suicídio em 1936, aos 66 anos.

21
Indira Gandhi

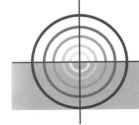

MORREU ✓

SOBREVIVEU —

Estávamos a postos, com a câmera e o microfone. Um secretário fora buscá-la, e então aconteceu. Ouvi três disparos. Ficamos alarmados, mas o pessoal no escritório disse que deviam ser fogos de artifício. Em seguida, houve um prorromper de tiros automáticos, como se os atacantes quisessem ter certeza do trabalho. Não creio que ela tivesse alguma chance. Vimos soldados correndo. Eles nos mantiveram lá por cinco horas. Era como uma prisão.

— Peter Ustinov[1]

VÍTIMA: Indira Priyadarshini Gandhi[2]

NASCIMENTO: 19 de novembro de 1917

MORTE: 31 de outubro de 1984

IDADE POR OCASIÃO DO ATENTADO: 66 anos

OCUPAÇÃO: Primeira-ministra da Índia (1966-1977, 1980-1984).

ASSASSINOS: Beant Singh (1950-1984), 34 anos; Satwant Singh[3], 25 anos.

DATA E MOMENTO DO ATENTADO: Quarta-feira, 31 de outubro de 1984, pouco depois das 9h10.

Indira Gandhy

LOCAL DO ATENTADO: Uma passarela entre sua residência, no número 1 da Estrada Safdarjang, e seu escritório, no número 1 da Estrada Akbar, em Nova Délhi, Índia.

ARMAS: Um revólver de modelo desconhecido (Beant Singh), uma submetralhadora Sten (Satwant Singh).

DESFECHO DO ASSASSINATO: Indira Gandhi foi levada às pressas para o hospital, com as pupilas dilatadas e sem pulsação. Estava clinicamente morta, mas os médicos (provavelmente sabendo que seus esforços seriam em vão, mas reconhecendo a necessidade de mostrar que haviam feito todo o possível para salvá-la) operaram-na e removeram de seu corpo entre 16 e 20 balas, efetuando diversas transfusões de sangue. Como parte da encenação, o hospital chegou a solicitar doações de sangue, o que provocou tumultos, pois as pessoas competiam para serem as primeiras a doar sangue para a primeira-ministra. Indira Gandhi foi declarada morta às 16h30.

CONSEQÜÊNCIAS JUDICIAIS: Beant Singh morreu a tiros durante uma tentativa de fuga. Satwant, também atingido, recuperou-se, foi julgado e executado. Rajiv Gandhi, filho de Indira Gandhi, feito imediatamente primeiro-ministro, morreu assassinado, em 1991.

Indira Gandhi estava a caminho de uma entrevista televisiva com o ator inglês Peter Ustinov, a ser exibida no programa *Peter Ustinov's People*, quando foi alvejada por dois de seus guarda-costas, separatistas siques que haviam sido incorporados ao grupo de segurança pela própria primeira-ministra. Ela sentira que seria um gesto de unificação para o país, se permitisse que dois de seus inimigos declarados a protegessem.

Indira Gandhi, firme defensora de uma Índia unificada, recusava-se a aceitar a reivindicação de autonomia dos siques para a região do Punjab, no norte da Índia, área que estivera sob o controle sique de 1799 a 1849 e que fora dividida entre a Índia e o Paquistão em 1949. (Lembra um pouco a reivindicação indiana de autonomia em relação aos britânicos, não é mesmo?)

Em junho de 1984, Indira Gandhi ordenou a invasão de um dos santuários mais sagrados dos siques, o Templo Dourado, em Amritsar, ataque (palavra apropriada, dada a reação dos siques) conhecido como Operação Estrela Azul. A resistência foi inesperadamente acirrada, e entre 600 e 1.200 pessoas morreram. Indira passou a ser universalmente odiada pelos siques após esse ataque. Seu assassinato foi uma retaliação direta pela invasão do Templo Dourado. Após sua morte, um líder revolucionário sique, o dr. Jagjit Singh Chohan, anunciou um aumento no número de atentados terroristas contra o governo indiano.[4]

Imediatamente após a confirmação pública do assassinato, os hindus começaram a molestar os siques nas ruas. Eles eram espancados sem motivo e, em alguns casos, tinham

Tentativas, Atentados e Assassinatos que Estremeceram o Mundo

suas longas barbas queimadas. No Punjab, contudo, os siques celebraram, gritando: "Indira Gandhi mereceu morrer!"[5], e enviaram dinheiro à família dos assassinos.

Por volta das 9h30, Indira deixou sua residência e se pôs a percorrer a pequena distância que levava até seu escritório, onde encontraria Peter Ustinov para uma entrevista televisiva. Trajava um sári amarelo-laranja. Escolhera essa cor porque lhe disseram que ficava bem na televisão. Se sabia ou não que o amarelo-laranja é tradicionalmente visto na Índia como a cor do martírio, é algo que nunca descobriremos. Naquela manhã, evitara o traje à prova de balas, pois não queria aparecer na televisão com um trambolho bojudo sob as roupas. Indira usava vestes protetoras quase ininterruptamente, desde a invasão do Templo Dourado, pois os siques consideravam o ataque uma dessacralização de seu local mais sagrado. Ela, seu filho e netos recebiam ameaças de morte diariamente.

No caminho, Indira deparou com o subinspetor Beant Singh, um sique que servia como seu guarda-costas havia nove anos. Quando o cumprimentou, ele empunhou um revólver e a alvejou no estômago. Indira gritou de dor e caiu. O guarda Satwant Singh sacou então uma submetralhadora Sten e a descarregou sobre a frágil mulher estendida no solo.

Comandos da polícia indo-tibetana, a força de segurança que guardava o perímetro do complexo residencial de Indira Gandhi, acorreram ao local e levaram presos os dois assassinos. Encerrados em uma cela de segurança, nas proximidades, mais tarde tentaram escapar. Beant Singh, atingido por tiros, morreu na hora. Satwant Singh, seriamente ferido a balas, sobreviveu para ser julgado. Declarado culpado, sofreu execução por enforcamento, em janeiro de 1989.

22
MOHANDAS GANDHI

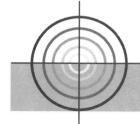

MORREU ✓

SOBREVIVEU —

Se me couber morrer pela bala de um louco, hei de morrer sorrindo. Não deve haver ódio em meu íntimo. Deus há de estar em meu coração e em meus lábios.

— Mohandas Gandhi[1]

VÍTIMA: Mohandas Karamchand Gandhi, também conhecido como Mahatma (Grande Alma) Gandhi

NASCIMENTO: 2 de outubro de 1869

MORTE: 30 de janeiro de 1948

IDADE POR OCASIÃO DO ATENTADO: 78 anos

OCUPAÇÃO: Líder espiritual da Índia.

ASSASSINO: Nathuram Vinayak Godse (1910-1949), nacionalista hindu, 37 anos.

Gandhi

DATA E MOMENTO DO ATENTADO: Sexta-feira, 30 de janeiro de 1948, às 17h15.

LOCAL DO ATENTADO: Os jardins de Birla, em Nova Délhi, na Índia.

ARMA: Uma pistola automática Beretta, de 7 câmaras.

DESFECHO DO ASSASSINATO: Gandhi foi atingido por dois tiros e desfaleceu. Levado para casa, morreu 25 minutos depois.

Tentativas, Atentados e Assassinatos que Estremeceram o Mundo

CONSEQÜÊNCIAS JUDICIAIS: Godse não fugiu após atirar em Gandhi, e foi levado às pressas pela polícia indiana, para evitar que a multidão o linchasse. Godse e seu acólito, Narayan Apte, condenados pelo assassinato de Gandhi e sentenciados à morte, foram enforcados em 15 de novembro de 1948. Gopal, irmão de Nathuram Godse, foi condenado por conspiração e sentenciado à prisão perpétua. Recebeu liberdade condicional, após cumprir 18 anos da sentença e hoje vive em Pune, na Índia.

Um homem que pregou a não-violência por toda a vida é violentamente morto a tiros a caminho de suas preces.

Todas as tardes, Mohandas Gandhi saía de casa e caminhava uma pequena distância até uma pérgula nos jardins de Birla, onde dirigia uma cerimônia de preces, sempre acompanhado de até mil pessoas que apoiavam seu princípio de paz por meio do protesto sem violência e da "não-cooperação" com as autoridades civis. No dia em que foi assassinado, Gandhi se dirigia lentamente até os jardins, onde o aguardavam aproximadamente 500 pessoas. Ele se apoiava, de um lado e outro, em suas dedicadas sobrinhas-netas. Estava fraco e debilitado, pois acabara de encerrar um jejum de cinco dias pela paz.

Nathuram Godse, um extremista hindu, que julgava os métodos de Gandhi perigosos para a Índia e acreditava que ele incentivava muçulmanos a matar hindus, aguardava em meio à multidão. Quando Gandhi se aproximou do local onde ele se postara, o assassino retirou um revólver do bolso e o ocultou entre as mãos. Godse notou que uma das sobrinhas-netas estava muito próxima ao Mahatma, e receou feri-la acidentalmente. Assim, deu um passo à frente, afastou a garota do tio com a mão esquerda e atirou em Gandhi à queima-roupa.

Três balas atingiram o Mahatma, duas no lado direito do abdome e uma no peito. Gandhi caiu imediatamente. Muitas fontes declaram que ele murmurou "He Ram!" — o que em hindi significa "Oh, Deus!" —, sendo suas últimas palavras. Em fevereiro de 2000, numa rara entrevista à revista *Time*, Gopal Godse, o irmão sobrevivente e acólito de Nathuram, negou que isso fosse verdade:

GOPAL GODSE: Depois de sua morte, o governo o usou. O governo sabia que ele era um inimigo dos hindus, mas queria mostrá-lo como um hindu convicto. Assim, a primeira coisa que fizeram foi pôr "He Ram" na boca morta de Gandhi.

TIME: Quer dizer que ele não disse "He Ram" ao morrer?

Mohandas Gandhi

GG: Não, não disse. Perceba que se tratava de uma pistola automática. Tinha espaço para nove balas e guardava sete no momento. Uma vez apertado o gatilho, todas as sete balas se vão. Quando elas atravessam órgãos cruciais, como o coração, a consciência se apaga. Não resta nenhuma força... Olha, houve um filme e um tal de Kingsley interpretou Gandhi. Alguém me perguntou se Gandhi dissera "He Ram". Respondi que Kingsley o dissera. Mas não Gandhi. Porque ali não havia encenação.[2]

As opiniões de Gopal Godse representam a facção antigandhista, que se opunha à proposta de Gandhi de um Paquistão muçulmano. As últimas palavras de Nathuram Godse, enquanto caminhava para o cadafalso, foram "Akhand Bharat", que significam "Índia Indivisa". (Vale acrescentar que somente três balas foram disparadas contra Ghandi.[3]) Com respeito à execução de Godse e seu acólito, Apte, comentou-se que o executor, de propósito, trançou incorretamente o nó da forca de Godse, para que a queda não o matasse de imediato. Apte morreu instantaneamente com o pescoço quebrado. Já Godse, com a cabeça envolta em uma touca preta, oscilou e contorceu-se na ponta da corta por 15 minutos, morrendo lentamente de estrangulamento.

Mohandas Gandhi nasceu na Índia britânica em 1869 e, em 1888, aos 19 anos (após a morte do pai), foi enviado à Inglaterra para estudar Direito. Aprovado nos exames, em 1891, regressou à Índia, onde tentou montar um escritório de advocacia, com pouco sucesso. Frustrado, aceitou uma posição de auxiliar em um processo na África do Sul e planejou morar um ano lá. Enquanto esteve fora, além de cumprir seu trabalho jurídico, Gandhi se envolveu em tentativas de pôr fim à opressão que os indianos sofriam no país (onde eram uma pequena minoria), e acabou liderando um comando médico de voluntários indianos que atuou a favor dos britânicos na Guerra dos Bôeres, um conflito entre colonizadores britânicos e holandeses travado de 1899 a 1902. (Os britânicos venceram.)

Gandhi acabou permanecendo na África do Sul até 1914. Sua esposa e filhos o acompanharam, em 1896. Durante esses anos, desenvolveu um profundo interesse pelo princípio da não-cooperação sem violência, e passou a levar uma vida ascética, abstendo-se de sexo e da maioria dos prazeres, e dedicando-se às preces e ao fim da opressão sobre os indianos.

Gandhi voltou à Índia em 1915, onde logo se tornou conhecido como o Mahatma. Passou a praticar a desobediência civil sem violência, sendo preso diversas vezes e desen-

Tentativas, Atentados e Assassinatos que Estremeceram o Mundo

volvendo um imenso contingente de seguidores. Desempenhou um papel importante na obtenção da independência indiana, mas teve de concordar relutantemente com o estabelecimento de um Estado muçulmano à parte, o Paquistão, o que foi causa de grande tumulto e animosidade entre hindus e muçulmanos.

Nathuram Godse acreditava que o problema entre muçulmanos e hindus poderia ser resolvido se Gandhi morresse. Como sabemos, pela recente escalada da tensão entre a Índia e o Paquistão, no tocante à região da Caxemira, Godse não poderia estar mais enganado. De uma forma ou de outra, seu gesto privou o mundo de um de seus mais legítimos pacifistas.

23
JAMES GARFIELD

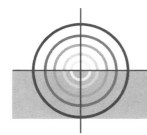

MORREU   ✓
SOBREVIVEU   —

Ao general Sherman: acabei de atirar no presidente. Alvejei-o várias vezes, pois queria que ele partisse o mais placidamente possível. Sou advogado, teólogo e político. Sou um pilar dos pilares. Estive com o general Grant e o restante de nossos homens em Nova York durante a campanha. Irei para a cadeia. Queira pedir a suas tropas que se apoderem dela imediatamente. Com todo o respeito,

— Charles Guiteau[1]

VÍTIMA: James Garfield

NASCIMENTO: 19 de novembro de 1831

MORTE: 19 de setembro de 1881

IDADE POR OCASIÃO DO ATENTADO: 49 anos

OCUPAÇÃO: 20º presidente dos Estados Unidos (1881).

ASSASSINO: Charles J. Guiteau (1841-1882), 40 anos, advogado mentalmente perturbado, ladrão medíocre, orador religioso e inconformado político. "Era também um mentiroso, vigarista, embusteiro, libertino, aproveitador de mulheres e um

Garfield

reles egomaníaco."[2] Na época do atentado, comenta-se que Guiteau estava tentando obter um consulado em Paris ou Viena na administração de Garfield. Um artigo de revista sobre um de seus "discursos" observou que Guiteau tinha "a fraude e a imbecilidade escritas em seu rosto"[3].

DATA E MOMENTO DO ATENTADO: Sábado, 2 de julho de 1881, às 9h20; morreu 79 dias depois, em 19 de setembro de 1881.

LOCAL DO ATENTADO: O Baltimore and Potomac Depot, em Washington, D.C.

ARMA: Um revólver British Bulldog de calibre 0,44.

DESFECHO DO ASSASSINATO: Guiteau acertou os dois tiros que deu em Garfield. A primeira bala lhe causou um ferimento superficial no braço. A segunda perfurou seu peitoral direito, fraturou a 11ª costela, desviou-se para a esquerda, atingiu a coluna vertebral (sem tocar a medula) e se alojou 6 cm à esquerda da coluna, abaixo do pâncreas. A bala não foi localizada enquanto Garfield viveu, nem mesmo quando Alexander Graham Bell aplicou no presidente sua recém-inventada "balança de indução" (um detector de metais). O médico de Garfield, o dr. D. W. Bliss, não acreditava na nova e radical teoria do perigo potencial das bactérias e germes em feridas abertas. Condições anti-sépticas de cirurgia eram quase desconhecidas em 1881, e por semanas 15 médicos diferentes exploraram as feridas do presidente com as mãos nuas e mal lavadas, tentando encontrar a segunda bala. Também lhe ministraram "enemas nutricionais", compostos que consistiam de ovos, caldo de sopa, leite, uísque e ópio. Como o ânus não possui propriedades digestivas ou de absorção, é provável que Garfield também tenha passado a sofrer de desidratação e desnutrição, após alguns dias submetido a tal tratamento. No momento em que morreu, sua ferida de 9 cm passara a ter 50 cm de extensão e estava gravemente infeccionada. Garfield contraiu sepsia (envenenamento do sangue) devido à inspeção anti-higiênica de sua ferida, e acredita-se que tenha morrido de um aneurisma rompido ou de infarto agudo do miocárdio (ataque cardíaco), ambos provavelmente agravados por seu agudo caso de envenenamento sangüíneo. O tratamento médico imposto a Garfield é considerado um dos eventos médicos mais atamancados da história norte-americana. Garfield sofreu muitíssimo e suas últimas palavras — um apelo desesperado para que seu médico o livrasse da dor — foram: "Swaim, você não pode acabar com isso? Oh, Swaim!"[4], pronunciadas enquanto ele apertava o peito logo acima do coração.

CONSEQÜÊNCIAS JUDICIAIS: Guiteau foi acusado de assassinato em 14 de outubro de 1881. Durante o julgamento, proporcionou pessoalmente o que seriam as mais persuasivas evidências para um veredicto de insanidade. Gritou com os jurados, interrogou testemunhas sobre passagens bíblicas e disse repetidas vezes à corte poder falar em nome de

Deus. Ironicamente, essas demonstrações de loucura não ajudaram em nada sua defesa ou as esperanças de seu advogado de obter um veredicto de inocência por razão de insanidade. Guiteau recebeu a declaração de culpado em 23 de janeiro de 1882, depois de o júri deliberar por pouco mais de uma hora. O assassino do amado presidente James A. Garfield morreu por enforcamento em 30 de junho de 1882. Seu corpo foi deixado a pender por quase 30 minutos.

Charles Guiteau era decerto insano. Mas como costuma ser com tais pessoas, por vezes os verdadeiros loucos dão mostras de um comportamento arguto e perspicaz. Guiteau fez o impossível para adquirir um caríssimo revólver British Bulldog, com o qual alvejaria James Garfield. Por quê? Queria que a arma causasse admiração, quando finalmente fosse parar em um museu.

Antes de atacar e matar o presidente Garfield, Guiteau escreveu uma carta, encontrada entre seus documentos após sua detenção:

Washington, 16 de junho de 1881.

Ao Povo Americano:

Concebi a idéia de eliminar o presidente há quatro semanas. Meu plano não era conhecido de vivalma. Tive a idéia sozinho e a guardei para mim. Li cuidadosamente os jornais favoráveis e desfavoráveis à administração, e pouco a pouco assentou-se em mim a convicção de que a remoção do presidente era uma necessidade política, porquanto ele se mostrava um traidor dos homens que o haviam eleito, e com isso punha em risco a vida da República. (...) Não se trata de assassinato. Trata-se de uma necessidade política...

A presidência de Garfield é uma das mais curtas na história norte-americana: apenas nove meses, interrompidos tragicamente por um lunático, cujas últimas palavras antes de saltar do cadafalso foram: "Salvei meu partido e minha terra! Glória, aleluia!"

24
GERMAINE GREER

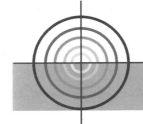

MORREU   —

SOBREVIVEU   ✓

Desde que publiquei The Female Eunuch, *sempre houve a possibilidade de que alguém me atacasse. Em algum lugar. Algum maluco. A julgar pela hostilidade que vemos nas cartas. Sinto-me um pouco como César. O homem valente só morre uma vez; o covarde morre muitas. Nesse caso, trata-se de uma mulher valente. Eu me recuso a ter medo.*

— Germaine Greer[1]

VÍTIMA: Germaine Greer

NASCIMENTO: 29 de janeiro de 1939

MORTE: —

IDADE POR OCASIÃO DO ATENTADO: 61 anos

OCUPAÇÃO: Escritora australiana, professora, autora de uma aclamada e fértil apologia ao feminismo, *The Female Eunuch*.

OFENSORA: Karen Burke (n. 1981), 19 anos, estudante obcecada.

DATA E MOMENTO DO ATENTADO: Segunda-feira, 24 de abril de 2000, no finalzinho da tarde.

LOCAL DO ATENTADO: A casa de Greer, em Saffron Walden, Great Chesterford, no condado de Essex, Inglaterra.

Germaine Greer

Arma: Um atiçador de lareira.

Desfecho do Assassinato: Greer foi amarrada e lutou fisicamente com Burke por mais de duas horas, mas não sofreu ferimentos graves.

Conseqüências Judiciais: Burke foi acusada de cativeiro ilegal e assalto com violência física. Em julho de 2000, declarou-se culpada de molestamento, e as acusações de cativeiro e assalto acabaram retiradas. Foram-lhe impostos dois anos de bom comportamento, e ela concordou em procurar tratamento psiquiátrico e não fazer contato com Greer nem chegar a menos de cinco milhas de sua casa.

Teria a obcecada estudante Karen Burke assassinado Germaine Greer, se o cativeiro que impusera à professora e escritora feminista não fosse interrompido?

Como Greer estava mais de três horas atrasada para um jantar, seus amigos resolveram investigar a situação e se depararam com um caos: Burke despedaçara objetos da sua casa com um atiçador de lareira, amarrara Greer e a mantinha em cativeiro há quase duas horas.

Karen Burke, aluna da Universidade de Bath — onde cursava italiano, alemão e estudos europeus —, era conhecida de Germaine Greer, embora não houvessem travado contato direto antes do incidente de abril de 2000, que teve início na sexta-feira, dia 21, e se encerrou na segunda, dia 24. Burke, que provinha de Wollaton, no condado inglês de Nottingham, ficara totalmente obcecada pela autora, após estudar suas obras na faculdade. No início de 2000, começou a enviar a Greer cartas que a escritora descreveu como perturbadoras e alarmantes, mesma opinião da polícia. Greer respondeu a Burke pedindo-lhe que parasse de escrever, mas isso não bastou para desfazer o elo emocional de Burke para com ela.

Em 21 de abril de 2000, a estudante apareceu na casa de Greer, em Essex. A escritora (com imprudência, a julgar pelo que ocorreu) parece ter simpatizado com a alucinada e obsessiva jovem, e lhe permitiu passar a noite no abrigo que havia no quintal. Na manhã seguinte, levou-a até a estação de trem e lhe pediu que não voltasse.

Dois dias depois, Greer descia a trilha de sua casa para comparecer a um jantar, quando Burke irrompeu das moitas que cercavam o caminho, pregando-lhe um susto. Ela gritou e tentou correr de volta, para chamar a polícia, mas Burke saltou sobre as costas da escritora, então com 61 anos, e começou a gritar: "Mamãe, mamãe, não faça isso! Mamãe, mamãe, não faça isso!"

Burke conseguiu levar Greer de volta à casa, e, pelas duas horas seguintes, desenrolou-se um bizarro e violento drama psicológico, durante o qual as duas mulheres se feriram

Tentativas, Atentados e Assassinatos que Estremeceram o Mundo

e muitos objetos da casa foram destruídos pela jovem, que brandia ensandecidamente um atiçador de lareira.

Quando os amigos de Greer chegaram para verificar a razão de seu atraso, viram a cena, chamaram imediatamente a polícia e Burke foi presa.

Durante a acusação, a promotora do caso, Dinah Walters, disse ao tribunal que "[A srta. Greer] inferiu, pela conversa, [do dia 21] que Karen Burke estava fascinada por ela e queria adotá-la como uma espécie de mãe espiritual"[2]. De acordo com Walters, quando os amigos de Greer chegaram, "encontraram a srta. Burke gritando agarrada às pernas da professora Greer"[3].

Em seguida, Walters leu para a corte uma declaração de Burke: "Sei que isso foi algo extremamente estúpido e que eu não deveria ter feito. Não sei o que aconteceu comigo. Só queria tirar essa coisa toda da cabeça. Era algo emocional. Eu desejava abraçá-la."[4]

Uma vez mais levanta-se a questão: o que teria acontecido a Greer se os amigos não tivessem aparecido naquele momento? Será que Burke sofreria um acesso psicótico e tentaria matá-la? Burke afirmou posteriormente ter ciência de que suas atitudes eram insanas, e disse concordar com a ordem de ficar longe de Greer; mas a história nos mostra que obsessões não são superadas tão facilmente. Desde sua condenação, Burke não voltou a molestar a professora Greer (ou, se chegou a contatá-la, a mídia não soube). Germaine Greer não permitiu que o atentado a abalasse, e continua a lecionar Literatura Comparada na Universidade de Warwick, na Inglaterra. Não publicou nenhum livro desde *A Mulher Inteira*, de 1999, mas ainda dá palestras e escreve sobre assuntos femininos.*

Bibliografia de Germaine Greer

1970 *The Female Eunuch* (A eunuca)	1984 *Sexo e Destino: A Política da Fertilidade Humana*
1979 *The Obstacle Race: The Fortunes of Women Painters and Their Work* (A corrida de obstáculos: fortuna e obra das pintoras)	1991 *Mulher: Maturidade e Mudança*
	1999 *A Mulher Inteira*

---

*   Em 2002, Germaine Greer publicou um estudo sobre as peças de Shakespeare, intitulado *Shakespeare: A Very Short Introduction* (Shakespeare: uma brevíssima introdução). (N.T.)

25
GEORGE HARRISON

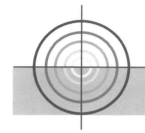

MORREU —

SOBREVIVEU ✓

Depois do que aconteceu com John, estou literalmente apavorado.
— George Harrison, em 1984[1]

VÍTIMA: George Harrison

NASCIMENTO: 25 de fevereiro de 1943

MORTE: 29 de novembro de 2001

IDADE POR OCASIÃO DO ATENTADO: 56 anos

OCUPAÇÃO: Músico, ator, escritor, produtor, ex-membro dos Beatles.

ASSASSINO FRUSTRADO: Michael Abrams, 33 anos, deficiente mental viciado em heroína.

DATA E MOMENTO DO ATENTADO: Quinta-feira, 30 de dezembro de 1999, aproximadamente às 3h30.

LOCAL DO ATENTADO: A casa de Harrison, em sua propriedade de Friar Park, em Henley-on-Thames, Inglaterra.

ARMA: Uma faca de 17 cm.

DESFECHO DO ASSASSINATO: Harrison foi esfaqueado no peito, teve um pulmão perfurado e sofreu escoriações, mas suas feridas não se mostraram mortais e ele so-

George Harrison

Tentativas, Atentados e Assassinatos que Estremeceram o Mundo

breviveu. Sua esposa Olívia foi tratada de cortes e arranhões sofridos durante a luta com Abrams.

CONSEQÜÊNCIAS JUDICIAIS: Em novembro de 2000, Abrams foi declarado inocente por razão de insanidade e internado em um hospital psiquiátrico "por tempo indeterminado".

Os vizinhos de George Harrison chamavam sua propriedade (com 34 cômodos e 32 acres em estilo gótico) jocosamente de "Forte Knox", devido às intrincadas medidas de segurança que (supostamente) protegiam o local.

Friar Park tinha poderosos refletores, arame farpado em cercas elevadas, vigilância por câmeras de vídeo, portões controlados eletronicamente e rondas regulares com cães. Desde o assassinato de John Lennon, em 1980 (Capítulo 41), Harrison passou a recear que ele ou sua família fossem feridos ou mortos, e por isso levava muito a sério suas medidas de segurança. Ao que parece, sempre teve ciência de quão vulneráveis aos fãs eram os artistas, e sabia com que facilidade alguém do público poderia atacar um músico no palco (ou em qualquer outro lugar, na verdade). A última apresentação ao vivo dos Beatles — o concerto de almoço, em 30 de janeiro de 1969 — só ocorreu sobre um telhado, em Londres, porque Harrison recusava-se terminantemente a tocar diante do público, a despeito da insistência contrária dos outros Beatles.

De qualquer forma, segurança é *aquela* coisa, e nas primeiras horas da manhã de 30 de dezembro de 1999, a mansão de George Harrison era tudo, menos segura.

Até hoje, fãs do ex-Beatle ainda fazem muitas perguntas comprometedoras sobre o atentado contra George — especificamente, como um deficiente mental viciado em heroína conseguiria penetrar no quintal da propriedade, arrombar a janela da cozinha, invadir a casa, subir os degraus até o quarto de George e Olívia e atacá-los com uma faca? Se havia câmeras de vigilância no quintal, por que ninguém as estava monitorando? Se havia "intrincados" sistemas de alarme, por que não ocorreu o acionamento de sirenes e refletores, quando a janela do térreo foi arrombada? Se o sistema de segurança era tão impenetrável, como é que George não dispunha de um botão de emergência que convocasse ajuda imediata, em vez de precisar telefonar para a polícia e confinar-se com a esposa no quarto, até os policiais chegarem?

George e Olívia acordaram com o ruído de estilhaçamento do vidro, e não com um alarme. Enquanto Olívia pedia ajuda, George levantou-se e, vestindo apenas um pijama, desceu ao térreo, onde se deparou com Michael Abrams, que o acometeu com uma faca.

– 84 –

George foi esfaqueado no peito durante uma luta violenta, e livrou-se do perigo quando sua esposa desceu as escadas e golpeou o invasor na cabeça com uma luminária de bronze, nocauteando-o. "Olívia deu-lhe uma pancada daquelas, e provavelmente salvou a vida de George", disse um policial não identificado, logo após o atentado.[2]

George e Olívia foram levados ao Hospital Real de Berkshire, nas proximidades, onde ambos receberam tratamento. O dr. William Fountain, cirurgião que tratou da ferida e do pulmão lesado de George, descreveu o fato como "uma escapada por um triz, quase milagrosa"[3]. Por muito pouco, a faca de Abrams não cortara a veia cava superior de George, uma artéria de suma importância, que conduz o sangue de toda a parte superior do corpo até o coração. George foi posteriormente transferido para o Hospital de Harefield, que era melhor equipado para tratar de ferimentos torácicos. Durante a internação, manteve-se consciente e de bom humor, e até brincou com a equipe médica, dizendo não saber que Abrams era um arrombador, mas que "ele certamente não estava fazendo uma demonstração para os Traveling Wilburys"[4].

A mãe de Abrams comentou com as autoridades que seu filho sofria de graves perturbações mentais — era um esquizofrênico paranóico — e se tornara obcecado pelos Beatles (depois de um breve flerte com a banda Oasis, inspirada nos Beatles), acreditando que fossem praticantes de magia negra e que George era a "ameaça fantasma" descrita nos textos de Nostradamus. Após a prisão de Abrams, ela manifestou alívio por saber que o filho obteria a ajuda de que tanto necessitava, e criticou as instituições médicas britânicas por não reconhecerem a gravidade de seu transtorno, permitindo-lhe circular pelas ruas.

George recebeu alta poucos dias depois do atentado e passou diversas semanas convalescente.

Já recuperado, sofreu recorrência do câncer que se manifestara em sua garganta vários anos antes, e que em 2000 atingiu seu cérebro. Ele morreu de câncer cerebral, em novembro de 2001, e suas cinzas foram espalhadas no rio Ganges, na Índia.

E então ficaram dois.

Tentativas, Atentados e Assassinatos que Estremeceram o Mundo

Discografia solo de George Harrison

1968	*Wonderwall*	1977	*The Best of George Harrison*
1969	*Electronic Sound*	1979	*George Harrison*
1970	*All Things Must Pass*	1981	*Somewhere in England*
1972	*The Concert for Bangladesh*	1982	*Gone Troppo*
1973	*Living In The Material World*	1987	*Cloud Nine*
1974	*Dark Horse*	1989	*Best of Dark Horse 1976-1989*
1975	*Extra Texture*	1992	*Live in Japan*
1976	*Thirty Three And A Third*	2002	*Brainwashed*

26
PHIL HARTMAN

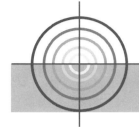

MORREU ✓

SOBREVIVEU —

Embora fosse um maravilhoso ouvinte, Phil não tinha muito a oferecer. Mantinha o maior silêncio sobre os próprios problemas, se é que os possuía. Não posso dizer honestamente que tenha partilhado comigo muita coisa sobre sua vida doméstica. Mas Brynn sempre foi um doce comigo. Ela ia aos programas e levava as crianças aos ensaios. Para mim, eles pareciam uma família adorável e feliz.

— Jan Hooks, atriz do *Saturday Night Live*[1]

VÍTIMA: Phil Hartman

NASCIMENTO: 24 de setembro de 1948

MORTE: 28 de maio de 1998

IDADE POR OCASIÃO DO ATENTADO: 49 anos

OCUPAÇÃO: Comediante, escritor e ator canadense, mais conhecido por seu desempenho brilhante em *Saturday Night Live*, pelo papel principal na comédia *Newsradio* e por sua participação em diversos filmes.

ASSASSINA: Brynn Hartman (1958-1998), 40 anos, esposa de Hartman.

Phil Hartman

Tentativas, Atentados e Assassinatos que Estremeceram o Mundo

DATA E MOMENTO DO ATENTADO: Quinta-feira, 28 de maio de 1998, provavelmente por volta das 3 horas.

LOCAL DO ATENTADO: A cama do casal nos aposentos da mansão de Hartman (por ele chamada "The Ponderosa"), em Encino, Califórnia.

ARMA: Um revólver Smith & Wesson.

DESFECHO DO ASSASSINATO: Phil Hartman foi morto durante o sono em conseqüência de três tiros disparados por sua esposa, Brynn, nas primeiras horas de 28 de maio de 1998. Não há sinais de que tenha acordado durante os disparos. Brynn Hartman cometeu suicídio por volta das 6h30 da mesma manhã.

CONSEQÜÊNCIAS JUDICIAIS: Nenhuma. A propriedade dos Hartmans passou para os filhos, que estão sendo criados pela irmã de Brynn e seu marido, em Eau Claire, Wisconsin

O assassinato de Phil Hartman pela esposa, Brynn, que em seguida cometeu suicídio, ocorreu enquanto os filhos do casal, Sean, de 9 anos, e Birgen, de 6, estavam dormindo. Brynn Hartman atirou três vezes na cabeça do marido que dormia. Em seguida, abandonou a casa, deixando para trás os filhos adormecidos e o cadáver.

Brynn seguiu imediatamente para a casa de seu amigo Ron Douglas e confessou o assassinato. A princípio, Douglas não lhe deu crédito, mas ficou preocupado e desconfiado ao encontrar um revólver Smith & Wesson em sua bolsa. Brynn dormiu ali, durante a madrugada, e então voltou para casa, acompanhada por ele, por volta das 6h da manhã.

Chegando lá, Douglas encontrou os filhos de Hartman despertos, aterrorizados e agarrados um ao outro, junto à porta principal. (É muito provável que pelo menos Sean, o mais velho, tivesse visto o corpo do pai. Ele pode ter impedido a irmã de vê-lo — ou talvez tenham ido juntos até o quarto dos pais, após despertarem, presenciando a cena. Quando chegarem à idade adulta, eles poderão falar sobre a morte dos pais, mas, por ora, isso é pura especulação.)

Douglas observou o cadáver de Hartman e discou para a emergência às 6h20. "Ela me disse que tinha assassinado o marido e eu não acreditei", explicou ao atendente, que lhe perguntou onde Hartman recebera os tiros. Ele respondeu: "Acho que na cabeça e no pescoço. Acabei de chegar aqui."[2]

Quando a polícia apareceu, às 6h30, Brynn Hartman trancafiou-se às pressas no quarto, com o corpo do marido. Os policiais acompanharam Sean até a viatura, e, enquanto conduziam Birgen, ouviram um único disparo vindo de dentro da casa.

Eles arrombaram a porta do quarto e encontraram o corpo de Hartman sobre o leito, e o de Brynn ao lado da cama, estendido no assoalho. Brynn dera um tiro na cabeça — que quase foi arrancada do corpo, devido ao impacto.

As autópsias e o relatório de toxicologia revelaram indícios de álcool, cocaína e do antidepressivo Zoloft no sangue de Brynn Hartman. Identificaram no sangue de Phil Hartman um medicamento de balcão.

Por que Brynn Hartman matou o marido durante o sono e em seguida se suicidou, deixando dois filhos pequenos? Essa é a pergunta que os familiares e amigos de Hartman vêm se fazendo, sem contudo conseguir respondê-la. Ninguém sabe ao certo o que se passa na vida de um casal, e, à parte as aparências (formavam um casal glamouroso e adorável à vista do público), existia sem dúvida algum problema profundamente arraigado (ao menos na cabeça de Brynn), que consumiu a esposa e a levou ao extremo de matar o marido e a si mesma.

Na noite anterior ao crime, Brynn jantara com uma amiga no Buca di Beppoa, um restaurante italiano que ela costumava freqüentar com o esposo. Tomou dois Cosmopolitans, e sua companheira declarou posteriormente à polícia que Brynn mostrara-se "amigável e tranqüila"[3].

Durante o jantar, aproximadamente às 21h45, Phil ligou para o celular de Brynn. Ela atendeu ao chamado, desligou e disse: "Phil está em casa. Eu já vou indo."[4] Em seguida, deixou o restaurante.

Várias horas depois, matou o marido. O que aconteceu com os dois entre aproximadamente 10 da noite e 3 da manhã? Brigaram? Será que Phil lhe disse que queria o divórcio ou que estava tendo um caso? Será que Brynn sofreu algum tipo de acesso psicótico que a convenceu de que a morte era a única solução para seus problemas? Não sabemos as respostas para tais perguntas e provavelmente nunca saberemos.

Essa horrível tragédia privou duas crianças de seus pais e o mundo de um de seus mais divertidos cidadãos.

Os corpos de Phil e Brynn Hartman foram cremados. Doris e Constance, respectivamente mães de Phil e Brynn, receberam as cinzas de seus filhos.

27
WILD BILL HICKOK

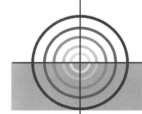

Morreu	✓
Sobreviveu	—

Já vi muitos mortos no campo de batalha e na vida civil, mas Wild Bill foi o cadáver mais vistoso que já contemplei. Seu longo bigode era atraente mesmo na morte, e seus dedos compridos e afilados pareciam mármore...
— Ellis T. "Doc" Pierce[1]

VÍTIMA: James Butler "Wild Bill" Hickok

NASCIMENTO: 27 de maio de 1837

MORTE: 2 de agosto de 1876

IDADE POR OCASIÃO DO ATENTADO: 39 anos

OCUPAÇÃO: O "Príncipe dos Pistoleiros", figurão da fronteira, integrante do Espetáculo do Oeste Selvagem de Búfalo Bill Cody, espião da Guerra Civil, cocheiro de diligência, batedor ocasional da 10ª Cavalaria e marechal dos Estados Unidos.

ASSASSINO: John "Jack" McCall (nome verdadeiro Bill Sutherland) (1850?-1877), 26? anos, vagabundo e pilantra, possivelmente caçador de búfalos.

Wild Bill Hickok

DATA E MOMENTO DO ATAQUE: Quarta-feira, 2 de agosto de 1876, pouco antes das 15 horas.

LOCAL DO ATAQUE: O Salão Nº 10 de Nuttal & Mann, em Deadwood, no território de Dakota do Sul.

ARMA: Uma pistola Colt Navy 1851, de espoleta pica-pau, ação simples e pólvora negra, calibre 0,36. (Posteriormente, a maioria dos relatos afirmaria que a pistola usada fora uma Colt 0,45 Peacemaker, de ação simples, mas, em 1876, só havia em uso 25 mil exemplares dessa custosa arma e é improvável que McCall possuísse uma. Descrições do evento, mencionando o tamanho e o formato da ferida de Hickok, e a incapacidade de McCall em continuar atirando, quando tentou atingir outras pessoas no salão, sustentam a teoria da pistola de espoleta e pólvora.)

DESFECHO DO ASSASSINATO: A bala de McCall, disparada à queima-roupa, penetrou a base do cérebro de Hickok, pela nuca, e saiu por sua bochecha direita. Hickok morreu instantaneamente. Depois de varar a vítima, a bala acertou o pulso de um de seus companheiros de pôquer, um capitão de barco do Mississipi chamado William R. Massie.

CONSEQÜÊNCIAS JUDICIAIS: Depois de atirar em Hickok, McCall fugiu do salão, mas foi perseguido e logo capturado por alguns homens que testemunharam o assassinato. Um Tribunal de Mineiros, convocado no dia seguinte, inocentou McCall, absolvido depois de explicar que agira em represália, pois, segundo ele, Hickok matara seu irmão. Uma vez livre, McCall abandonou a região e viajou rumo ao território de Dakota do Sul, gabando-se de ter-se safado após matar Wild Bill. Mas suas bazófias duraram pouco, pois voltou a ser preso algumas semanas mais tarde, graças aos esforços de George May, amigo de Wild Bill. McCall foi julgado uma vez mais, no final de agosto de 1876, condenado por assassinato e enforcado em março seguinte.

Tenho um amigo que vivia me dizendo: "Basta uma única vez". É basicamente uma variação do lema dos fuzileiros navais — "Sempre alerta". Seu lembrete constante de que uma única distração pode ensejar a tragédia sempre me pareceu um princípio digno de ser seguido. Na única vez em que você deixa seu carro destravado, roubam seu CD. Na única vez em que você se esquece de acionar o sistema de alarme doméstico, sua casa é arrombada. E na única vez em que você se senta de costas para a porta, alguém lhe enfia uma bala nos miolos.

Wild Bill Hickok sempre enchia seu copo com a mão esquerda, para que a mão do revólver permanecesse livre. Quando jogava pôquer, sempre se sentava de costas para a parede. Depois que um artigo sobre seus feitos apareceu na *Harper's New Monthly Magazine*, Bill se tornou uma celebridade em todo o Kansas. Foi a partir daí que arrumou muitos inimigos. Ele adotava tais medidas de segurança para que ninguém se esgueirasse pelas suas costas.

As precauções mantiveram Wild Bill vivo até a idade de 39 anos. Em 2 de agosto de 1876, ele entrou no Salão Nº 10, em Deadwood, no território de Dakota do Sul, e notou uma partida de pôquer em andamento. Bill adorava jogar, e apreciava especialmente o pôquer fechado de cinco cartas. Havia uma cadeira vaga, mas voltada para os fundos do salão, impedindo que a pessoa sentada pudesse observar quem estava na porta da taverna. Bill pediu a outro jogador que trocassem de posição, mas o homem respondeu que seu lugar lhe trouxera sorte, e preferia continuar onde estava.

Bill provavelmente tenha deliberado consigo mesmo por algum tempo, mas gostava tanto de uma boa partida que acabou abandonando — por essa única vez — sua tradicional medida de segurança — e sentou-se de costas para a porta da frente.

> Wild Bill
> J. B. Hickok
> Morto pelo Assassino
> Jack M'Call,
> Em Deadwood, Black
> Hills,
> A 2 de agosto de 1876.
> Parceiro, vamos nos
> encontrar
> Novamente nos Felizes
> Campos de Caça
> Para não mais nos
> separarmos,
> Adeus

Epitáfio de Wild Bill

Pouco antes das 3 da tarde, Jack McCall entrou na taverna e viu Wild Bill instalado à mesa no centro do salão. McCall era vesgo e bêbado (não "vesgo de bêbado", mas literalmente vesgo *e* bêbado). Caminhou até as costas de Hickok e, estando a menos de um metro da lenda da fronteira, sacou uma pistola e disse: "Seu maldito, tome isto!", atirando bem na nuca de Wild Bill.

Hickok caiu da cadeira ainda segurando sua mão de cartas, que consistia supostamente de um par de ases pretos, um par de oitos pretos e o valete de copas (ou de ouros, ou a dama de ouros, dependendo da fonte). Essa mão — ases e oitos — logo ficou conhecida como Mão do Morto, embora muitos estudiosos afirmem hoje que a história das cartas foi uma invenção de cronistas posteriores à lenda de Wild Bill, e que não há evidências contemporâneas sobre as cartas que Hickok tinha ao ser alvejado. O único relato confirmado é o de Ellis Pierce, um barbeiro local, testemunha do assassinato. Em carta a Frank J. Wilstach, Pierce escreveu: "A mão de Bill consistia de ases e oitos — dois pares, e, desde aquele dia, os ases e oitos são conhecidos como 'Mão do Morto' no Oeste"[2].

A lenda de Wild Bill Hickok só fez crescer após sua morte. Hoje, encenações do assassinato e do julgamento de McCall acontecem quatro vezes ao dia em Deadwood, Dakota do Sul, Estados Unidos.

28
ADOLF HITLER

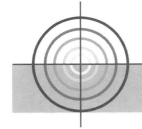

MORREU —

SOBREVIVEU ✓

Aqueles que se uniram aos complôs para eliminar Hitler foram verdadeiros heróis. Eles ouviram suas consciências, e a maioria pagou a decisão com a vida. Em muitos casos, amigos e familiares que não estavam diretamente envolvidos sofriam igual punição. Fazer parte da resistência secreta não era uma decisão fácil. Eles conheciam os riscos, mas também acreditavam que suas ações eram necessárias.

— Michael C. Thomsett[1]

VÍTIMA: Adolf Hitler

NASCIMENTO: 12 de abril de 1889

MORTE: 30 de abril de 1945

OCUPAÇÃO: Fundador austríaco do Partido Nazista, *Führer*, chanceler do Reich alemão, ditador fascista da Alemanha (1933-1945), católico romano, escritor (publicou mais de seis volumes de escritos), membro do 16º Regimento Reserva de Infantaria do Exército Alemão na Baváría, espião, ganhador de duas Cruzes de Ferro por Bravura (as quais lhe foram conferidas por um judeu), arquiteto da aniquilação maciça de judeus e homossexuais conhecida atualmente como Holocausto, a mais perversa pessoa que já existiu[2].

Hitler

Como teria sido escrita a história se alguma das muitas tentativas de assassinar Adolf Hitler houvesse surtido efeito? Quanta dor teria sido evitada? Quantas vidas teriam sido salvas? Em que o mundo seria diferente?

O próprio ministro da economia de Hitler, Albert Speer, tramou sua morte com a utilização do gás neurotóxico tabun.

Em 1921, atiradores abriram fogo contra Hitler durante um de seus discursos, que se intitulava, ironicamente, "Quem São os Assassinos?" Pelo que se conta, o próprio Hitler revidou os tiros.

Em 1929, um soldado das SS instalou uma bomba sob uma plataforma pública onde Hitler pretendia discursar, mas, então, ele se trancou em um banheiro e não conseguiu detonar a bomba antes de Hitler deixar o local.

Em 1932, atiradores abriram fogo contra Hitler enquanto ele viajava de trem de Munique para Weimar.

Naquele mesmo ano, seu carro foi emboscado e coberto de tiros próximo à cidadezinha de Straslund.

Um mês depois, um grupo de opositores desconhecidos atirou pedras contra o carro de Hitler e atingiu o *Führer* na cabeça.

Há demasiados relatos similares para incluir neste espaço limitado, mas basta dizer que a resistência a Hitler, além de global, era também "local".

Aqui estão algumas das tentativas mais notáveis de assassiná-lo.

O bombardeio da cervejaria

Assassino Frustrado: Johann Georg Elser (1903-1945), 36 anos, carpinteiro, eletricista, membro do Sindicato dos Carpinteiros.

Data e Momento do Atentado: Quarta-feira, 8 de novembro de 1939, às 21h20.

Local do Atentado: O Löwenbrau Bier Hall (antigamente chamado de Burgerbraukeller, local do golpe malogrado de Hitler para derrubar o governo alemão em 1923), na Rosenheimer Strasse, em Munique, Alemanha.

Arma: Uma bomba-relógio de 50 quilos escondida na principal pilastra da cervejaria.

Desfecho do Assassinato: Hitler, então com 50 anos, deixou a cervejaria antes do esperado. Já não estava no local quando a bomba explodiu. Oito pessoas morreram, 63 ficaram feridas e "a mesa de Hitler ficou soterrada sob uma pilha de quase dois metros de madeira, tijolos, entulho e vigas despencadas"[3].

CONSEQÜÊNCIAS JUDICIAIS: Elser foi capturado na fronteira da Alemanha com a Suíça e enviado a um campo de concentração. Foi bem tratado, contudo, pois o alto comando alemão acreditava que ele tomara parte em uma conspiração e desejava extrair seus segredos. Elser chegou a montar uma cópia da bomba que utilizara. Concluiu-se finalmente que ele agira sozinho, e divulgou-se a notícia de que acabou morrendo em um bombardeio aliado. É mais provável que Heinrich Himmler, segundo homem no comando de Hitler, tenha ordenado sua execução por não ter mais utilidade.

Operação Flash

ASSASSINO FRUSTRADO: Fabian von Schlabrendorff (1907-1980), 36 anos, advogado, oficial de reserva da Wehrmacht, integrante do movimento de resistência

DATA DO ATENTADO: Sábado, 13 de março de 1943.

LOCAL DO ATENTADO: O avião particular de Hitler, aproximando-se de um aeroporto em Smolensk, na Alemanha.

ARMA: Uma bomba-relógio disfarçada de modo a parecer duas garrafas de conhaque.

DESFECHO DO ASSASSINATO: A bomba não explodiu ao ser disparada, em função de um defeito no detonador de fabricação britânica. O avião aterrissou em segurança e Hitler, com 54 anos, nunca soube dessa tentativa de matá-lo. (Antes disso, Schlabrendorff tentara instalar uma bomba no carro particular de Hitler, mas não conseguiu, devido à segurança cerrada. Não houve esse problema para colocar a bomba no avião.)

CONSEQÜÊNCIAS JUDICIAIS: Schlabrendorff nunca foi indiciado por esse atentado, embora houvesse sido preso pela Gestapo em 17 de agosto de 1944, como membro da resistência. Brutalmente torturado, enfrentou julgamento em 3 de fevereiro de 1945, mas um bombardeio aéreo destruiu o tribunal e matou o juiz. Em sua segunda audiência, em 16 de março de 1945, recebeu absolvição em razão de torturas ilegais. Mesmo assim, a Gestapo o confinou em um campo de concentração, mas ele foi libertado pelos aliados durante os últimos dias da guerra.

Tentativas, Atentados e Assassinatos que Estremeceram o Mundo

O Plano das Valquírias

ASSASSINO FRUSTRADO: O coronel e conde Klaus Schenk von Stauffenberg (1907-1944), 37 anos, católico romano, líder nato, principal arquiteto do Plano das Valquírias.

DATA E MOMENTO DO ATENTADO: Quinta-feira, 20 de julho de 1944, 12h42.

LOCAL DO ATENTADO: A Sala dos Mapas, no quartel-general de Hitler, em Rastenburg, na Prússia Oriental.

ARMA: Uma bomba de um quilo oculta sob uma camiseta na mala de Stauffenberg.

DESFECHO DO ASSASSINATO: A bomba de fato explodiu, mas Hitler, aos 55 anos, apesar de perder os sentidos, só sofreu ferimentos e queimaduras superficiais, tendo os martelos do ouvido rompidos e as calças esfaceladas. Outras pessoas na sala foram atiradas ao chão com os cabelos e os uniformes em chamas. Vários oficiais morreram e muitos outros ficaram feridos. Hitler foi tratado por seu médico e discursou ao povo alemão pelo rádio poucas horas depois da explosão.

CONSEQÜÊNCIAS JUDICIAIS: Stauffenberg foi preso, julgado pela corte marcial e executado por um pelotão de fuzilamento na noite de 20 de julho de 1944, menos de doze horas após a tentativa de assassinato. Suas últimas palavras: "Longa vida à sagrada Alemanha". Aproximadamente 7 mil pessoas acabaram presas e punidas por conspirar com Stauffenberg contra Hitler, e 2 mil sentenças de morte foram emitidas. Oito oficiais envolvidos padece-ram amarrados com cordas de piano e suspendidos em ganchos de frigorífico, na prisão de Plötzdensee. Hitler mandou que filmassem o enforcamento. A fita os mostrava pendu-rados nos ganchos, nus até a cintura, contorcendo-se violentamente em lenta agonia. Conforme se contorciam, suas calças caíram, deixando-os completamente nus. A fita foi enviada a Hitler para uma exibição particular, e o espetáculo, de tão horrível, fez com que Joseph Göbbels cobrisse os olhos para não desmaiar. As investigações sobre o Plano das Valquírias se mantiveram até a queda do Reich, nove meses mais tarde.

Adolf Hitler cometeu suicídio em sua casamata em 30 de abril de 1945, com o regime nazista desabando ao seu redor e os aliados prestes a vencer a Segunda Guerra Mundial. Antes de se suicidar, ele matou seu cachorro e sua amante, Eva Braun.

29
HERBERT HOOVER

MORREU —

SOBREVIVEU ✓

Vi Mr. Hoover primeiro, mato ele primeiro. Não faz diferença, presidente é tudo farinha do mesmo saco — tudo a mesma coisa.

— Giuseppe Zangara[1]

VÍTIMA: Herbert Hoover

NASCIMENTO: 10 de agosto de 1874

MORTE: 20 de outubro de 1964

IDADE POR OCASIÃO DO ATENTADO: —

OCUPAÇÃO: 31º presidente dos Estados Unidos (1929-1933), republicano.

ASSASSINO CONSPIRADOR: Giuseppe Zangara (1900-1933), pedreiro italiano com problemas de estômago, pelos quais culpava Hoover; assassino de Anton Cermak, prefeito de Chicago, durante um atentado contra o presidente Franklin Delano Roosevelt (página 204).

DATA E MOMENTO DO ATENTADO: Indeterminados.

LOCAL DO ATENTADO: Alguma parte de Washington, D.C.

ARMA: Provavelmente uma pistola que Zangara comprara por 20 dólares.

Hoover

Tentativas, Atentados e Assassinatos que Estremeceram o Mundo

DESFECHO DO ASSASSINATO: Zangara não levou adiante seu plano de matar o presidente Hoover.

CONSEQÜÊNCIAS JUDICIAIS: Zangara foi executado na cadeira elétrica em 20 de março de 1933, na Penitenciária Estadual da Flórida, em Railford, pela morte do prefeito de Chicago, Anton Cermak, mas não chegou a responder a acusações por seu plano de assassinato contra Hoover.

Giuseppe Zangara era um imigrante italiano perturbado e misantrópico, que admitira certa vez: "Eu não gosto de ninguém"[2].

A história recorda Zangara por sua tentativa de assassinar o presidente Franklin Roosevelt e pela efetiva morte do prefeito de Chicago, Anton Cermak, mas Zangara confessou posteriormente ter tramado também o assassinato do presidente Herbert Hoover, com uma pistola barata que comprara por 20 dólares.

Devido a uma dieta terrível e maus hábitos alimentares quando criança, o adulto Zangara desenvolveu diversas úlceras estomacais, que lhe causavam dores abdominais intensas e constantes. Ele disse certa vez que tinha a impressão de ter o estômago de um bêbado, donde podemos concluir que passava boa parte do tempo com náuseas, além de sofrer as dores agudas e queimantes comuns aos portadores de úlcera. Uma autópsia revelou também que Zangara tinha complicações na bexiga, o que contribuía para seus problemas de estômago. (Não impressiona que detestasse todo o mundo.)

Por algum motivo, Zangara culpava o presidente Hoover por suas dores estomacais e o detestava por ser o líder da nação mais capitalista do planeta. Zangara odiava o capitalismo e o supunha a fonte de todos os seus problemas, bem como a razão pela qual o mundo conhecia tanto sofrimento. Em seu pensamento distorcido, portanto, os reis, presidentes e líderes que apoiavam tais políticas eram culpados, precisavam ser eliminados — e ele era o homem certo para cumprir a tarefa.

Embora nutrisse um ódio pessoal por Hoover, Zangara não tinha planos de assassiná-lo especificamente. Quando Franklin Delano Roosevelt venceu Hoover nas eleições de 1932, Zangara abandonou o plano contra ele e passou a tramar contra Roosevelt. Até onde sabemos, o presidente Hoover nunca foi realmente ameaçado por Giuseppe Zangara. (Para mais informações sobre Zangara e sua tentativa de assassinar o presidente Roosevelt, ver páginas 204-206.)

30
HUBERT HUMPHREY

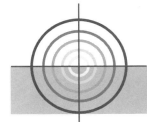

MORREU —

SOBREVIVEU ✓

O vice-presidente há de ser e já é o que o presidente determinar que ele seja.
— Hubert Humphrey[1]

VÍTIMA: Hubert Humphrey

NASCIMENTO: 27 de maio de 1911

MORTE: 13 de janeiro de 1978

IDADE POR OCASIÃO DO ATENTADO: 55 anos

OCUPAÇÃO: Vice-presidente dos Estados Unidos (1965-1969) durante a presidência de Lyndon Johnson (1963-1969).

ASSASSINO CONFESSO: Peter Kocan (n. 1947), 19 anos, esquizofrênico, operário esporádico, assassino frustrado de Arthur Calwell (o líder do Partido Trabalhista Australiano).

DATA DO ATENTADO: Agosto de 1966.

LOCAL DO ATENTADO: Austrália.

ARMA: Provavelmente uma espingarda com cano serrado.

DESFECHO DO ASSASSINATO: Kocan não conseguiu aproximar-se de Humphrey, em função da segurança severa. O serviço secreto fica especialmente atento em solo estrangeiro e, nesse caso, evitou um atentado contra a vida de um vice-presidente americano.

Hubert Humphrey

Tentativas, Atentados e Assassinatos que Estremeceram o Mundo

CONSEQÜÊNCIAS JUDICIAIS: Kocan jamais foi indiciado por nada que se associasse a sua intenção confessa de assassinar Hubert Humphrey. Foi, contudo, sentenciado à prisão perpétua na Austrália, em 1966, por seu atentado contra a vida de Arthur Calwell. Ele está internado em um asilo para criminosos insanos em Morisset, Austrália, desde 30 de dezembro de 1966. Em 1968, escreveu para Calwell e pediu perdão por alvejá-lo com uma espingarda de cano serrado. Calwell o perdoou. Porém, Kocan não parece que tenha demonstrado qualquer arrependimento por tramar a morte do vice-presidente Humphrey.

Esse, tecnicamente, não constituiu um atentado contra a vida do vice-presidente Hubert Humphrey, pois Peter Kocan não levou adiante suas intenções; todavia, se o destacamento do serviço secreto qué acompanhava Humphrey houvesse sido um pouco mais relaxado naquele dia de agosto de 1966, na Austrália, é extremamente provável que Kocan teria disparado contra o vice-presidente, possivelmente assassinando-o.

O desejo de Kocan de matar Humphrey foi incluído aqui como ilustração da eventualidade com que um assassinato pode ocorrer. A viagem de Humphrey destinava-se a assegurar ao governo australiano (um forte aliado norte-americano) que a guerra no Vietnã estava sendo comandada por Pequim e por Hanói. Arthur Calwell opusera-se ao alistamento de soldados australianos para a guerra no Vietnã, e Humphrey viajou até a distante terra do sul para acalmar os nervos australianos.

Humphrey voltou à América do Norte ileso.

31
ANDREW JACKSON

MORREU —

SOBREVIVEU ✓

Vocês estão inquietos; nunca velejaram comigo antes, pelo que vejo.
— o presidente Andrew Jackson[1]

VÍTIMA: Andrew Jackson

NASCIMENTO: 15 de maio de 1767

MORTE: 8 de junho de 1845

IDADE POR OCASIÃO DO ATENTADO: 67 anos

OCUPAÇÃO: 7º presidente dos Estados Unidos (1829-1837).

ASSASSINO FRUSTRADO: Richard Lawrence (1800;1801?-1861), 34/35 anos?, pintor desempregado e perturbado mental.

DATA E MOMENTO DO ATENTADO: Sexta-feira, 30 de janeiro de 1835, no final da manhã.

LOCAL DO ATENTADO: A rotunda do Capitólio, em Washington, D.C.

ARMAS: Duas pistolas de duelo Derringer, de tiro único.

DESFECHO DO ASSASSINATO: O presidente Jackson saiu ileso, pois as duas pistolas de Lawrence falharam. Calcula-se que as chances de que duas pistolas de tiro único falhem ao mesmo tempo sejam de uma em centenas de milhares.

Andrew Jackson

Tentativas, Atentados e Assassinatos que Estremeceram o Mundo

Especialistas hoje acreditam que a pólvora não tenha se incendiado, em razão da umidade. Os registros informam que o dia foi muito úmido e nublado, e o tipo de pistola que Lawrence usou era afamado por funcionar mal em tempo úmido. (Deve-se notar — e talvez admirar — que o presidente Jackson ficou tão enfurecido pela audácia do homem que tentara alvejá-lo, que saiu atrás de Lawrence com seu cajado, presumivelmente para surrá-lo.)

CONSEQÜÊNCIAS JUDICIAIS: Lawrence foi preso imediatamente e levado a julgamento em 11 de abril de 1835, pela tentativa de assassinar o presidente dos Estados Unidos. Durante os procedimentos, mostrou-se estouvado, irascível, desrespeitoso e incoerente. Bastaram cinco minutos para que o júri o declarasse inocente por razão de insanidade, e ele foi sentenciado ao confinamento em uma instituição mental pelo resto de seus dias. Morreu na instituição, em 1861.

Richard Lawrence foi a primeira pessoa a tentar assassinar um presidente norte-americano. Seu motivo? Ele se supunha o rei Ricardo III da Inglaterra, acreditava que o Congresso dos Estados Unidos lhe devia uma imensa soma em dinheiro, e que o presidente Andrew Jackson vinha atravancando o andamento do processo, impedindo que ele recebesse o que lhe era devido.

Sim, Richard Lawrence era louco varrido, mas isso não o impediu de planejar cuidadosamente seu ataque, espreitar o presidente e aproximar-se o bastante para matá-lo — se suas pistolas não houvessem falhado.

O presidente fora ao Capitólio para participar da cerimônia funerária de Warren R. Davis, um congressista da Carolina do Sul. Lawrence vira Jackson entrar no Capitólio, mas não pudera aproximar-se o bastante para disparar. Antes de agir, esperou até que a cerimônia se encerrasse e os participantes começassem a sair em fileiras. Enquanto Jackson se retirava vagarosamente da rotunda, segurando um cajado, e com a outra mão apoiada no braço do secretário do tesouro Levi Woodbury, Lawrence aguardava pacientemente atrás de uma pilastra, com as armas engatilhadas.

Quando Jackson chegou próximo o bastante, ele saiu de trás da coluna, mirou o coração do presidente com a pistola da mão direita e disparou.

Nada.

Lawrence, então, largou essa arma, pegou a outra que estava na mão esquerda e voltou a atirar.

– 102 –

Nada de novo.

A essa altura, tudo tinha acabado para Richard Lawrence. Ele foi levado sob custódia, com alguns vergões deixados pelo cajado do presidente.

Fatos interessantes sobre o atentado contra o presidente Jackson

▶ O promotor do caso contra Richard Lawrence foi Francis Scott Key. Sim, *aquele* Francis Scott Key, compositor de "The Star-Spangled Banner"*.

▶ Um dos políticos que dominaram Lawrence depois que suas pistolas falharam foi Davy Crockett. Sim, *aquele* Davy Crockett, o fronteiriço, também conhecido como o congressista David Crockett, do grande Estado do Tennessee.

▶ O atentado cometido por Lawrence não foi somente o primeiro contra um presidente norte-americano, ele deu motivo para que se tecesse a primeira teoria de conspiração em torno de uma tentativa de assassinato presidencial. Logo após a prisão de Lawrence, o presidente Jackson começou a dizer, para quem quisesse ouvir, que a seu ver Lawrence fora contratado para matá-lo por algum de seus oponentes *whigs* — especificamente o senador Poindexter, do Mississipi. Comentou-se até que os membros do gabinete de Jackson haviam conspirado contra ele. No fim das contas, aceitou-se que Richard Lawrence não era nada mais do que aquilo que hoje chamaríamos de paranóico esquizofrênico, e atacara o representante mais visível de sua opressão imaginária.

▶ O hospital onde Lawrence ficou perpetuamente confinado chamou-se originalmente Hospital Governamental para Insanos. Hoje é conhecido como Hospital de Santa Elizabeth, e é a instituição em que outro assassino presidencial, John Hinckley, está atualmente preso.

▶ O pretenso assassino Richard Lawrence era pintor de paredes e de paisagens, e houve sérias investigações sobre a possibilidade de que sua loucura resultasse de intoxicação pelo pigmento plúmbeo presente nas tintas que usava diariamente.

---

* Trata-se do hino nacional americano. (N.T.)

32
O REVERENDO JESSE JACKSON

MORREU	—
SOBREVIVEU	✓

Nossa bandeira é vermelha, branca e azul, mas nossa nação é um arco-íris — vermelho, amarelo, mulato, negro e branco —, e todos somos preciosos à vista de Deus. A América do Norte não é um cobertor — uma peça de tecido inteiro, toda da mesma cor, da mesma textura, de tamanho único. É antes um edredon — muitos retalhos, muitos pedaços, muitas cores, muitos tamanhos, todos entretecidos e ligados por um fio comum... Mesmo em nosso estado fraturado, todos contamos e todos nos ajustamos em alguma parte.

— Jesse Jackson[1]

Jesse Jackson

VÍTIMA: O reverendo Jesse Jackson

NASCIMENTO: 8 de outubro de 1941

MORTE: —

IDADE POR OCASIÃO DO ATENTADO: 47 anos

OCUPAÇÃO: Concorrente à candidatura presidencial do Partido Democrata, fundador da Coalizão Arco-íris, líder religioso, ativista pelos direitos civis, fundador da Operação PUSH (People United to Save Humanity — "O Povo Unido para Salvar a Humanidade"), ganhador do Prêmio da Paz Sem Violência Martin Luther King Jr., ganhador da Medalha Presidencial da Liberdade.

O Reverendo Jesse Jackson

ASSASSINOS CONSPIRADORES: Londell Williams, 30 anos, membro da organização neonazista CSA (The Covenant, the Sword and the Arm of the Lord — "O Pacto, a Espada e o Braço do Senhor"); Tammy Williams, 27 anos, sua esposa.

DATA E MOMENTO DO ATENTADO: Provavelmente em algum momento de 1988.

LOCAL DO ATENTADO: Alguma parte do itinerário de campanha de Jackson. (Os Williams viviam em Washington, no Missouri.)

ARMAS: Um rifle automático AR-15, com mira telescópica.

DESFECHO DO ASSASSINATO: Malogrado. Londell e Tammy Williams foram espionados, presos, julgados, condenados e aprisionados antes de terem a chance de atirar no reverendo Jackson. Ele saiu incólume.

CONSEQÜÊNCIAS JUDICIAIS: O casal Williams foi preso e indiciado por ameaça a um candidato à presidência, ameaça a um informante do governo e porte ilegal de arma. Em agosto de 1988, Londell Williams declarou-se culpado de pôr em perigo um candidato à presidência e possuir uma arma sem registro. Descartou-se a ameaça ao informante, durante um acordo com a promotoria. Londell foi sentenciado a dois anos de prisão e multado em 100 dólares. Poucos meses depois, sua esposa Tammy recebeu a pena de 20 meses de prisão por cumplicidade e participação no complô para assassinar Jesse Jackson.

O reverendo[2] Jesse Jackson possibilitou que os norte-americanos concebessem a idéia de um presidente negro.

Jackson concorreu à candidatura presidencial do Partido Democrata em 1984 e 1988, e, em sua segunda tentativa, ficou claro que *ele* concorria a sério, e que sua possível candidatura mereceria a atenção dos norte-americanos.

Londell Williams e sua esposa, Tammy, tinham três filhos e viviam em Washington, no Missouri, a aproximadamente 80 quilômetros de St. Louis. Em 1988, Londell estava em liberdade condicional por porte de arma; assim como sua esposa, por posse de maconha.

Londell não via com bons olhos a tentativa de Jesse Jackson de concorrer à presidência dos Estados Unidos. Não achava que seria bom para a América do Norte branca. Era um membro orgulhoso de uma organização neonazista chamada The Covenant, the Sword and the Arm of the Lord, e os demais membros concordavam que Jesse Jackson não tinha lugar na corrida presidencial. É dito que Londell proferia abertamente sobre sua participação na CSA, e que também se gabava de planejar a morte de Jesse Jackson. Um cidadão obviamen-

Tentativas, Atentados e Assassinatos que Estremeceram o Mundo

te mais tolerante do Missouri revelou à polícia as jactâncias de Williams, e como Jackson era um candidato legítimo à nomeação, o serviço secreto foi notificado.

O departamento de polícia de Franklin County, no Missouri, trabalhando com grampos, informantes e com o serviço secreto, gravou uma conversa de Williams em que esse se declarava membro da CSA; foi o que bastou para a polícia obter um mandado de busca em sua casa. Nela os agentes encontraram um poderoso — e ilegal — rifle de assalto AR-15, especialmente equipado com mira telescópica, e Williams foi preso. Tammy Williams acabou na prisão, como o marido, pela intenção de assassinar Jesse Jackson.

Jackson soube do casal Williams enquanto viajava pelo itinerário de campanha. Referiu-se aos dois racistas, de forma reveladora, como "destruidores de sonhos", o que é uma descrição bem adequada de sua missão geral. Eles não queriam simplesmente matar Jesse Jackson; Londell e Tammy Williams queriam matar o sonho dos negros de concorrer a altos cargos nos Estados Unidos — e o sonho de uma América do Norte tolerante saudando a participação dos negros no processo democrático.

Até que ponto as coisas mudaram desde 1988, quando o casal Williams quis eliminar Jesse Jackson da eleição do Partido Democrático?

Colin Powell é hoje Secretário de Estado, e há sérios rumores de que venha um dia a concorrer à Presidência.

A dra. Condoleeza Rice é hoje Conselheira de Segurança Nacional, e há um site extra-oficial chamado "Condoleeza Rice for President 2008" ("Condoleeza Rice para Presidente em 2008").

O filho de Jesse Jackson é hoje um congressista, e acredita-se definitivamente que procurará cargos mais altos algum dia.

Os esforços da CSA e de outros grupos similares foram, na maior parte, inúteis.

33
JESSE JAMES

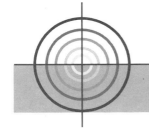

MORREU	✓
SOBREVIVEU	—

IRMÃOS FORD INDICIADOS, DECLARADOS CULPADOS, CONDENADOS À FORCA E PERDOADOS EM UM ÚNICO DIA

St. Louis, 17 de abril — Anda circulando a história de que os irmãos Ford, que mataram Jesse James, foram enforcados em St. Joseph essa manhã. Investigações demonstraram a falsidade do relato, confirmando todavia que o Grande Júri, nessa tarde, encontrou provas de assassinato em primeiro grau contra eles. Cerca de uma hora depois, os rapazes foram levados ao tribunal e se declararam culpados, sendo condenados ao enforcamento no dia 19 de maio.

— *The New York Times*[1]

VÍTIMA: Jesse Woodson James

NASCIMENTO: 5 de setembro de 1847

MORTE: 3 de abril de 1882

IDADE POR OCASIÃO DO ATENTADO: 34 anos

OCUPAÇÃO: Lendário fora-da-lei do Oeste, assaltante de banco, ladrão de trens.

Jesse James

Tentativas, Atentados e Assassinatos que Estremeceram o Mundo

Assassinos: Robert Newton Ford (1860-1892), membro (com seu irmão Charley) da gangue de bandidos de James, 22 anos; Charley Ford (1862-1884), 20 anos, sacou sua arma mas não disparou.

Data e Momento do Atentado: Segunda-feira, 3 de abril de 1882, início da manhã.

Local do Atentado: A sala de estar da casa de James, no nº 1.318 da Lafayette Street, em St. Joseph, Missouri. (A casa foi movida dois quarteirões para o sul, até a Belt Highway em St. Joseph, e é hoje uma popular atração turística.)

Arma: Um revólver niquelado Smith & Wesson Nº 3, de calibre 0,44, com um cano de 17 cm.

Desfecho do Assassinato: Na esperança de embolsar uma recompensa de 10 mil dólares, Bob Ford, membro da gangue de Jesse James, deu um tiro de calibre 0,44 no famoso fora-da-lei, enquanto esse subia em uma cadeira para espanar um quadro[2]. A bala penetrou a nuca de James e saiu por seu olho esquerdo. Ele caiu de costas, estatelou-se no chão e morreu em questão de segundos.

Consequências Judiciais: Os irmãos Ford procuraram a polícia quase imediatamente, mas em vez dos 10 mil dólares, eles receberam foi uma acusação de assassinato. Foram ambos condenados e sentenciados à forca, mas o governador Thomas Crittenden os perdoou. Charley cometeu suicídio, em 1884. Bob morreu durante uma briga de bar, em 1892.

Durante sua "carreira", Jesse James, com o irmão Frank e seus outros rapazes, roubou 13 bancos, 11 trens e diligências, e até mesmo o dinheiro do caixa da Feira de Kansas City. A gangue de James levou centenas de milhares de dólares em dinheiro, ouro e títulos do governo, e pelo menos doze pessoas morreram durante a prática de seus crimes.[3]

E, todavia, Jesse James era amado por muita gente em sua época. Ele era freqüentemente chamado de Jesse, o Bravo, e Jesse, o Gentil, e a história está repleta de lendas populares relatando suas boas ações. Certa vez ele deu seu melhor casaco a um velho que tremia de frio à margem de uma estrada. Em outra ocasião, doou todo o produto de um roubo a um orfanato, para que as crianças pudessem ter mantimentos durante o inverno.

Uma das histórias mais conhecidas de Jesse James costuma ser atribuída também a outros bandidos famosos, mas acredita-se que ela tenha surgido a partir de um episódio real da carreira de James.

Depois de um de seus assaltos, a gangue de James se deteve em um casebre habitado por uma viúva. Ela vivia só e era desesperadamente pobre, mas acolheu os rapazes e tratou de alimentá-los com a pouca comida que tinha. Enquanto a viúva circulava pela casa, Jesse notou que ela chorava e, sendo uma alma compassiva, perguntou-lhe o que havia de errado. Ela disse que o banco lhe exigira o pagamento de uma hipoteca de 3 mil dólares; como não dispunha do dinheiro, o banqueiro iria, naquela tarde, tomar-lhe a casa, atirando-a ao vento gélido e desolado.

Jesse levou a mão ao bolso, sacou um rolo de notas, contou 3 mil dólares e os ofereceu à mulher em pranto. Ela aceitou o dinheiro com imensa gratidão, e ele a exortou a exigir do banqueiro um recibo da hipoteca com a anotação "pago", antes que o homem deixasse sua casa.

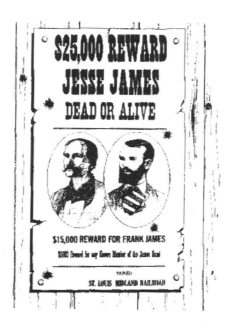

Jesse e seus rapazes terminaram a refeição e seguiram seu caminho.

O banqueiro chegou naquela mesma tarde, pronto para arrancar a mulher de casa e tomar posse da propriedade. Ele ficou estupefato quando ela lhe entregou os 3 mil dólares. A viúva fez o que Jesse lhe sugerira, exigindo o recibo de pagamento da hipoteca.

Quando o banqueiro voltava para a cidade, Jesse e seus rapazes o emboscaram a cerca de cinco quilômetros dali. O homem tremeu aterrorizado ao ver o revólver do notório Jesse James apontado para sua cabeça. Jesse recuperou seus 3 mil dólares e ainda roubou o relógio do banqueiro, antes de espantá-lo do local.

Essa história é apenas uma ilustração da penetrante e romântica lenda "à Robin Hood" que se criou em torno de Jesse James em seus áureos tempos.

34
ANDREW JOHNSON

MORREU —

SOBREVIVEU

Depois da devida avaliação das evidências recolhidas no caso do acusado George A. Atzerodt, a Comissão considera o dito acusado CULPADO. E em razão disso o condena, o dito acusado, a ser pendurado pelo pescoço até que morra, em local e horário apontados pelo presidente dos Estados Unidos; dois terços da Comissão estando de acordo com isso.

— Julgamento e sentença de Atzerodt, 29 de junho de 1865[1]

Johnson

VÍTIMA: Andrew Johnson

NASCIMENTO: 29 de dezembro de 1808

MORTE: 31 de julho de 1875

IDADE POR OCASIÃO DO ATENTADO: 56 anos

OCUPAÇÃO: Vice-presidente de Abraham Lincoln, 17º presidente dos Estados Unidos (1865-1869), democrata.

ASSASSINO: George A. Atzerodt (1832-1865[2]), 33 anos, construtor de carruagens, participante da conspiração para assassinar Lincoln.

DATA E MOMENTO DO ATENTADO: O momento planejado para o atentado eram às 10h15 de quinta-feira, 13 de abril de 1865.

Local do Atentado: O local planejado para o atentado era a suíte 68 do Kirkwood House, na Pennsylvania Avenue, em Washington D.C.

Arma: Uma grande faca Bowie (arma planejada).

Desfecho do Assassinato: Na noite em que o presidente Lincoln foi alvejado (página 137), os conspiradores também planejavam matar o vice-presidente, Andrew Johnson. Atzerodt foi incumbido de assassinar Johnson, mas perdeu a coragem e passou a tarde se embebedando. Em seguida, abandonou sua faca em um beco (ele vendera a pistola por 10 dólares para comprar bebida) e, na tarde do assassinato, fugiu a cavalo para Maryland. Johnson não chegou a correr perigo, e só soube da ameaça a sua vida depois do assassinato de Lincoln.

Conseqüências Judiciais: Atzerodt foi preso e acusado de participação no assassinato de Abraham Lincoln, juntamente com Mary Surratt, Lewis Paine (Paine também conspirou contra William Henry Seward, página 223) e David Herold. Todos receberam o veredicto de culpados, e foram enforcados ao mesmo tempo, em 7 de julho de 1865. O enforcamento de Mary Surratt constituiu a primeira execução de uma mulher nos Estados Unidos.

George Atzerodt era um covarde que recebera a terrível incumbência de assassinar o vice-presidente dos Estados Unidos. As testemunhas que depuseram *a seu favor* durante o julgamento foram implacáveis em descrevê-lo como um frangote espantadiço e de estômago fraco. A testemunha de defesa Alexander Brawner disse: "Nunca considerei Atzerodt um homem corajoso. Muito longe disso. (...) Sua reputação é a de um notório covarde."[3] A testemunha Louis B. Harkins declarou: "Conheço Atzerodt provavelmente há dez anos. (...) Nunca lhe atribuímos muita coragem. Lembro-me de dois apuros em que ele se meteu — um deles em minha loja, o outro em um restaurante de frutos do mar — e nos dois achei que lhe faltara coragem."[4] A testemunha Washington Briscoe disse ao tribunal: "Conheci o prisioneiro, Atzerodt, há seis ou sete anos, em Port Tobacco. Ele sempre foi tido por homem de poucos brios, notável pela covardia."[5] Ironicamente, porém, o comentário supremo, arrasador e definitivo sobre a bravura (ou falta de bravura) de Atzerodt veio de ninguém menos que William E. Doster, *o próprio advogado* do réu, que abriu, assim, sua defesa: "Se a Corte me permitir, pretendo demonstrar que esse homem é um covarde constitucional; que, se lhe fosse confiada a missão de assassinar o vice-presidente, ele jamais conseguiria cumpri-la; e que, em razão de sua consabida covardia, Booth provavelmente não lhe confiou nenhuma missão do tipo"[6].

Tentativas, Atentados e Assassinatos que Estremeceram o Mundo

O plano de Atzerodt era aguardar até que o presidente Lincoln estivesse em seu camarote, no Ford Theater, assistindo à peça *Our American Cousin* (Nosso primo norte-americano), para então subir as escadas até o quarto do Kirkwood House Hotel, onde o vice-presidente Johnson estava hospedado. Ele bateria à porta do vice-presidente e, logo que Johnson a abrisse, enfiaria uma grande faca Bowie em seu peito, mirando o coração, para em seguida fugir. No mesmo momento em que Atzerodt apunhalasse Johnson, John Wilkes Booth estaria dando cabo de Lincoln, enquanto Lewis Paine estaria matando William Seward, o secretário de Estado. Se tivesse sucesso, o complô planejado por Booth e companhia teria ceifado a cabeça da administração e proporcionado aos confederados uma chance de subir ao poder.

O assassinato de Seward malogrou. O de Johnson nem teve início. Booth foi o único dos conspiradores que conseguiu assassinar sua vítima. E poderia ter matado ainda um futuro presidente americano, o general Ulysses S. Grant, se Grant houvesse comparecido ao espetáculo com o presidente Lincoln, conforme planejara.

A vida de Grant foi salva provavelmente porque a sra. Grant não gostava da sra. Lincoln.

Mary Todd Lincoln era uma mulher irritadiça e caprichosa, propensa a rompantes emocionais e atitudes exaltadas. O presidente a tratava com paciência e tolerância extraordinárias, mas muitos outros, que podiam, preferiam declinar de sua companhia. A sra. Grant já conhecia as "explosões" da sra. Lincoln, e foi sua a decisão de que nem ela nem o marido compareceriam ao teatro na noite em que Lincoln foi assassinado. A história teria sido escrita de outra maneira se as duas esposas se dessem bem e se Ulysses S. Grant também houvesse morrido naquela noite de abril em Washington.

Depois da prisão de Booth, os outros conspiradores foram logo capturados, e julgados perante um tribunal militar, o que se justificava pelo fato de que Lincoln era comandante-em-chefe das forças armadas norte-americanas, tendo morrido "durante serviços em tempo de guerra".

Em 7 de julho de 1865, menos de três meses depois da morte de Lincoln, Atzerodt foi encapuzado e teve a forca ajustada em seu pescoço. A seu lado estavam Surratt, Paine e Herold. O executor abriu a plataforma sob seus pés e todos os quatro caíram, morrendo ao mesmo tempo.

Eles ficaram pendendo por tempo suficiente para que se tirasse uma foto para a posteridade. Atzerodt estava na extrema direita.

35
VERNON JORDAN

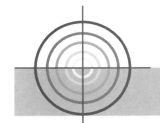

MORREU —

SOBREVIVEU ✓

Nossa nação não pode exigir respeito pelos direitos civis, quando carece de coragem moral para salvar suas cidades, seus pobres e suas minorias, cujos direitos vêm sendo pisoteados.

— Vernon Jordan[1]

VÍTIMA: Vernon Eulion Jordan Jr.

NASCIMENTO: 15 de agosto de 1935

MORTE: —

IDADE POR OCASIÃO DO ATENTADO: 44 anos

OCUPAÇÃO: Ativista pelos direitos civis, advogado, ex-diretor-executivo do Fundo Universitário dos Negros Unidos (1970), ex-diretor-executivo da Liga Urbana (1971-1981), conselheiro do presidente Jimmy Carter e de sua equipe de transição, diretor da equipe de transição do presidente Bill Clinton.

Vernon Jordan

ASSASSINO FRUSTRADO: Joseph Paul Franklin (n. 1951), 29 anos, supremacista branco, anti-semita, autor de um atentado contra a vida do editor da *Hustler*, Larry Flynt (página 58).

DATA E MOMENTO DO ATENTADO: Sexta-feira, 29 de maio de 1980, às 2h05.

LOCAL DO ATENTADO: O estacionamento de um hotel Marriott Inn em Fort Wayne, Indiana.

Tentativas, Atentados e Assassinatos que Estremeceram o Mundo

ARMA: Um rifle Remington 700 de calibre 0,30-06.

DESFECHO DO ASSASSINATO: De tocaia, Franklin desfechou dois tiros contra Jordan, em uma área gramada perto do hotel. Um deles acertou a vítima nas costas, explodindo no interior de seu corpo. O segundo disparo ricocheteou em algo e liberou um fragmento que também o atingiu na parte posterior da coxa direita. Jordan gritou: "Socorro! Fui atingido!"[2] Levado às pressas para o hospital, internado em condições críticas, ele passou por quatro horas e meia de cirurgia para remoção da bala e suturas. O projétil que explodira abriu três feridas nos pontos de evasão, que tiveram de ser operadas. Jordan apresentava graves ferimentos internos, e parte de seu intestino teve de ser removida. Um dos médicos que o atendeu declarou que a bala por pouco não atingiu a coluna vertebral, e que, se houvesse explodido um milionésimo de segundo mais tarde, seu paciente não teria a menor chance de sobrevivência. Jordan recuperou-se plenamente e hoje trabalha na área de direito corporativo e no levantamento de fundos para causas voltadas aos direitos civis.

CONSEQÜÊNCIAS JUDICIAIS: Uma cápsula de calibre 0,30-06, encontrada no gramado próximo ao hotel Marriott onde Jordan fora alvejado, levou o FBI à cata de suspeitos, resultando na detenção de todos os que possuíam rifles com tal calibre. (Ao que parece, os rifles 0,30-06, consideravelmente populares, fizeram com que muita gente fosse detida.) Com a prisão de Franklin, descobriu-se que ele era procurado também pelo assassinato de um negro e de uma branca em Oklahoma City, pela morte de dois adolescentes negros em Salt Lake City e pela morte de um homem negro e uma jovem branca na Pensilvânia, bem como pelo envio de uma carta ameaçadora ao presidente Carter. Indiciado pelos assassinatos de Salt Lake City e pelos tiros contra Jordan, ele foi inocentado desse último ataque, mas a essa altura já cumpria seis penas perpétuas por outros crimes. De lá para cá, Franklin confessou ter atirado em Larry Flynt, e está no corredor da morte do Missouri.

Impossível saber quantas vezes Vernon Jordan e Charlayne Hunter ouviram a palavra *negro* sendo gritada naquela manhã de segunda-feira, em janeiro de 1961, enquanto os dois avançavam até o escritório do agente de registro da Universidade da Geórgia, por entre a multidão indignada. Mas o fato não os abalou nem os dissuadiu de sua missão. A Suprema Corte da Geórgia acabara de determinar que as políticas segregacionistas da universidade eram ilegais, e Vernon Jordan pretendia assegurar que Charlayne Hunter obtivesse seu devido lugar na turma de calouros da escola.

E assegurou.

Jordan nasceu em Atlanta, na Geórgia, em 1935, filho de um funcionário dos correios e uma garçonete. Obteve o grau de bacharel em ciências políticas na Universidade DePauw, e, em seguida, o diploma de advogado na Universidade de Howard, em 1960. Tornou-se diretor-executivo do Fundo Universitário dos Negros Unidos, em 1970, e presidente da Liga Urbana Nacional, em 1972.

Trabalhou diligentemente durante toda a vida em programas em prol do sufrágio e dos direitos civis, e tornou-se uma das figuras poderosas nos corredores de Washington. Seu apelido era "Mr. Smooth" ("Sr. Afável"). Foi visto muitas vezes jogando golfe com Bill Clinton, e comenta-se que auxiliou o ex-presidente durante o escândalo Monica Lewinsky e o processo de *impeachment*.

Depois do atentado, que lhe exigiu meses de recuperação e terapia física, Jordan deixou o movimento dos direitos civis pelo mundo do direito corporativo.

Joseph Paul Franklin não gostava de negros e judeus. Certa vez, ele escreveu uma carta ameaçadora ao presidente Carter, na qual o acusava de "vender-se aos negros". Ao ser preso, em outubro de 1980, pelo atentado contra Vernon Jordan, descobriu-se que fora membro do Partido Nazista Norte-americano e da organização supremacista branca Ku Klux Klan. Mesmo assim, declarou à polícia da Flórida: "Sou inocente" e "Estão tentando me incriminar por causa de minhas opiniões racistas"[3].

Franklin *não era* inocente. Atirou em Jordan por esse ser negro e defender políticas às quais ele se opunha, como as da integração e da tolerância religiosa.

Jordan acabara de descer de um Grand Prix vermelho, estacionado a cerca de 15 metros da entrada de sua sala. A seu lado estava a integrante do comitê de organização da Liga Urbana, Martha C. Coleman, de 36 anos, que havia agendado o discurso de Jordan para aquela noite, durante o costumeiro jantar. Coleman afirmou que, de dentro do carro, ouvira um ruído seco, como se algo houvesse atingido o pára-brisa. Em seguida, viu Vernon Jordan cair. Saiu apressadamente do veículo, correu até Jordan, percebeu que ele fora atingido por tiros e dirigiu-se com rapidez ao átrio do hotel. Pouco depois, chegaram uma ambulância e viaturas policiais. Joseph Franklin já havia sumido.

Não tardou para que figurões da política começassem a voar até Indiana para visitar o conhecido e estimado Jordan no hospital — entre eles, o senador Edward Kennedy e o presidente Carter. Também não demorou para que a polícia questionasse longamente Martha Coleman, em busca de um esclarecimento doméstico para o atentado.

No fim das contas, a única explicação apontava para um racista cheio de ódio, que hoje está no corredor da morte.

36
EDWARD KENNEDY

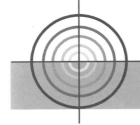

MORREU	—
SOBREVIVEU	✓

As armas de fogo são, estatisticamente, como os ratos: excedem em número nossa população. Não impressiona que as vendas de munição para armas de civis quase atordoem a imaginação. A indústria norte-americana supera a de qualquer outra nação no fabrico de projéteis. Aproximadamente, cinco bilhões de balas fluem pelo mercado todos os anos. Se as enfileirássemos uma após a outra, daria para circundar três vezes a linha do Equador. Tal quantidade de munição é suficiente para extirpar a população humana do planeta e ainda dizimar praticamente todos os tipos de vida selvagem.

— Edward Kennedy[1]

VÍTIMA: Edward "Ted" Kennedy

NASCIMENTO: 22 de fevereiro de 1932

MORTE: —

IDADE POR OCASIÃO DO ATENTADO: Desconhecida

OCUPAÇÃO: Senador norte-americano pelo Estado de Massachusetts.

ASSASSINO CONSPIRADOR: John W. Hinckley (n. 1955), futuro autor de um atentado contra o presidente Ronald Reagan.

Edward Kennedy

Edward Kennedy

DATA E MOMENTO DO ATENTADO: Não chegou a ocorrer.

LOCAL DO ATENTADO: Não se sabe.

ARMA: Provavelmente um revólver.

DESFECHO DO ASSASSINATO: Hinckley abandonou a idéia de assassinar Ted Kennedy e dirigiu sua atenção para o presidente Reagan.

CONSEQÜÊNCIAS JUDICIAIS: Nenhuma.

O assassino presidencial John Hinckley (ver página 197) também aparece em *Bem na Mira* como o potencial matador de Jimmy Carter (página 10) e de Edward "Ted" Kennedy.

Hinckley chegou muito perto de perpetrar um atentado contra Jimmy Carter, tendo seguido o presidente e sendo fotografado em meio à multidão durante um de seus comícios, mas não chegou a disparar efetivamente. Suas ameaças a Edward Kennedy, irmão de outros Kennedys assassinados, parecem ter sido mais tênues. Depois de preso por atirar no presidente Reagan, Hinckley revelou que planejara outras façanhas para impressionar Jodie Foster.

Uma delas era abrir fogo em pleno campus da Universidade de Yale, em New Haven, Connecticut. Hinckley viajara regularmente a New Haven e estivera no campus de Yale diversas vezes, antes de ir a Washington para atirar em Reagan. Obcecado por Foster, ele chegou mesmo a freqüentar um curso de redação em Yale. Logo que pôde justificar sua presença ali, começou a deixar bilhetes para a atriz em sua caixa postal universitária. Hinckley conseguiu ter duas conversas telefônicas com ela, mas Foster cortou o contato.

Se o plano prosseguisse, provavelmente ele teria atirado a esmo e eliminado quem estivesse na mira.

Sua segunda idéia foi assassinar Edward Kennedy. É possível que a tenha abandonado ao perceber que ficaria mais famoso matando um presidente do que um senador. Se ele a tivesse realizado com êxito, todos os três irmãos políticos da família Kennedy teriam sido vítimas de assassinatos.

Sua terceira idéia era fuzilar o Senado, façanha de execução dificílima, pois, embora Hinckley pudesse ferir e possivelmente matar muitos políticos de alto escalão, teria de entrar com uma arma no Capitólio. Além disso, ele estaria lá dentro, após o tiroteio. Tanto o plano de Yale quanto a tentativa de assassinar Kennedy seriam a céu aberto, sugerindo que Hinckley pensava em escapar depois de abrir fogo.

37
JOHN F. KENNEDY

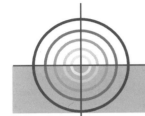

MORREU ✓

SOBREVIVEU ―

É uma época de tristeza para todos. Sofremos uma perda que não pode ser medida. Para mim é uma profunda tragédia pessoal. Sei que o mundo partilha a dor que a sra. Kennedy e sua família sentem. Eu darei o melhor de mim. É tudo o que posso fazer. Peço a ajuda de vocês — e de Deus.

— Lyndon Johnson[1]

VÍTIMA: John Fitzgerald Kennedy

NASCIMENTO: 29 de maio de 1917

MORTE: 22 de novembro de 1963

IDADE POR OCASIÃO DO ATENTADO: 46 anos

OCUPAÇÃO: 35º presidente dos Estados Unidos (1961-1963).

ASSASSINO: Lee Harvey Oswald, 24, ex-fuzileiro naval dos Estados Unidos.

DATA E MOMENTO DO ATENTADO: Sexta-feira, 22 de novembro de 1963, às 12h30.

LOCAL DO ATENTADO: Um cortejo motorizado em frente ao depósito de livros de Dallas, no Texas; a morte ocorreu no hospital Parkland Memorial.

ARMA: Um rifle de ferrolho Mannlicher-Carcano de 6,5 mm.

John F. Kennedy

John F. Kennedy

DESFECHO DO ASSASSINATO: Kennedy, atingido no pescoço e na cabeça, contraiu ferimentos tão graves que não houve chances de recuperação. Foi declarado morto no hospital Parkland Memorial 30 minutos após o atentado. Lee Harvey Oswald disparou três tiros contra o cortejo presidencial, de uma janela localizada no sexto andar do depósito de livros do Texas. O primeiro deles errou de longe o alvo, e acredita-se que os carvalhos e um poste de semáforo tenham obstruído a visão de Oswald. A única evidência do disparo foi a marca deixada no meio-fio junto ao Triple Underpass. Uma lasca de concreto arrebatada pelo impacto feriu a testemunha James Tague no rosto. O segundo tiro entrou pela parte posterior do pescoço do presidente e saiu pela garganta, estilhaçando-lhe uma vértebra cervical. Isso fez com que os braços do presidente fossem lançados para cima, com os cotovelos para fora e as mãos no queixo, um reflexo neurológico comum em casos de ferimento na medula espinhal, conhecido como Reflexo de Thorburn. A mesma bala, depois de atravessar o presidente, atingiu o governador Connally no ombro direito, despedaçou-lhe uma costela e irrompeu abaixo de seu mamilo direito. Fraturou ainda o pulso direito do governador e alojou-se em sua coxa esquerda. O terceiro tiro, o mais devastador, acertou Kennedy na nuca, abaixo da orelha direita, e saiu pela têmpora próxima, estourando parte de seu crânio e destruindo a seção frontal direita de seu cérebro. Segundo o Relatório Warren:

> *O dr. Carrico atendia na seção de emergência, examinando um paciente, quando foi notificado de que John Kennedy estava a caminho do hospital. Aproximadamente dois minutos mais tarde, ele viu o presidente de costas, sendo levado em um leito móvel para a área de emergência. Durante os exames, notou que Kennedy aparentava uma cor azul clara ou acinzentada; respirava de modo agoniado, lento e espasmódico, sem a menor coordenação; não fazia movimentos voluntários; tinha os olhos abertos, com as pupilas dilatadas e sem nenhuma reação à luz; não apresentava pulso perceptível; e produzia breves ruídos torácicos que se supunha serem batimentos cardíacos. Com base nesses dados, o dr. Carrico concluiu que o presidente Kennedy ainda estava vivo.*

Com as roupas e os suspensórios cortados, um tubo de respiração inserido na garganta, John Kennedy passou a respirar por meio de um aparelho. Recebeu três injeções intravenosas com fluidos e medicamentos, e foi submetido a um eletrocardiograma. O dr. Malcolm Perry, por meio de uma traqueotomia, criou uma via respiratória artificial na garganta do presidente, neutralizando o ferimento que a bala provocara ao sair. Também

– 119 –

Tentativas, Atentados e Assassinatos que Estremeceram o Mundo

inseriu um tubo no peito do paciente para drenar sangue e outras substâncias líquidas. Em seguida, Kennedy recebeu 300 mg de esteróides e especialmente um medicamento à base de cortisona chamado Solu-Cortef.

Como o pulso do presidente ainda se mostrasse errático, um dos médicos iniciou uma massagem cardíaca externa. Pensou-se em abrir seu peito para uma massagem cardíaca interna, mas a idéia foi rejeitada.

Os médicos concluíram que Kennedy já não podia ser reanimado, e pediram a um padre que lhe ministrasse os últimos sacramentos, antes de declará-lo morto, o que ocorreu às 13 horas. O tratamento durou aproximadamente 20 minutos.

Depois que a sala se esvaziou, a primeira-dama Jacqueline Kennedy entrou, beijou os dedos dos pés do presidente, seu ventre e seus lábios. Tirou um de seus anéis e o pôs no dedo mínimo do marido.[2]

Diversas enfermeiras e residentes retornaram à sala. Removeram a traqueotomia, as injeções intravenosas e os terminais de eletrocardiograma. Envolveram o corpo do presidente em lençóis brancos, em um material plástico e, por fim, em diversos tecidos. O corpo, depositado em um caixão, seguiu até a Força Aérea Um e de lá rumou para Washington.[3]

CONSEQÜÊNCIAS JUDICIAIS: Oswald (Capítulo 55), o suposto assassino de Kennedy, não sobreviveu para ser julgado. Tombou assassinado, dois dias depois da morte de Kennedy, por Jack Ruby, proprietário de uma casa noturna em Dallas, enquanto era transportado pela polícia. A Comissão Warren publicou um relatório de 26 volumes, no qual concluía que Lee Harvey Oswald agira sozinho. Surgiram, ao longo dos anos, muitas teorias a respeito de uma possível conspiração, sugerindo que havia outros envolvidos no assassinato de John F. Kennedy; todavia, ninguém mais foi acusado de sua morte, nem de ter causado ferimentos no governador John Connally. E Lee Harvey Oswald é considerado oficialmente o assassino do presidente.

Centenas de livros sobre o assassinato e dezenas de hipóteses tentam explicar o ocorrido. A Máfia, Fidel Castro, o KGB russo, a CIA, e mesmo Lyndon Johnson e o serviço secreto foram apontados como responsáveis pela morte de Kennedy.

Algumas teorias propõem questões dignas de consideração:

▶ Se os tiros provinham do alto e de trás, por que há evidências, em vídeo, de pessoas se virando para um pequeno monte gramado à frente e à direita da limusine presidencial, após os disparos? (Acredita-se que os ecos dos tiros de Oswald justifiquem essa reação das testemunhas.)

▶ Não é possível que o KGB tenha contratado o assassinato de Kennedy como compensação pelo vexame russo durante a Crise dos Mísseis em Cuba?

▶ Fidel Castro não poderia ter ordenado o assassinato como retaliação pela fracassada invasão da Baía dos Porcos?

▶ Sabemos que Kennedy e seu irmão, o procurador-geral Robert Kennedy (página 123), estavam caindo em cima do crime organizado. A Máfia não poderia ter decidido livrar-se de JFK para amedrontar Bobby e fazê-lo recuar?

▶ Pelo que se diz, a CIA temia que Kennedy estivesse pegando leve com o comunismo e pretendesse tirar os Estados Unidos do Vietnã. Livrar-se dele levaria Lyndon Johnson à Presidência, e presumivelmente traria novas políticas no tocante a tais assuntos — políticas aprovadas pela CIA.

▶ A teoria do tiro único (ou seja, de que um único tiro atingiu Kennedy e Connally, algo aparentemente impossível) não seria uma refutação válida à teoria do assassino solitário? (Não, como foi demonstrado convincentemente, e em grandes detalhes, no livro *Case Closed*.)

▶ Por que o carro da imprensa, que costuma seguir à frente da limusine presidencial, para facilitar a documentação fotográfica das visitas do presidente, estava muitos carros atrás no cortejo daquele dia em Dallas? Seria uma confusão logística justificável? Em todo caso, fez com que a fita de Zapruder fosse o único registro visual do assassinato.

Há respostas lógicas e sensatas para quase todas essas perguntas, e a mais recente tentativa de acalmar a histeria e desbancar as conjeturas desvairadas acerca dessa tragédia norte-americana é o livro de Gerald Posner mencionado anteriormente, *Case Closed* (Caso encerrado), no qual o autor analisa cada uma das principais teorias da conspiração e chega à conclusão de que, apesar das suspeitas do povo norte-americano, o Relatório Warren estava correto, e Lee Harvey Oswald foi mesmo o atirador solitário que assassinou John F. Kennedy.

Grande parte da controvérsia e muitos despropósitos suscitados pelo assassinato teriam sido facilmente evitados se o corpo do presidente tivesse passado por uma autópsia completa. O breve exame *post-mortem*, que deveria ter levado dois ou três dias, foi feito às pressas, em poucas horas, pois Bobby e Jacqueline Kennedy insistiram em ficar no hospital

Tentativas, Atentados e Assassinatos que Estremeceram o Mundo

naval de Bethesda durante o procedimento, e comenta-se que manifestaram o desejo de uma autópsia rápida. Também se acredita que o cérebro de Kennedy, que teria dado resposta a muitas perguntas sobre o tiro na cabeça (e que se descobriu nada constar sobre ele nos Arquivos Nacionais, em 1966), foi jogado fora por Robert Kennedy, que receava vê-lo como objeto de "funesta exibição pública"[4].

O assassinato de John F. Kennedy foi um momento fértil na história norte-americana. E seus mistérios continuam a fascinar.

Pós-escrito: Abraham Zapruder recebeu 25 mil dólares da revista *Life* pela gravação em cores que fez do assassinato do presidente Kennedy. Zapruder doou todo o dinheiro à viúva do policial J. D. Tippit, morto por Lee Harvey Oswald depois dos disparos contra o presidente. Em 1999, o governo dos Estados Unidos pagou à família Zapruder 16 milhões de dólares pelo filme, que fora declarado patrimônio definitivo do povo norte-americano, em 1997.

38
ROBERT F. KENNEDY

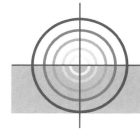

MORREU ✓
SOBREVIVEU ___

Meu irmão não precisa ser idealizado, nem tornar-se na morte mais do que foi em vida, para ser lembrado simplesmente como um homem bom, que viu injustiças e tentou corrigi-las, que viu sofrimento e tentou saná-lo, que viu a guerra e tentou pará-la.

Aqueles dentre nós que o amávamos e que hoje o conduzimos para o repouso, oremos para que aquilo que ele representou para nós e desejou para os outros possa aplicar-se um dia a todo o mundo.

Como ele disse muitas vezes, em muitas partes do país, àqueles que tocava e que procuravam tocá-lo: "Alguns homens vêem as coisas como estão e se perguntam: por quê? Eu sonho com coisas inexistentes e me pergunto: por que não?"

— Senador Edward Kennedy[1]

Robert F. Kennedy

VÍTIMA: Robert Francis Kennedy
NASCIMENTO: 20 de novembro de 1925
MORTE: 6 de junho de 1968
IDADE POR OCASIÃO DO ATENTADO: 42 anos

OCUPAÇÃO: Procurador-geral dos Estados Unidos, senador norte-americano, candidato do Partido Democrata à Presidência. Bobby Kennedy administrou a campanha de seu irmão John e serviu, posteriormente, como procurador-geral do presidente Kennedy, de 1961 a 1964. Durante esse mandato, promoveu o Ato dos Direitos Civis, de 1964, e adotou uma política de combate ao crime que gerou grande animosidade entre os Kennedys e em meio ao crime organizado. Depois do assassinato de JFK, o presidente Johnson escolheu Hubert Humphrey como seu vice-presidente, em vez de Bobby. Por essa razão, RFK abdicou de seu cargo e se elegeu senador por Nova York.[2]

ASSASSINO: Sirhan Bishara Sirhan (n. 1944), 24 anos, palestino perturbado e anti-semita (natural de Jerusalém), que chegara aos Estados Unidos com a família em 1956.

DATA E MOMENTO DO ATENTADO: Quarta-feira, 5 de junho de 1968, às 0h15; a morte ocorreu quase 26 horas depois, na quinta-feira, 6 de junho de 1968, à 1h44.

LOCAL DO ATENTADO: O refeitório do Hotel Ambassador, em Los Angeles, Califórnia.

ARMA: Um revólver Iver Johnson Cadet de calibre 0,22.

DESFECHO DO ASSASSINATO: Kennedy foi atingido por três tiros; um quarto atravessou-lhe o paletó, sem todavia acertar seu corpo. Uma bala penetrou a parte posterior de seu crânio, perto da orelha, rompeu a artéria cerebral e causou os danos mais graves e mais imediatamente perigosos. Impressiona saber que, depois de receber os tiros, Kennedy, ao que se diz, conseguiu perguntar se todos estavam bem e qual a gravidade de seu caso. Os outros dois disparos que o atingiram produziram ferimentos menores. Passada a cirurgia, ele não voltou à consciência nem pôde respirar sozinho, e sua esposa e familiares decidiram desligar o aparelho respiratório. Um médico admitiu que, se Kennedy sobrevivesse, viveria em estado vegetativo pelo resto de seus dias.

CONSEQÜÊNCIAS JUDICIAIS: Sirhan foi detido (e surrado) por diversas pessoas que estavam no refeitório no momento do crime, inclusive pelo astro de futebol americano Rosie Greer. Julgado, ele recebeu condenação por homicídio e sentença de morte. Antes de chegar a data de sua execução, porém, o Estado da Califórnia aboliu a pena capital e a

Robert F. Kennedy

sentença de Sirhan foi comutada para prisão perpétua, com possibilidade de liberdade condicional. Sirhan teve a condicional recusada em 2000, e a próxima audiência se dará em 2004. Está atualmente na prisão estadual de Corcoran, na Califórnia, e se empenha para conseguir que seu próximo pedido seja aprovado.

Há muitas perguntas com relação ao assassinato de Robert F. Kennedy que, no entender de vários teóricos que estudaram o crime, nunca foram satisfatoriamente respondidas.

Uma delas envolve o ferimento causado pela entrada da bala. Se todas as testemunhas do tiroteio afirmam com convicção que Sirhan Bishara atirou em Kennedy *pela frente*, por que o senador tinha um ferimento de entrada na parte *de trás* do pescoço, com todos os sinais de queimadura de pólvora (o que sugere que o cano da arma estava a menos de 40 centímetros de sua cabeça)? Teria havido um segundo atirador? Todos os oito projéteis do revólver Iver Johnson de Sirhan tiveram seu paradeiro identificado pelo departamento de polícia de Los Angeles, e determinou-se que um deles penetrou o cérebro de Kennedy pelo pescoço. Todavia, ninguém viu Kennedy virar-se de costas para Sirhan, o que teria possibilitado que uma bala atingisse seu pescoço no local da ferida. Para tornar a situação mais complicada, há registros de que se encontraram dois buracos de bala em um tapume de madeira na seção do refeitório. Fotografias comprobatórias foram descobertas mais tarde, mas o painel já havia sido removido e destruído. Seriam dez tiros em vez de oito?

Existe ainda outra questão intrigante. Por que as balas disparadas com o revólver de Sirhan Bishara Sirhan, em 1975, tinham marcas diferentes daquelas encontradas na cena do assassinato?

Tudo isso leva à pergunta-chave: havia duas armas disparando contra Robert Kennedy? E, em caso positivo, o assassinato não seria uma conspiração pela morte de Kennedy, em vez do mero ódio anti-semita de um árabe que não concordava com as posições pró-israelitas de RFK?

Em seu livro de 1995, *The Killing of Robert F. Kennedy*, Dan Moldea responde a essas perguntas e encerra o caso do assassinato. Não houve conspiração, diz ele, e suas pesquisas — complementadas por entrevistas na prisão com o próprio Sirhan Bishara — o levaram à conclusão de que o homem agira sozinho.

E quanto à entrada de bala na parte de trás da cabeça?

– 125 –

Em 1968, um investigador da equipe de defesa de Sirhan lhe perguntou por que não alvejara Kennedy entre os olhos. Ele estava suficientemente perto do senador, talvez de frente. Sendo assim, o meio da testa seria o alvo mais seguro para os tiros. Ao que parece, Sirhan tencionava atirar no rosto de Kennedy, pois replicou de imediato: "Porque o filho da puta virou a cabeça no último instante"[3].

E quanto às diferentes marcas de balas?

Moldea entrevistou diversos policiais. Eles admitiram que o revólver de Sirhan fora recarregado e usado às escondidas, após o tiroteio, para que os oficiais pudessem ter *balas de lembrança* disparadas pelo revólver que matara Robert Kennedy. Os tiros adicionais — cujo número exato não é conhecido — criaram um resíduo no cano do revólver, e fizeram com que as balas de 1975 apresentassem marcações diferentes das oito disparadas por Sirhan.

Com relação aos misteriosos buracos desaparecidos do painel de madeira, Moldea acredita que não eram de bala, e que olhos inexperientes os identificaram incorretamente nas fotografias.

Os Estados Unidos ainda estavam abalados pelo assassinato de Martin Luther King Jr. (página 127), acontecido apenas dois meses antes; e a lembrança do homicído de John F. Kennedy, em 1963, ainda pairava na mente de norte-americanos e pessoas de todo o mundo. Robert Kennedy era a melhor chance para o Partido Democrata manter-se na Casa Branca, e sua morte levou à eleição do republicano Richard Nixon, com 301 votos, contra 191 de Hubert Humphrey.

39
MARTIN LUTHER KING JR.

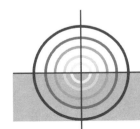

MORREU ✓

SOBREVIVEU ―

Bem, não sei o que virá agora. Teremos dias difíceis à nossa frente. [Mas] eu já estive no topo do monte. Como todo o mundo, gostaria de viver uma vida longa. A longevidade tem seu valor, mas não me preocupo com ela agora. Só desejo cumprir a vontade divina, e Ele me permitiu ascender ao cimo do monte. E eu olhei ao meu redor. E vi a Terra Prometida. Posso não chegar lá com vocês, mas quero que saibam, esta noite, que nós, como povo, chegaremos à Terra Prometida. Por isso estou feliz esta noite. Não me preocupo com coisa alguma. Não temo homem algum. Meus olhos viram a glória da vinda do Senhor.

— Martin Luther King Jr.[1]

VÍTIMA: Martin Luther King Jr.

NASCIMENTO: 15 de janeiro de 1929

MORTE: 4 de abril de 1968

IDADE POR OCASIÃO DO ATENTADO: 39 anos

OCUPAÇÃO: Líder de campanhas por direitos civis; partidário da não-violência e da igualdade racial; ministro batista; fundador e presidente da Conferência da Liderança Cristã do Sul; Homem do Ano da *Time* (1963); ganhador do Prêmio Nobel da

Martin Luther King

Tentativas, Atentados e Assassinatos que Estremeceram o Mundo

Paz (1964); organizador do boicote aos ônibus em Montgomery, no Alabama; autor de um dos discursos mais famosos da história americana ("Eu tenho um sonho"), feito em frente ao Lincoln Memorial, em 28 de agosto de 1963.

ASSASSINO: James Earl Ray (1928-1998), 39 anos, ex-presidiário, também conhecido como Eric Starvo Galt, Ramon George Sneyd e Paul Edward Bridgeman.

DATA E MOMENTO DO ATENTADO: Quinta-feira, 4 de abril de 1968, às 18h01.

LOCAL DO ATENTADO: A sacada do quarto de King no hotel Lorraine, em Memphis, na Califórnia.

ARMA: Um rifle de repetição Remington 760, de calibre 0,30-06, com mira telescópica Redfield 2 x 7.

DESFECHO DO ASSASSINATO: Um único tiro atingiu King no lado direito do rosto, próximo ao maxilar, fraturando a mandíbula inferior, rompendo a veia jugular, a artéria vertebral e a artéria subclavicular, e despedaçando diversas vértebras de sua coluna cervical (pescoço) e dorsal. O impacto arrancou-lhe a gravata e o atirou para trás, de encontro a uma parede. Se King houvesse sido atingido de tal maneira em uma sala cirúrgica totalmente equipada e repleta de cirurgiões, ainda assim não haveria nada a fazer para salvar sua vida. Foi declarado morto no hospital St. Joseph, em Memphis, às 19h05, pouco mais de uma hora após o disparo. Não disse mais nada após ser atingido.

CONSEQÜÊNCIAS JUDICIAIS: James Earl Ray foi preso no aeroporto de Heathrow, em Londres, em 8 de junho de 1968, tentando embarcar para Bruxelas, na Bélgica. Seu fajuto passaporte como "Sneyd" fora ligado a sua identidade verdadeira, e a Scotland Yard efetuou a prisão com base na acusação norte-americana de assassinato. Corre a história de que Ray pôs o rosto entre as mãos e chorou, quando lhe disseram que estava preso e era procurado nos Estados Unidos pelo assassinato do dr. Martin Luther King Jr. Oficiais dos Estados Unidos requisitaram a imediata extradição de Ray, mas ele conseguiu apelar do processo, o que obrigou o FBI a julgá-lo nos tribunais britânicos. As evidências apresentadas incluíam o fato de que um homem chamado James Earl Ray comprara um rifle idêntico ao usado para matar o dr. King; que um homem chamado James Earl Ray se hospedara em um quarto da pensão defronte ao hotel Lorraine, pouco antes de o dr. King ser morto por um tiro disparado da mesma pensão; que testemunhas declararam ter visto Ray fugindo da cena do crime pouco depois de o dr. King ser morto, deixando atrás de si a arma com suas impressões digitais; e, igualmente incriminatório, que as impressões digitais de Ray tinham sido encontradas em um carro idêntico ao que fora visto fugindo da cena do crime. Extraditado, Ray soube, após encontrar-se com seus advogados, que não podia declarar-se inocente sem se expor à pena de morte. Como não queria ser executado, declarou-se culpado e foi sentenciado a 99 anos de prisão. Retratou-se imediatamente de sua declaração de culpa e passou o resto da vida pedindo um novo julgamento, dizendo a quem quisesse ouvir que não matara Martin Luther King Jr. e que houvera uma conspiração envolvendo o FBI e o governo dos Estados Unidos para eliminar o líder ativista. A família de King acabou dando crédito a Ray, que morreu na prisão em 1998, de um colapso do fígado, antes que suas alegações pudessem ser provadas. Até hoje possui defensores que acreditam na sua inocência.

Quem matou Martin Luther King Jr., afinal?

Muitos responderiam "James Earl Ray", e, todavia, a mesma pergunta é título de um livro escrito por ninguém menos que o próprio James Earl Ray, que de modo algum responde "Fui eu" em suas páginas.

É fato consabido que o diretor do FBI, J. Edgar Hoover, odiava Martin Luther King Jr. Hoover pôs King sob vigilância, grampeou seus telefones, deixou correrem informações sobre suas aventuras sexuais, e ficou estarrecido quando King ganhou o Prêmio Nobel da Paz, em 1964.

Terá o FBI assassinado King a mando de Hoover?

Muitos acreditam que a resposta seja *sim*. No entanto, as evidências de que James Earl Ray puxara o gatilho são imponentes e persuasivas. Uma investigação conduzida pelo Comitê Seleto da Câmara, nos anos 70, sobre o assassinado de King, concluiu que Ray dera o tiro fatal, mas que havia "possibilidades" de que fosse parte de uma conspiração. O comitê, porém, não acusou o FBI de Hoover. Em vez disso, mencionou organizações "racistas de direita" de St. Louis, Missouri, como as prováveis culpadas.

King estava em Memphis, em 4 de abril de 1968, para acalmar a tensão gerada por uma furiosa greve de 1.300 trabalhadores sanitários. Provocadores velados instigaram conflitos entre a polícia e os grevistas, que resultaram na morte de um homem e na prisão de 238 grevistas. A presença do dr. King poderia complicar facilmente a situação. Se houve uma conspiração contra King, teria seu envolvimento na crise trabalhista sido um motivo a mais? Não sabemos ao certo.

James Earl Ray foi para o túmulo proclamando uma conspiração. Como no assassinato de JFK (Capítulo 37), contudo, por mais que teçamos teorias, é quase certo que nunca haverá uma solução definitiva para esclarecer quem matou Martin Luther King Jr.

40
VLADIMIR LENIN

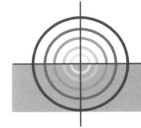

MORREU —

SOBREVIVEU ✓

A TODOS OS TRABALHADORES, CAMPONESES E
REPRESENTANTES DOS SOLDADOS VERMELHOS SOVIÉTICOS,
A TODOS OS EXÉRCITOS, A TODOS, TODOS, TODOS

Há poucas horas, foi cometido um vilanaz atentado contra a vida do camarada Lenin. A classe trabalhadora reagirá aos atentados contra seus líderes por meio de uma consolidação de forças ainda maior, e por um irrefreável terror em massa contra todos os inimigos da revolução.

— Decreto que se seguiu à tentativa de assassinar Vladimir Lenin[1]

VÍTIMA: Vladimir Ilitch Lenin

NASCIMENTO: 10 de abril de 1870

MORTE: 21 de janeiro de 1924

IDADE POR OCASIÃO DO ATENTADO: 48 anos

OCUPAÇÃO: Revolucionário marxista, fundador do partido bolchevique, responsável em grande parte pelo sucesso da Revolução Russa de 1917, sucedido por Iosif Stalin.

Lenin

Vladimir Lenin

ASSASSINA FRUSTRADA: Fania Kaplan (1883-1918), 35 anos, integrante do grupo antileninista Social-Revolucionários de Direita, um partido socialista revolucionário.

DATA E MOMENTO DO ATAQUE: Sexta-feira, 30 de agosto de 1918, às 19h30.

LOCAL DO ATENTADO: Os arredores da fábrica da Michelson, em Moscou.

ARMA: Uma pistola Browning.

DESFECHO DO ASSASSINATO: Depois que Lenin deixou a fábrica, onde fizera um discurso inflamado e bem-sucedido, Kaplan deu-lhe três tiros. Um deles atravessou seu paletó, sem lhe causar danos, e dois o atingiram. Uma bala fraturou seu ombro esquerdo e feriu-lhe o braço. A outra perfurou o alto de seu pulmão esquerdo, penetrou seu pescoço da esquerda para a direita e se alojou próximo à parte esquerda da clavícula. Embora nenhum tiro tenha atingido artérias vitais, se qualquer dos elementos na equação do disparo — especificamente as posições e movimentos, tanto de Lenin como do atirador — houvesse variado, ainda que ligeiramente, a segunda bala poderia ter-se desviado um milímetro, para qualquer dos lados, e Lenin morreria na hora. Ao contrário, ele foi instalado em seu carro e transportado de volta ao Kremlin. Lenin não queria ser levado ao hospital, receando possíveis emboscadas. Quando chegou ao Kremlin, vertia sangue e sofria dores agudas, mas recusou-se a permitir que seu motorista o conduzisse pelas escadas até o quarto. Reunindo grande determinação e vontade, enfrentou as escadas com as próprias forças. Apenas pediu que alguém o ajudasse a remover o paletó, antes de subir. Já em seus aposentos, os médicos foram chamados, e logo um pequeno hospital de campo foi montado em um quarto contíguo. Embora soubessem que a bala precisava ser removida, os médicos nem cogitaram de operá-lo fora do hospital. Decidiram deixar as balas onde elas estavam, e se dedicaram a examinar o paciente em busca de sinais de infecção. Incrível, mas Lenin, após perder muito sangue, com um pulmão perfurado e um ombro quebrado, recuperou-se por conta própria, sem cirurgia, e com um mínimo de medicação.

CONSEQÜÊNCIAS JUDICIAIS: Fania Kaplan foi presa de imediato e confinada no calabouço do Kremlin. Interrogada sem trégua, recusou-se firmemente a dizer onde conseguira a arma com a qual disparara. (Se ela foi torturada? Talvez devamos perguntar se em janeiro faz frio em Moscou.) Sua recusa em falar foi atribuída antes à incompetência mental do que ao fervor revolucionário. Fania Kaplan já tinha sido aprisionada por tentar matar um líder czarista, e anos de trabalhos forçados fizeram com que sofresse de dores de cabeça constantes, além de períodos prolongados de cegueira. Os oficiais soviéticos que a inter-

Tentativas, Atentados e Assassinatos que Estremeceram o Mundo

rogaram ficaram frustrados com suas respostas insensatas: "Por que você atirou no camarada Lenin?", perguntaram-lhe. A resposta dela? "Por que você precisa saber"?[2] Desistindo de extrair-lhe qualquer informação sensata, eles a levaram até um salão cimentado, com um ralo central, e lhe deram um tiro na nuca. Não chegou a ser julgada. Caso encerrado.

Depois que Lenin recebeu os tiros, os oficiais soviéticos divulgaram um decreto (ver página 130) que resultou em uma matança maciça de revolucionários — incluindo até mesmo pessoas *suspeitas* de serem revolucionárias. A divisão da polícia secreta soviética (a Cheka) em Petrogrado executou mais de 800 pessoas em um único mês. A Cheka de Nijni Novgorod matou 46 pessoas em um dia. Marinheiros soviéticos em Kronstadt executaram 500 prisioneiros em menos de 24 horas. Iakov Sverdlov, que agiu como líder do governo soviético, enquanto Lenin esteve incapacitado, iniciou uma febre terrorista que serviu mais para exterminar os opositores de Lenin do que para eliminar as possibilidades de novos complôs contra o líder soviético.

Acredita-se que a tentativa de assassinar Vladimir Lenin tenha abreviado em muito sua vida, apesar de sua recuperação sem cirurgia. Quatro anos após o atentado, ele começou a sofrer convulsões, provavelmente por envenenamento causado pelo chumbo das balas ainda em seu corpo, e tornou-se seriamente incapacitado. Em março de 1923, sofreu um forte derrame que o privou da voz. Um novo derrame, durante uma visita à vila de Gorki, próxima a Moscou, em janeiro de 1924, encerrou sua vida. O corpo de Lenin ainda jaz em um caixão de cristal na Praça Vermelha, embora a guarda de honra que outrora vigiava a entrada de seu mausoléu tenha há muito desaparecido.

41
JOHN LENNON[1]

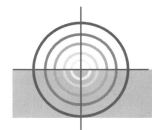

MORREU ✓

SOBREVIVEU ___

A América do Norte fica onde quer que ela esteja. Eu devia ter nascido em Nova York. (...) É a esse lugar que pertenço. Por que não nasci lá?
— John Lennon, 1971

VÍTIMA: John Ono Lennon

NASCIMENTO: 9 de outubro de 1940

MORTE: 8 de dezembro de 1980

IDADE POR OCASIÃO DO ATENTADO: 40 anos

OCUPAÇÃO: Músico; cantor e compositor; escritor; pintor; ex-membro dos Beatles; ativista ambiental, político, feminista e pacifista.

ASSASSINO: Mark David Chapman (n. 1955), 25 anos, obcecado e perturbado fã dos Beatles e de John Lennon; ex-operário de manutenção, ex-segurança.

DATA E MOMENTO DO ATENTADO: Segunda-feira, 8 de dezembro de 1980, às 22h49.

LOCAL DO ATENTADO: Próximo ao edifício Dakota Arms, no número 1 da West 72nd Street, em Nova York.

John Lennon

Tentativas, Atentados e Assassinatos que Estremeceram o Mundo

ARMA: Um revólver Charter Arms Bulldog, de calibre 0,38.

DESFECHO DO ASSASSINATO: Uma bala atingiu John pelas costas, perfurando seu pulmão direito e sua aorta, saindo do corpo pela parede torácica. Outra o acertou no ombro esquerdo, estilhaçando os ossos e varando-o. A terceira o alcançou no lado esquerdo do pescoço. Esses três tiros o fizeram rodopiar, e o quarto, e fatal, o atingiu no braço direito, fraturando o úmero e atravessando sua carne. Lennon, no banco traseiro de uma viatura, foi imediatamente levado ao hospital Roosevelt, nas proximidades. Ele estava gravemente ferido e, após os bravos esforços da equipe médica de emergência, foi declarado morto, às 23h13.

CONSEQÜÊNCIAS JUDICIAIS: Chapman — que George Harrison (Capítulo 25) descreve como "o melhor amigo do diabo" em "All Those Years Ago", música dedicada a John — foi preso na cena do crime e posteriormente declarou-se culpado. Sentenciado à prisão perpétua, com possibilidade de livramento condicional, após 20 anos, atualmente está encarcerado em prisão administrativa, no presídio estadual de Attica, em Nova York. Teve a condicional recusada em sua audiência mais recente, em outubro de 2002.

O suntuoso Dakota Arms fica na esquina da West 72nd Street com a Central Park West, em Nova York. É uma compacta e aparentemente impenetrável fortaleza de pedra, lar de famosos e desconhecidos que possuem em comum o amor por Nova York e, é claro, montes de dinheiro.

John Lennon e Yoko Ono adoravam o Dakota. Os dois possuíam cinco apartamentos no prédio, totalizando trinta e quatro cômodos. Uma das grandes alegrias de John consistia em ver, de suas janelas, o sol se pondo sobre o Central Park. Era um dos moradores mais populares do edifício, sendo muito apreciado pelos funcionários do condomínio. Conhecido pelas altas gorjetas que distribuía, tornou-se a causa de brigas freqüentes entre os mensageiros, para decidir quem lhe entregaria as correspondências.

John e Yoko também adoravam a cidade de Nova York. John se sentia seguro lá. Certa vez, disse a um repórter que uma das maiores satisfações de sua nova vida "pós-Beatles" era poder sair de sua casa pela porta da frente, andar pela rua e entrar em um restaurante sem ser perseguido ou abordado para dar autógrafos.

Na segunda-feira, 8 de dezembro de 1980, dia do assassinato de John, fez um calor incomum em Manhattan. Depois de uma produtiva sessão de gravações na Hit Factory, John e Yoko voltaram para casa. Uma limusine de aluguel os deixou em frente ao Dakota exatamente às 22h49.

Yoko foi a primeira a deixar o automóvel, seguida por John, que carregava um gravador e as fitas produzidas. Elas continham a canção "Walking on Thin Ice", de Yoko.

Enquanto John acompanhava Yoko pela via local, até o Dakota, Mark David Chapman chamou-o da calçada: "Sr. Lennon?" Chapman não gritou, mas suas palavras foram altas o bastante para que John as ouvisse e se voltasse instintivamente para o lado de onde provinham.

John virou-se parcialmente em direção à voz e deparou com o que deve ter considerado uma visão exótica: um jovem obeso, de óculos e jaqueta militar verde-oliva, estava acocorado sobre um dos joelhos, em posição de tiro, com uma arma apontada para ele. Jamais saberemos se John reconheceu Chapman e se lembrou de ter assinado seu exemplar do álbum *Double Fantasy* naquele mesmo dia. Antes que pudesse reagir, Chapman disparou cinco tiros de seu revólver Charter Arms de calibre 0,38, atingindo-o quatro vezes.

O recepcionista do turno da noite, Jay Hastings, ouviu os tiros e saiu prontamente para ver o que acontecia. Antes de deixar sua mesa, porém, apertou o botão de alarme, conectado diretamente à 20th Precinct Station House (localizada a 10 quarteirões dali), convocando a polícia quase imediatamente.

Hastings saiu pela porta principal do Dakota e viu-se em um cenário de pesadelo, onde se destacava o lendário ex-Beattle John Lennon estendido na calçada, com o rosto em uma poça crescente de sangue. Yoko Ono curvada sobre ele, gritava seu nome, olhando para os lados em busca de alguém que pudesse ajudar. O rosto de John, lívido, destacava pupilas que tremulavam aceleradamente. Hastings ainda podia ver o branco dos olhos de John. Também percebeu que ele ainda respirava, e sua idéia imediata foi improvisar um torniquete. Chegou a tirar a gravata, mas então se deu conta de quão gravemente John estava ferido. Ele se recorda dos olhos de John abertos, mas sem foco, e diz que ele produziu um ruído gorgolejante, antes de vomitar sangue e matéria orgânica.

Lennon sangrava intensamente pelo peito, ombros e pescoço. Uma viatura da polícia parou em frente ao Dakota, com os faroletes ligados, e dois policiais saltaram. Os guardas Steve Spiro e Pete Cullen estavam próximos à esquina, quando a chamada de emergência chegou à estação, e foram enviados imediatamente à West 72nd Street. Assim que deixou o banco dianteiro do veículo, Spiro viu Mark David Chapman sentado na calçada, de pernas cruzadas, com a jaqueta verde-oliva dobrada cuidadosamente à sua frente, lendo tranqüilamente uma edição de bolso de *O Apanhador no Campo de Centeio*, de J. D. Salinger. Reconheceu imediatamente a capa vermelha do livro. Ao mesmo tempo, Cullen olhou para a via e viu duas pessoas inclinadas sobre o corpo de um homem evidentemente ferido e sangrando.

Cullen voltou ao carro, pegou o microfone do rádio e chamou: "Tiros na West 72nd Street. Radiopatrulha no local. Uma vítima caída. Ambulância necessária. Urgente."

Hastings apontou para Chapman e gritou: "Foi ele quem deu os tiros!" Spiro sacou imediatamente sua arma e mirou Chapman, gritando: "Não se mova! Ponha as mãos na parede!" Em seguida, algemou Chapman, que implorava: "Por favor, não me machuque! Por favor!"

Nesse momento, os policiais Herb Frauenberger e Tony Palma chegaram e acorreram ao local onde Yoko, em estado de choque, curvava-se sobre o marido que sangrava. Os dois tomaram uma decisão até hoje discutida. Removeram Lennon, mortalmente ferido, carregaram-no por poucos metros até a viatura e o estenderam no banco traseiro. Alguns afirmam que Lennon talvez tivesse maiores chances de sobrevivência se houvesse sido deixado no local até que a equipe médica chegasse. Hastings disse mais tarde que ouvira os ossos de Lennon se quebrando, e que seu corpo estava flácido e bambo.

Chapman foi preso, e John levado ao pronto-socorro do hospital Roosevelt. Ele praticamente não tinha pulso. Embora sete médicos o atendessem freneticamente, não houve possibilidades de reavivá-lo. Sua aorta fora rompida e ele sangrara demais. No momento em que chegou ao hospital, John já havia perdido 80% do volume total de sangue. A causa oficial da morte foi choque causado por hemorragia maciça.

O dr. Stephen Lynn entrou na sala onde Yoko aguardava e lhe disse: "Temos péssimas notícias. Infelizmente, e apesar dos maiores esforços, seu marido está morto. Não houve sofrimento no final."

Yoko o encarou e perguntou: "Quer dizer que ele está dormindo?"

Segundo relatos, Yoko retornou ao Dakota e ligou para a tia de John, Mimi, para seu filho Julian e para Paul McCartney.

O corpo de John Lennon foi cremado e suas cinzas foram entregues a Yoko.

Mark David Chapman está atualmente na prisão e, a julgar pelas entrevistas que concedeu, parece considerar-se uma celebridade.

Em outubro de 2001, um tributo de astros a John Lennon ocorreu no Radio City Music Hall. Sean Lennon cantou e dedicou à mãe a música "Julia", de seu pai.

42
ABRAHAM LINCOLN

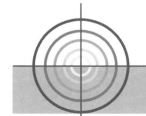

MORREU   ✓

SOBREVIVEU   ___

Esse país se fez para o homem branco e não para o negro. E eu, pessoalmente, sempre considerei a escravidão dos africanos, se encarada do ponto de vista dos nobres feitores de nossa Constituição, como uma das maiores bênçãos (tanto para eles como para nós) que Deus jamais concedeu a uma nação benquista.

— John Wilkes Booth, em uma carta para Asia, sua irmã[1]

Bem, acho que já sei o bastante para virá-la pelo avesso, sua alcoviteira — sua rematada arapuca para velhos!

— As últimas palavras que Lincoln ouviu da peça *Our American Cousin* (Nosso primo americano) antes de ser morto a tiros[2]

O ferimento é mortal; é impossível que ele se recupere.

— Dr. Charles A. Teale[3]

VÍTIMA: Abraham Lincoln

NASCIMENTO: 12 de fevereiro de 1809

MORTE: 15 de abril de 1865

IDADE POR OCASIÃO DO ATENTADO: 56 anos

Abraham Lincoln

Tentativas, Atentados e Assassinatos que Estremeceram o Mundo

OCUPAÇÃO: 16º presidente dos Estados Unidos (1861-1865), ex-membro da Câmara dos Representantes, advogado, "Honesto Abe", "Grande Emancipador", autor do Discurso de Gettysburg.

ASSASSINO: John Wilkes Booth (1838-1865), 26 anos, defensor apaixonado da Confederação.

DATA E MOMENTO DO ATENTADO: Sexta-feira, 14 de abril de 1865, aproximadamente às 22h15.

LOCAL DO ATENTADO: O camarote presidencial nos balcões do Ford Theater em Washington, D.C.

ARMA: Um revólver Derringer de calibre 0,44.

DESFECHO DO ASSASSINATO: A uma distância de aproximadamente meio metro, Booth apontou o cano de seu Derringer para a cabeça de Lincoln, "à esquerda da linha central e abaixo da linha da orelha"[4]. Em seguida, disparou. Um projétil Britannia de calibre 0,44 penetrou o crânio do presidente, "avançou para a frente e para cima, em direção ao olho direito, alojando-se a meia polegada da órbita ocular"[5]. Lincoln perdeu os sentidos imediatamente e tombou para frente, com o queixo caído sobre o peito. Booth soltou a arma descarregada, sacou uma faca de caça dotada de uma afiadíssima lâmina de 18 cm e investiu contra o convidado de Lincoln, o major Henry Rathbone, abrindo-lhe o braço esquerdo (através da grossa jaqueta) desde "o cotovelo até perto do ombro — cortando uma artéria, nervos e veias; ele sangrou tão profusamente que ficou debilitado"[6]. Booth então gritou *"Sic semper tyrannis!"* (Assim seja sempre com os tiranos!), escalou a balaustrada do camarote e saltou quatro metros até o palco, aterrissando desajeitadamente e quebrando a fístula menor, logo acima do tornozelo esquerdo. Enquanto fugia por uma porta dos fundos, gritou: "Vingança pelo Sul!" Lincoln, que não apresentava sinais de pulso, e só ligeiramente respirava, foi reanimado pelo dr. Charles A. Leale, que se valeu de uma combinação de respiração boca a boca e massagem cardíaca externa. Lincoln seguiu carregado pela rua até a Petersen House, onde o instalaram em um aposento nos fundos do primeiro andar e, em função de sua altura, o estenderam diagonalmente na cama. (Por coincidência, como quer a lenda, Booth hospedou-se nessa pensão pelo menos em uma ocasião.) Mesmo com diversos médicos presentes para monitorá-lo e drenar o ferimento em sua cabeça, o presidente sucumbiu às 7h22 do sábado, 15 de abril de 1865. Após a morte, o dr. Leale pôs duas de suas moedas de prata sobre os olhos de Lincoln e estendeu um lençol branco sobre sua face. O secretário da

– 138 –

guerra Edwin Stanton pronunciou então as imortais palavras: "Agora ele pertence às eras". O corpo de Lincoln, transportado para a Casa Branca, passou por uma autópsia.

CONSEQÜÊNCIAS JUDICIAIS: A morte de Lincoln foi apenas parte de uma complô assassino arquitetado por John Booth para destruir a administração atual e permitir aos confederados derrotados assumir o controle do governo dos Estados Unidos. Os outros conspiradores eram David E. Herold (apresentado incorretamente no cartaz de "Procura-se" como "Daniel Harrold"), que tramou a morte do Secretário de Estado William Seward; Lewis Paine, que apunhalou Seward na mesma noite (página 223); George A. Atzerodt, incumbido de assassinar o vice-presidente Andrew Johnson (página 110); e a sra. Mary Surratt, condenada por conspiração, mas cuja participação no complô nunca foi decididamente comprovada. Booth fugiu do teatro a cavalo e rumou para uma fazenda em Bowling Green, Virgínia, onde se ocultou em um celeiro de tabaco. As autoridades federais o localizaram e, depois que atearam fogo ao celeiro, Booth recebeu um tiro na parte posterior do pescoço; o

disparo partiu do sargento Boston Corbett, soldado da União, ou do próprio Booth, em tentativa frustrada de suicídio. Booth foi arrastado para fora do celeiro. Ele morreu em 26 de abril de 1865, tendo sido essas suas últimas palavras, enquanto olhava para as mãos: "Inútil, tudo inútil"[7]. Herold, Paine, Atzerodt e Surratt foram enforcados simultaneamente em 7 de julho de 1865.

John Wilkes Booth era um racista confederado que condenava Abraham Lincoln por abolir a prática da escravatura, uma das "maiores bênçãos" conhecidas pelo homem. Também se opunha ao governo da União e apoiava a secessão do Sul*, acreditando piamente

---

*   Ver nota à página 38. (N. T.)

Tentativas, Atentados e Assassinatos que Estremeceram o Mundo

que a eliminação do presidente Lincoln, do vice-presidente Johnson e de outros membros do gabinete de Lincoln restauraria a Confederação. O general Robert E. Lee rendera-se havia pouco a Ulysses Grant, após perder a batalha de Gettysburg, e o fato convenceu Booth a abandonar seu plano original de seqüestrar Lincoln (que vivo já não lhe proporcionaria poder de barganha) para, em vez disso, matá-lo.

Booth, um ator conhecido, pôde entrar no teatro antes da apresentação daquela noite e preparar o camarote presidencial para o assassinato. Ele abriu um malhete no batente do camarote, que lhe permitiria colocar uma trava em frente à porta, impedindo que outras pessoas pudessem entrar depois dele. Booth planejava escapar saltando para o palco, mas sua espora prendeu-se em um retrato de George Washington e o fez quebrar a perna.

Como Booth conseguiu entrar no camarote presidencial? Não havia guardas? O presidente não dispunha de algum tipo de proteção? Sim, dispunha. O segurança de Lincoln naquela noite era John Parker. Ele chegou ao teatro muito antes do grupo presidencial, aproximadamente às 20h25. Inspecionou o camarote (que fora duplicado em tamanho graças à remoção de uma divisória) e percebeu que, caso ficasse junto à porta, para impedir entradas não autorizadas, não lhe seria possível assistir à peça. Parker conduziu o presidente, a sra. Lincoln e seus convidados a seus assentos e permaneceu na entrada, por um breve intervalo, só até a peça começar. Então abandonou seu posto e posicionou-se em um local de onde pudesse ver o espetáculo. O camarote presidencial ficou desprotegido, e John Wilkes Booth o penetrou e travou a porta, aproximadamente às 22h13.

A morte de Lincoln destaca-se como o primeiro assassinato presidencial da história norte-americana, e lançou a nação em um período de luto e dor generalizados. Também levou Andrew Johnson ao poder, depositando em suas mãos a dificílima tarefa da Reconstrução, objetivo de Lincoln que consistia em fazer de uma "casa dividida" uma casa unificada.

A maioria dos *rankings* presidenciais elaborados por historiadores listam Lincoln entre os maiores presidentes norte-americanos, junto com George Washington, Thomas Jefferson e Franklin Delano Roosevelt.

Uma relação surpreendente: nos primeiros anos da administração Lincoln, Edwin Booth, irmão e companheiro de palco de John Wilkes Booth, salvou, certa ocasião, a vida do filho do presidente, Robert Todd Lincoln, que caíra entre um trem e uma plataforma ferroviária, em Jersey City. Edwin Booth recebeu uma carta de agradecimento do general Ulysses Grant e passou a ser tido em alta estima pelo próprio Lincoln, que o viu em cena muitas vezes após o incidente. *Sim, Abraham Lincoln era fã do irmão do homem que o matou.*

43
Huey P. Long

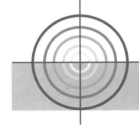

MORREU ✓
SOBREVIVEU ___

E foi aqui, sob esse carvalho, que Evangeline esperou por seu amante, Gabriel, que nunca apareceu. Esse carvalho é um sítio imorredouro, assim tornado pelo poema de Longfellow, mas Evangeline não foi a única a aqui aguardar em desapontamento. Onde estão as escolas que vocês aguardaram para seus filhos e que nunca vieram? Onde estão as vias e estradas por cuja construção pagaram, e que não estão mais próximas do que antes? Onde estão as instituições para os enfermos e deficientes? Evangeline verteu lágrimas amargas em sua desilusão, que entretanto só durou por uma vida. As lágrimas de vocês, neste país, à roda desse carvalho, vêm durando há gerações. Dêem-me a chance de secar as lágrimas dos que aqui ainda pranteiam!

— Huey Long[1]

Huey P. Long

VÍTIMA: Huey Pierce Long, também conhecido como "Kingfish" (Peixe-rei ou Cavala-preta)[2]

NASCIMENTO: 30 de agosto de 1893

MORTE: 10 de setembro de 1935

IDADE POR OCASIÃO DO ATENTADO: 42 anos

Tentativas, Atentados e Assassinatos que Estremeceram o Mundo

OCUPAÇÃO: Governador da Louisiana (1928-1930), senador dos Estados Unidos (1932-1935), possível candidato à Presidência pelo Partido Democrata, contra o republicano Robert Hoover.

ASSASSINO: O dr. Carl Weiss (1905-1935), 29 anos; católico romano; conservador; otorrinolaringologista; considerado um médico brilhante. (Seu motivo para assassinar Long permanece um mistério, embora ele fosse genro de um dos inimigos políticos de Long, o juiz Benjamin Pavy, magistrado distrital cuja posição fora ameaçada por uma lei que Long defendia.)

DATA E MOMENTO DO ATENTADO: Domingo, 8 de setembro de 1935, às 21h22; a morte ocorreu na terça-feira, 10 de setembro de 1935, às 4h10.

LOCAL DO ATENTADO: Um corredor no primeiro andar do capitólio da Louisiana, em Baton Rouge.

ARMA: Uma pistola semi-automática Browning de calibre 32.

DESFECHO DO ASSASSINATO: Huey Long morreu 30 horas e 48 minutos depois de receber um tiro direto no abdome. A causa direta de sua morte foram provavelmente danos indeterminados e não corrigidos causados ao rim direito pelo disparo. Consta que o médico que realizou a cirurgia, o dr. Arthur Vidrine, operou o paciente pela frente, talvez ignorando um corte em uma artéria ligada ao rim. O erro pode ter levado Long a sangrar até a morte.[3] O assassino, Carl Weiss, morreu instantaneamente no local, após receber 61 tiros dos guarda-costas de Long — 30 disparos frontais, 29 nas costas e 2 na cabeça.

CONSEQÜÊNCIAS JUDICIAIS: Nenhuma. O assassino estava morto, e a sra. Long se recusou a permitir uma autópsia no corpo do marido. Quaisquer erros ocorridos durante a cirurgia, ou possíveis evidências de que mais de um tiro houvesse causado os danos, foram para o túmulo com o Kingfish.

A profecia feita para Carl Weiss no Livro do Ano da Faculdade de Medicina da Universidade de Tulane dizia: "Com vastos conhecimentos e amigos abundantes, ele decerto prosperará e fará com que o mundo lhe dê atenção". Poucos anos mais tarde, Weiss seria alvejado e morto a tiros durante um atentado contra a vida do senador (e possível candidato à Presidência) Huey P. Long, da Louisiana. O mundo realmente lhe deu atenção.

Embora Weiss seja considerado o assassino "oficial" de Huey P. Long, há muito existem especulações (sim, a instintiva teoria da conspiração) de que ele nem chegou a atirar no senador, limitando-se a golpeá-lo na boca, com o punho ou a pistola. A história alternativa é a de que Weiss estava à espera de Long, que avançava por um corredor do primeiro andar do capitólio, em Baton Rouge, seguido por sua equipe de guarda-costas. Assim que Long chegou perto o bastante, Weiss saltou de trás de um pilar de mármore e o golpeou na boca, ou com o punho, ou com uma pistola de calibre 32.

Assim que Long foi golpeado, seus guarda-costas sacaram as armas e abriram fogo contra Weiss. Os primeiros dois (ou dez) tiros provavelmente o mataram, mas os guardas continuaram a atirar, crivando o médico com 61 balas. Muitos desses tiros, de acordo com a teoria, vararam o corpo de Weiss, atingiram as várias superfícies de mármore no corredor (paredes, pilares, assoalho e assim por diante), ricochetearam e atingiram Huey Long direto no abdome.

A teoria envolve dados verificáveis e incontestáveis, e prossegue relatando como Long, levado escadarias abaixo, até o porão, saiu com seus homens por uma porta dos fundos, sendo colocado em seu carro e transportado às pressas para o hospital. Todavia, mesmo essa parte da história tem algumas versões diferentes. Em uma delas, Long seguiu para o hospital conduzido no veículo de um guarda-costas. Em outra, havia um táxi. Em outra, o assistente de Long, James O'Connor, viu um Ford estacionado e ordenou ao motorista que levasse Long ao hospital.

Independentemente do meio de transporte, Long chegou a ser examinado e interrogado sobre o ferimento nos lábios. "Foi onde ele me acertou", respondeu — segundo a testemunha Jewel O'Neal, estudante de enfermagem.[4] Correu também o rumor de que, alguns dias após o assassinato, um dos guarda-costas de Long, embriagado, lamentou-se com um conhecido de haver matado seu único amigo. Muitos acreditam que seja uma referência ao senador.

Long submeteu-se a uma cirurgia para corrigir danos ao cólon causados por uma bala que penetrara seu tronco na parte superior direita e saíra pelas costas. O projétil, aparentemente, também atingira uma artéria renal, mas é possível que a tenha errado. Como a sra. Long proibiu a autópsia, nunca saberemos a verdadeira causa da morte de Huey Long.

Pode-se argumentar, porém, que Weiss nunca tencionou matar Huey Long, convicção que sua família sustenta desde 1935. Podemos apontar as razões pelas quais seria improvável que Weiss tivesse ido ao capitólio naquela noite para matar o senador. Ele era casado e vivia com a esposa e um filho de três meses de idade; mantinha um próspero consultório médico; não se envolvia com política nem professava credos políticos; e seu comportamento naquela noite não era o de um homem que acreditava poder morrer dentro de poucas

Tentativas, Atentados e Assassinatos que Estremeceram o Mundo

horas. Soube-se que uma hora antes de morrer, Weiss telefonou a um anestesiologista, que deveria assisti-lo em uma cirurgia na manhã seguinte, para avisá-lo de que o hospital seria outro. *Esse* Carl Weiss não parece um assassino político deprimido e fatalista.

Huey Long era chamado de demagogo e ditador, mas suas maneiras extravagantes e irreverentes o tornavam caro ao eleitorado, dando-lhe um apoio popular que o estimulava e lhe permitia apoiar programas e mudanças que, a longo prazo, e com quase três quartos de século para julgarmos, mais ajudaram do que prejudicaram. Ele construiu estradas e pontes, impôs taxas às companhias petrolíferas e expandiu o sistema de ensino nas áreas rurais. Seu programa "Share the Wealth" ("Compartilhem a riqueza") rendeu manchetes nacionais e, na ocasião de sua morte, estava a caminho de tornar-se o possível candidato democrata à Presidência.

Robert Penn Warren ganhou o Prêmio Pulitzer por seu romance *All the King's Men* (Todos os homens do rei), de 1946, cujo personagem Willie Stark era baseado em Huey Long.

Em 1999, o dr. Donald Pavy publicou um livro chamado *Accident and Deception: The Huey Long Shooting* (Acidente e dissimulação: o assassinato de Huey Long), no qual afirma que Weiss não estava armado na noite em que foi ao capitólio, e queria apenas falar com Long. Pavy é neto do juiz Benjamin Pavy. Sua prima Yvonne era a esposa de Carl Weiss.

A controvérsia dura até hoje, e a pergunta "Quem matou Huey Long?" permanece sem resposta para muitos. Ainda é possível ver os buracos de bala nas paredes do capitólio em Baton Rouge.

44
MALCOLM X

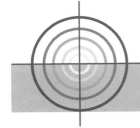

MORREU ✓

SOBREVIVEU ___

Ter nascido na América não faz de você um americano. Ora, se o nascimento o tornasse americano, você não precisaria de legislação, nem de emendas à Constituição, nem veria os furiosos debates sobre direitos civis que têm lugar agora mesmo em Washington D.C. Ninguém teria de aprovar leis civis para fazer de um polaco um americano.

Não, eu não sou americano. Sou um dos 22 milhões de negros vitimados pelo americanismo. Um dos 22 milhões de negros que são vítimas da democracia, que nada mais é do que a hipocrisia disfarçada. Por isso, não estou aqui falando como americano, patriota, batedor de continência ou porta-bandeira — de modo algum. Estou falando como vítima desse sistema norte-americano. E vejo a América pelos olhos da vítima. Não vejo nenhum sonho americano; vejo um pesadelo americano.

— Malcolm X[1]

Malcolm X

VÍTIMA: Malcolm X, nascido Malcolm Little; assumiu o nome de El Hajj Malik El-Shabazz após uma peregrinação a Meca, em 1964

NASCIMENTO: 19 de maio de 1925

MORTE: 21 de fevereiro de 1965

Tentativas, Atentados e Assassinatos que Estremeceram o Mundo

IDADE POR OCASIÃO DO ATENTADO: 39 anos

OCUPAÇÃO: Nacionalista negro; líder muçulmano; fundador da Organização pela Unidade Afro-americana; ex-traficante de drogas, cafetão e ladrão; ex-presidiário, autodidata.

ASSASSINOS: Thomas Hagan, 22 anos, nome verdadeiro Talmadge Hayer (posteriormente mudou seu nome para Mujahid Abdul Halim); Norman Butler, 26 anos, também conhecido como Norman 3X (posteriormente mudou seu nome para Muhammad Abdul Aziz); Thomas Johnson, também conhecido como Thomas 15X (posteriormente mudou seu nome para Khalil Islam); todos os três eram membros da Nação Islâmica.

DATA E MOMENTO DO ATENTADO: Domingo, 21 de fevereiro de 1965, à tarde.

LOCAL DO ATENTADO: O salão de dança Audubon, em Washington Heights, Harlem, na cidade de Nova York.

ARMAS: Uma espingarda de dois canos de calibre 12; uma pistola automática de calibre 0,45; uma pistola alemã Luger.

DESFECHO DO ASSASSINATO: Thomas Hagan atingiu Malcolm X no peito, com um tiro de espingarda de dois canos. Malcolm tombou. Butler e Johnson se aproximaram e completaram o serviço com balas de pistola. O líder negro recebeu um total de 16 tiros e morreu duas horas depois, durante uma cirurgia.

CONSEQÜÊNCIAS JUDICIAIS: Os guarda-costas de Malcolm X acertaram um tiro na coxa de Hagan. Ele tentou fugir, sendo impedido pela multidão, que o surrou violentamente. Ao ser preso, revelava um ferimento de bala na coxa, um tornozelo quebrado e diversas feridas sangrando. Os outros dois atiradores também acabaram detidos. Todos foram condenados e sentenciados à prisão perpétua. Butler obtteve livramento condicional em 1985. Hagan participa de um programa de livramento por trabalho. Johnson ganhou a liberdade em 1987. Hagan asseverou sua inocência durante todo o tempo em que permaneceu na prisão, mas não houve novas detenções.

A mulher de Malcolm X estava grávida de gêmeas no dia do assassinato do marido. Um dos momentos mais angustiantes acontecidos no salão Audubon naquele frio domingo de 1965 foi a imagem da esposa gestante curvada sobre seu corpo sangrento, gritando: "Estão matando meu marido!"[2]

Malcolm X chegara ao Audubon preparado para destilar sua usual crítica exacerbada contra os Estados Unidos, esperando estimular na comunidade negra uma autoconfiança desenfreada. A rejeição, por parte de Malcolm, de seu "nome de escravo" dava o tom de sua

– 146 –

retórica e estabelecia um vigoroso exemplo para as classes negras carentes, que ainda cambaleavam socialmente por terem antepassados que, não muitas décadas atrás, haviam sido escravos.

Malcolm X e seus associados irradiavam confiança e amor-próprio. Vestiam-se sempre impecavelmente, inclusive com gravatas-borboletas; também falavam de maneira calma e inteligente, raramente elevando o tom de voz. Corteses, elegantes, altivos, eles insistiam em ser levados a sério. "Uma raça é como um indivíduo", disse Malcolm X certa vez. "Até que use o próprio talento, orgulhe-se de sua história, expresse a própria cultura, afirme o próprio eu, ela jamais se terá realizado."[3]

As primeiras palavras que Malcolm X proferiu ao entrar no auditório foram sua costumeira saudação: "As-salaam aleikum" ("A paz esteja com vocês"). Ele falou de paz desde o início, mas notou que, em forte contraste com sua saudação, uma briga acabava de irromper nas primeiras fileiras da audiência. Dois homens discutiam, sendo que um deles parecia acusar o outro de roubar-lhe a carteira. "Calma lá, irmãos", interveio Malcolm, em uma tentativa de resolver o problema. Nesse instante, uma bomba de fumaça estourou nos fundos do salão, aumentando o tumulto.

Como tudo fora planejado para causar distração, com sucesso, logo depois os assassinos agiram. Thomas Hagan avançou pelo corredor central, tirando de sob o casaco uma espingarda de dois canos. O cabo e os canos haviam sido serrados para que a arma pudesse ser escondida mais facilmente. Hagan chegou ao fim do corredor, mirou e puxou os dois gatilhos de uma vez. O disparo ensurdecedor abriu um rombo no pódio atrás do qual estava Malcolm, atravessando a madeira e atingindo-lhe o peito e o estômago. Malcolm tombou. Então dois dos acólitos de Hagan — Butler e Johnson — correram até o palanque, aproximaram-se do líder negro, que sangrava em decorrência de feridas graves, e descarregaram nele suas armas.

Uma foto de Malcolm X sendo levado de maca para a ambulância apareceu nos jornais do dia seguinte. Seu rosto se mostrava descoberto, já que seguia para um tratamento de emergência. Mas poderia ter sido declarado morto logo de início, tal a ferocidade com que as balas o trespassaram.

A Nação Islâmica publicou uma declaração afirmando não ter tido relação alguma com o assassinato de Malcolm X. Mesmo assim, uma mesquita foi atacada 36 horas depois, em Nova York, incendiando-se completamente.

Estima-se que 22 mil pessoas viram o corpo de Malcolm X. Seu elogio fúnebre partiu do ator Ossie Davis. Na hora do sepultamento, seus seguidores tomaram as pás das mãos dos coveiros e abriram eles mesmos a cova.

Hoje, Malcolm X é um ícone para muitos afro-americanos, especialmente depois do filme homônimo de Spike Lee, de 1992, com Denzel Washington no papel do líder negro.

45
JEAN-PAUL MARAT

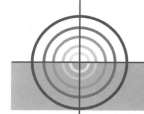

MORREU ✓

SOBREVIVEU ―

Toute institution qui ne suppose pas le peuple bon, et le magistrat corruptible, est vicieuse.

(Qualquer instituição que não suponha o povo bom, e o magistrado corruptível, é viciosa.)

— Maximilien Robespierre[1]

VÍTIMA: O dr. Jean-Paul Marat

NASCIMENTO: 24 de maio de 1743

MORTE: 13 de julho de 1793

IDADE POR OCASIÃO DO ATENTADO: 50 anos

OCUPAÇÃO: Médico, jornalista revolucionário, autor de *Les Chaînes de l'esclavage* (As correntes da escravidão — 1774), líder do radical Partido Jacobino, que se empenhava em derrubar a monarquia francesa e estabelecer uma república.

ASSASSINA: Charlotte Corday (1758-1793), 24 anos, membro do partido republicano da Gironde, grupo mais moderado que se opunha aos excessos de violência da facção de Marat.

DATA E MOMENTO DO ATENTADO: Sábado, 13 de julho de 1793, pouco depois das 19 horas.

Jean-Paul Marat

Jean-Paul Marat

LOCAL DO ATENTADO: A banheira de Marat, em seu apartamento, em Paris, na França.

ARMA: Uma faca.

DESFECHO DO ASSASSINATO: Marat morreu quase instantaneamente, em decorrência de um talho em uma grande artéria de seu peito.

CONSEQÜÊNCIAS JUDICIAIS: Corday foi condenada e executada, apenas três dias depois de seu ataque contra Marat.

Nu e imerso em uma banheira com água fria e ervas. Assim o brilhante escritor e revolucionário Jean-Paul Marat encontrou seu criador.

Marat assassinado: quadro mais famoso do francês Jacques-Louis David.

Charlotte Corday culpava Marat (assim como seu contemporâneo Robespierre) por iniciar o Reinado do Terror — a matança sistemática de todos aqueles que se opunham à Revolução Francesa. Os "inimigos da Revolução" (especialmente os nobres e seus partidários) eram capturados e guilhotinados, e grande parte da chacina devia-se provavelmente aos escritos inflamados de Marat e Robespierre.

Charlotte Corday estava farta do massacre (nove pessoas haviam sido mortas na manhã em que ela apunhalou Marat), e acreditava que eliminar Jean-Paul Marat seria eliminar um dos líderes efetivos do movimento.

Tentativas, Atentados e Assassinatos que Estremeceram o Mundo

Corday conseguiu ter acesso aos aposentos de Marat, recusando-se a sair quando um dos empregados lhe disse que o mestre estava doente, na banheira, e não podia receber ninguém. A conversa deve ter sido turbulenta, pois Marat gritou subitamente, perguntando o que acontecia. O criado dirigiu-se ao banheiro e lhe comunicou que uma jovem insistia em vê-lo, para informá-lo de certos acontecimentos políticos relativos a sua cidade natal, Caen. Surpreendentemente, Marat concordou em receber Corday, e o criado a levou até ele.

De acordo com todos os relatos, Corday deparou com um quadro absolutamente repugnante.

Marat estava nu, estirado em uma banheira originalmente pintada de marrom-claro, mas tão imunda que parecia preta. Sobre ela havia uma prancha que servia de escrivaninha improvisada. Marat enrolara, em volta da cabeça, uma toalha embebida em vinagre, e o líquido azedo lhe impregnava os oleosos cabelos negros. Seus traços faciais apresentavam-se inchados, circunscritos por faces carcomidas. Sua pele, cinzenta, mostrava-se coberta de crostas e chagas. Seus olhos estampavam a coloração amarelada que sinaliza doenças do fígado ou dos rins.

Próxima à banheira destacava-se uma pequena janela. Sobre o peitoril jaziam duas bandejas. A primeira, com uma porção de miolos de bezerro. A outra, com pâncreas bovino. Afixado na parede de trás havia um mapa da França sobre o qual distinguia-se um pedaço de papel onde alguém escrevera *mort* ("morte").

Naquele banheiro exíguo e imundo, Charlotte Corday — com sua resplandecente beleza, sua pele radiante e cabelos lustrosos — deve ter parecido uma flor em um fedorento monte de lixo. Ela manteve a compostura, contudo, e deu a Marat as informações que prometera: os nomes de diversos girondinos de Caen, detalhando suas atividades.

Marat, animado com as revelações, começou a escrever os nomes que ela ditava. Enquanto isso, Corday levantou-se, tirou uma faca da bainha que trazia no bolso e, com um movimento rápido, fincou-a no peito de Marat, logo acima do coração. Em seguida, extraiu a lâmina, enterrada até o cabo, e deixou a arma cair sobre o emporcalhado assoalho do banheiro.

Marat soltou um grito lancinante quando ela o esfaqueou. As pessoas da casa acorreram às pressas e encontraram Marat com o sangue gorgolando da ferida torácica, obviamente morrendo, e tentaram tirá-lo da água, inutilmente, pois Corday lhe atingira uma grande artéria localizada abaixo da clavícula. Nada podia ser feito para salvá-lo.

Durante a agitação, Charlotte Corday tentou fugir, mas acabou detida por dois homens — um porteiro e um morador do prédio — que ataram suas mãos às costas com lenços e chamaram os gendarmes.

Presa e submetida rapidamente a julgamento, Corday não negou suas ações. Imediatamente declarada culpada, sofreu execução poucos dias após o assassinato.

Depois que o executor decapitou Charlotte Corday na guilhotina, ele ergueu a cabeça inerte e esbofeteou-a. (O *London Times* de 30 de julho de 1793 declara que o homem "desferiu-lhe um tabefe".) A multidão que compareceu à execução pública o aprovou unanimemente.

Nota: Em 1964, uma peça de Paul Weiss, *Marat/Sade*, foi publicada e encenada pela primeira vez. Seu título completo era *A Perseguição e Morte de Jean-Paul Marat, Conforme Encenada pelos Internos do Asilo de Charenton, sob a Direção do Marquês de Sade*. Contava a história de uma peça que Sade montara no hospício, onde estava internado. Seu enredo deu a Weiss a oportunidade de imaginar uma longa conversa entre os dois escritores, durante a qual o anarquista Sade debatia sua filosofia com o pré-marxista Marat. Até 2002, *Marat/Sade* ainda estava em ativa produção em muitas praças por todo o mundo.

46
IMELDA MARCOS

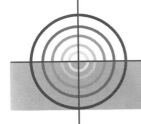

MORREU —

SOBREVIVEU ✓

Eu sou extravagante. Nesse mundo materialista, onde tudo é valorizado, entregar-se a Deus, à beleza e ao amor pode ser tomado por extravagância.

— Imelda Marcos[1]

VÍTIMA: Imelda Marcos

NASCIMENTO: 2 de julho de 1929

MORTE: —

IDADE POR OCASIÃO DO ATENTADO: 43 anos

OCUPAÇÃO: Primeira-dama das Filipinas, esposa do presidente Ferdinand E. Marcos (1917-1989; deposto em 1986), ex-rainha da beleza, fanática por sapatos, representante legislativa de Leyte (eleita em 1989), presa e acusada de corrupção em outubro de 2001.

ASSASSINO FRUSTRADO: Carlito Dimaali (1945-1972), 27 anos, engenheiro geodésico de Cuenca, Filipinas.

Imelda Marcos

DATA E MOMENTO DO ATENTADO: Quinta-feira, 7 de dezembro de 1972, às 16h30.

LOCAL DO ATENTADO: Um estúdio de televisão em Pasay, nas Filipinas, enquanto a sra. Marcos entregava prêmios aos vencedores de um concurso nacional de limpeza e embelezamento de bairros com má aparência.

– 152 –

Arma: Uma adaga de 30 centímetros oculta em uma bainha na manga esquerda do paletó do assassino.

Desfecho do Assassinato: O atacante tentou esfaquear Imelda no peito, mas ela se abaixou, girou o corpo e bloqueou os golpes. Em decorrência, Imelda sofreu cortes profundos nas mãos e nos braços, que tiveram os tendões cortados. Levada de helicóptero ao Centro Médico de Makate, ela precisou levar 75 pontos. Exceto pelos talhos nos braços e nas mãos, não apresentava outros ferimentos, recuperando-se plenamente. (Alguns dos relatos mais cautelosos da mídia informaram que Marcos não estava seriamente machucada, apenas quebrara algumas unhas.) Duas outras pessoas se feriram ao lutar com o assassino. O congressista filipino José Aspiras sofreu um profundo corte na cabeça, e Linda Amor Robles, secretária da campanha de embelezamento, recebeu um corte fundo nas costas. Ambos se recuperaram.

Conseqüências Judiciais: Não houve julgamento e ninguém registrou queixa. Dimaali foi morto na hora e não houve outros implicados no ataque. A princípio, suspeitou-se de que poderia haver cúmplices no local, já que Dimaali não encontrara dificuldades para chegar ao estúdio; mas a idéia acabou descartada. Houve também rumores de que Dimaali pretendia matar na verdade o marido de Imelda Marcos, o presidente Ferdinand Marcos, que recentemente impusera lei marcial sobre as Filipinas; todavia, como o presidente não estava na cena do crime, tal teoria também foi descartada. O Secretário de Estado das Filipinas, Francisco S. Tatad, publicou uma declaração revelando que, uma hora antes do programa de televisão, alguém telefonara ao palácio perguntando se Ferdinand Marcos compareceria à solenidade. Isso estimulou por algum tempo a teoria do atentado contra Ferdinand, mas, como o assassino morreu a tiros no local, seus motivos permanecem desconhecidos.

O assassino era baixo, esguio, e trajava um terno preto. Circulou pelo estúdio de televisão, aguardando a oportunidade ideal para o ataque.

A popularíssima primeira-dama das Filipinas, Imelda Marcos — aquela mesma dos 3 mil pares de sapatos e de presença carismática — entregava prêmios aos vencedores de um concurso nacional para limpeza de bairros com má aparência.

Quase no final do programa, quando a sra. Marcos homenageava a delegação da cidade de Cobato, o assassino atacou. Ele subiu ao palco, sacou sua longa adaga e investiu contra a primeira-dama.

– 153 –

Aparentemente treinada em artes marciais, Imelda esquivou-se da faca, de modo a proteger o tronco, dobrando os braços para salvaguardar seus órgãos internos. Ela caiu ao chão e recebeu facadas nas mãos e nos braços, sofrendo cortes profundos, mas evitando ferimentos fatais.

Duas outras pessoas presentes — Aspiras e Robles — tentaram dominar o agressor. Também atacados, mesmo assim conseguiram estirá-lo no assoalho e o imobilizaram até que os seguranças da platéia acorressem ao palco. Um dos guardas disparou dois tiros nas costas de Dimaali, matando-o instantaneamente.

O incidente foi totalmente exibido na televisão, ao vivo.

A sra. Marcos recuperou-se plenamente, e sua convalescença ganhou a marca de seu gosto pela moda. Quando compareceu ao segundo baile de posse do presidente Richard Nixon, em janeiro de 1973, ostentava uma tipóia especialmente desenhada e ornada de pérolas.

Pós-escrito: Em um julgamento em Manila, em novembro de 2001, Imelda Marcos declarou-se inocente das acusações de corrupção. Ela e o falecido marido foram acusados de roubar 352 milhões de dólares durante sua administração. Pouco depois do indiciamento, ela abriu um processo de 400 milhões de dólares contra o governo filipino, por razão de calúnia. Ambos os casos ainda estão pendentes.

47
CHRISTOPHER MARLOWE

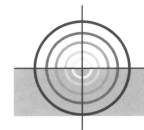

| MORREU | ✓ |
| SOBREVIVEU | — |

[Ingram Frizer], em defesa de sua vida, com a referida adaga avaliada em 1 xelim, ministrou ao dito Christopher, naquele local e momento, um talho mortal acima do olho direito, com a profundidade de duas polegadas e a extensão de uma; sendo que, em virtude do dito talho, o referido Christopher Morley [sic] tombou morto na mesma hora e local.

— Documentos da corte[1]

VÍTIMA: Christopher Marlowe

NASCIMENTO: Fevereiro de 1564

MORTE: 30 de maio de 1593

IDADE POR OCASIÃO DO ATENTADO: 29 anos

OCUPAÇÃO: Poeta, dramaturgo e tradutor, contemporâneo de William Shakespeare.

ASSASSINOS: Ingram Frizer, assistente pessoal do patrono de Marlowe; Thomas Walsingham, afamado pela vigarice e como tipo suspeito; Robert Poley e Nicholas Skeres também estiveram no local, talvez como cúmplices ou acólitos, no caso de o assassinato ter sido produto de uma conspiração; todavia, os dois só foram interrogados como testemunhas.[2]

O Marlowe Memorial, em Collis, na Cantuária

Tentativas, Atentados e Assassinatos que Estremeceram o Mundo

DATA E MOMENTO DO ATENTADO: Quarta-feira, 30 de maio de 1593, à noite, após o jantar.

LOCAL DO ATENTADO: O quarto de hóspedes da casa de uma viúva chamada Eleanor Bull, em Deptford Strand, cidadezinha a uns cinco quilômetros de Londres. (Marlowe e seus amigos se encontravam ali porque Londres estava infestada pela peste; a epidemia ainda não havia chegado a Deptford Strand.)

ARMA: Uma adaga comum, conhecida como *poniard**. Possuía uma lâmina comprida e aguda, de seção triangular ou quadrilátera.

DESFECHO DO ASSASSINATO: A adaga penetrou cinco centímetros no crânio de Marlowe, logo acima do olho direito. Segundo as testemunhas, o famoso dramaturgo morreu instantaneamente, contra todas as evidências médicas[3] de que uma ferida como aquela pudesse matá-lo em tão pouco tempo.

CONSEQÜÊNCIAS JUDICIAIS: Ingram Frizer afirmou que matara Christopher Marlowe em autodefesa. As duas testemunhas da altercação entre Frizer e Marlowe, Robert Poley e Nicholas Skeres, confirmaram a história e assinaram testemunhos em sua defesa. Frizer recebeu pleno perdão quatro semanas e um dia após a morte de Marlowe.

Terá o dramaturgo seiscentista Christopher Marlowe, autor da aclamada peça *Tamburlaine the Great* (Tamerlão, o Grande), morrido em conseqüência de uma conspiração, ou pereceu após violenta discussão sobre quem pagaria uma conta de taberna?

O assassino de Marlowe e as duas testemunhas do assassinato contam exatamente a mesma história.

Os quatro chegaram à casa de Eleanor Bull, em Deptford Strand, às dez da manhã, aparentemente para uma importante reunião de negócios que duraria o dia todo. O relato não nos informa do assunto tratado, mas sabemos que se especulou em torno de interesses financeiros entre eles, ou algum tipo de negócio para o governo. (A casa de Bull é mencionada por vezes como uma espécie de taberna, mas há também evidências de que era um tipo de pensão ou albergue, que a viúva cedera aos homens para sua reunião — naturalmente por uma remuneração razoável.[4])

Os locatários tiveram um almoço privado, em um dos quartos, durante o qual beberam muito vinho. Em seguida, caminharam pelo quintal de Eleanor Bull debatendo o que havia para discutir. Ao que parece, passaram grande parte da tarde fora da casa (e, como

---

*   Antigo nome inglês do punhal. (N.T.)

– 156 –

cumpre observar, longe dos ouvidos da viúva), e então voltaram para o jantar, por volta das 18 horas.

Depois de cearem, Marlowe estendeu-se na cama e os três sentaram-se em um banco junto à mesa contígua, de costas para Marlowe, segundo o relatório do magistrado. De acordo com a história, Frizer, o assassino de Marlowe, começou a jogar gamão com os outros dois homens.

Pouco depois, Frizer e Marlowe se puseram a porfiar sobre *le recknynge**; em outras palavras, discutiram sobre quem pagaria a conta da sra. Bull.

Em dado momento, Marlowe saltou da cama, agarrou a adaga que Frizer trazia em uma bainha junto ao cinto e o apunhalou na cabeça, abrindo-lhe duas feridas com cinco centímetros de extensão e oito milímetros de profundidade. Seguiu-se uma luta; Frizer retomou sua adaga e esfaqueou Marlowe na testa, enterrando a lâmina cinco centímetros em seu cérebro, em um ponto logo acima do olho direito.

Frizer não fugiu, pois, na era elisabetana, tal atitude era considerada uma confissão de culpa; conforme a história, após apresentar seu relato e conseguir a confirmação dos outros dois homens, ele obteve o perdão pela morte de Marlowe.

Talvez haja, afinal, alguma validade na teoria de que Marlowe foi vítima de uma conspiração. Alguns fatos simplesmente não se coadunam:

▶ Como poderia haver desentendimento sobre quem pagaria a conta de uma reunião já combinada, que durara um dia todo? Será que planejaram minuciosamente a reunião e se esqueceram da conta?

▶ Como pode uma discussão acalorada entre amigos assumir, subitamente, um viés tão mortal? Pode ser que estivessem bêbados, mas é presumível que já se houvessem reunido outras vezes em estado de ebriedade, e nunca o encontro resultou na morte de ninguém.

▶ Suspeitou-se de que as feridas de Frizer foram auto-infligidas. Eram insignificantes demais para serem causadas por um homem irado e embriagado (Marlowe).

▶ As únicas testemunhas, comparsas do assassino, eram homens conhecidos por suas operações escusas. Não é despropositado supor que haviam concertado sua versão da história.

---

*   Grafia meio afrancesada, meio elisabetana de *the reckoning* ("a conta"). (N.T.)

- Frizer e Marlowe tiveram uma furiosa disputa — com Marlowe deitado na cama e Frizer de costas para ele?

- Por que os outros dois não apartaram a briga? Se amigos se engalfinham na frente de amigos, é certo que alguém tentará parar a luta.

- Marlowe e companhia eram os *únicos* hóspedes no restaurante/taverna/bordel da sra. Bull naquele dia? Aliás, por que a viúva não foi chamada a testemunhar no julgamento de Frizer?

- Por que o patrono de Marlowe, Thomas Walsingham, e sua esposa mantiveram sua amizade com o assassino?

O presente autor acredita que Marlowe foi marcado para a morte por alguma razão desconhecida, e que Frizer e companhia eram os assassinos contratados.

A contribuição de Christopher Marlowe para a literatura inglesa destaca-se imensamente. Ele só foi superado por seu contemporâneo William Shakespeare. Muitos críticos literários acreditam que Marlowe poderia ter sido ainda maior que o próprio bardo — ou, pelo menos, teria escrito poemas magníficos e memoráveis. Sua morte, à tenra idade de 29 anos, privou o mundo, para além de dúvidas, de uma arte inimaginavelmente esplêndida.

Peças de Christopher Marlowe

Dido Queen of Carthage (Dido, rainha de Cartago), por volta de 1586	*The Massacre at Paris* (O massacre em Paris), por volta de 1590
Tamburlaine the Great (Tamerlão, o Grande), Partes 1 e 2, 1587-1588	*Edward II* (Eduardo II), 1592
The Jew of Malta (O judeu de Malta), por volta de 1590	Dr. Faustus (Dr. Fausto), 1594

48
WILLIAM McKINLEY

MORREU ✓

SOBREVIVEU ───

Diversamente de qualquer outra nação, aqui o povo impera, e seu desejo é a lei suprema.
— William McKinley[1]

Não tenho inimigos. Por que teria medo?
— William McKinley[2]

VÍTIMA: William McKinley Jr.

NASCIMENTO: 29 de janeiro de 1843

MORTE: 14 de setembro de 1901

IDADE POR OCASIÃO DO ATENTADO: 57 anos

OCUPAÇÃO: 25º presidente dos Estados Unidos (1897-1901).

ASSASSINOS: Leon Czolgosz (pronuncia-se "Colgosh") (1873-1901), 28 anos, anarquista, discípulo da anarquista norte-americana de origem russa Emma Goldman[3], operário de uma fábrica de arames.

DATA E MOMENTO DO ATENTADO: Sexta-feira, 6 de setembro de 1901, às 16h07.

McKinley

Tentativas, Atentados e Assassinatos que Estremeceram o Mundo

LOCAL DO ATENTADO: O Templo da Música na Exposição Pan-americana de Buffalo, no Estado de Nova York.

ARMA: Um revólver Iver Johnson de calibre 0,32.

DESFECHO DO ASSASSINATO: O assassino atirou duas vezes e acertou os dois tiros no presidente. O primeiro atingiu McKinley no peito, mas ricocheteou em um botão de sua roupa localizado acima do esterno, sem feri-lo. O segundo lhe penetrou o abdome, cerca de 13 cm abaixo do mamilo esquerdo e 4 cm à esquerda de seu eixo médio. A bala varou seu estômago, talhou o topo de seu rim esquerdo e penetrou seu pâncreas, alojando-se ali. McKinley preservou a consciência, mas desabou nos braços de um segurança. Conduzido prontamente ao hospital instalado no prédio da Exposição, efetuou-se uma cirurgia para corrigir o ferimento de entrada e as lesões interiores do estômago. Durante a operação, os médicos procuraram a bala, mas como ela se enterrara profundamente no pâncreas, não a encontraram, e por isso a deixaram no corpo do presidente. (O hospital que o acolheu tinha um dos primeiros aparelhos de raios X do país, mas os médicos o consideravam em fase experimental e julgavam que as feridas do presidente não eram graves o bastante para que arriscassem seu uso.) McKinley resistiu bem à operação e, quatro dias depois, outra cirurgia foi realizada para remover um pequeno fragmento de tecido inadvertidamente deixado em seu abdome. Por cinco dias McKinley pareceu melhorar, e houve esperanças de que sobreviveria. Porém, uma gangrena mortal desenvolveu-se em suas entranhas devido à falta de esterilização durante as cirurgias. No oitavo dia depois dos tiros, em 14 de setembro de 1901, às 2h16 da madrugada, McKinley morreu após despedir-se da esposa. Suas últimas palavras foram: "Adeus. Adeus a todos. É a vontade de Deus. Sua vontade, e não a nossa, será feita."[4] Causa oficial da morte: gangrena do estômago e do pâncreas, após ferimento causado por bala.

CONSEQÜÊNCIAS JUDICIAIS: Depois de disparar duas vezes com o revólver, Czolgosz foi imediatamente cercado por agentes do serviço secreto e pela polícia. Um contingente de soldados da 73ª Companhia também estava no Templo da Música e participou da ação. Parece que todos os que puderam chegar perto o bastante bateram no assassino. Surrado quase até a morte, e em seguida levado à delegacia de polícia, Czolgosz fez uma plena confissão, sem demonstrar remorso, dizendo às autoridades que planejara intencionalmente a morte de McKinley. Notavelmente, durante o espancamento de Czolgosz, McKinley, que jazia sangrando, pediu aos guardas que não ferissem seu assassino. Czolgosz admitiu a culpa, mas rejeitou um advogado, pois negava aos tribunais o direito de julgá-lo. A declaração de inocência (automática nos casos de crimes capitais em Nova York) foi feita em seu nome. A declaração de culpa saiu em 23 de setembro de 1901, depois de 34 minutos de deliberação do júri. Eletrocutado em 29 de outubro de 1901, na Prisão Estadual de Auburn[5], Czolgosz pronunciou essas últimas palavras: "Matei o presidente porque ele era o inimigo do povo — do povo trabalhador. Não lamento meu crime."[6] Despejou-se ácido sulfúrico sobre o cadáver de Czolgosz.

Os olhos do presidente mal se mantinham abertos, e os médicos e enfermeiras se puseram a seu lado. Debilitado, ele solicitou a presença da esposa. Seu rosto mostrava sinais de grande fraqueza e sofrimento profundo. Mesmo assim, reuniu forças bastantes para manter-se consciente até que a sra. McKinley chegasse.

Um destacamento escoltou a primeira-dama da sala onde estava até a cadeira colocada junto ao leito do presidente. Ela se sentou, envolveu as mãos dele nas suas, e um ligeiro sorriso brotou no rosto do marido agonizante. Os lábios dele se moveram e ela se curvou para aproximar os ouvidos. Todos na sala se afastaram da cena pungente, exceto um médico e uma enfermeira, que mantiveram o silêncio, sempre a observar o presidente.

Não se sabe o que McKinley disse à esposa, salvo por uma única frase ouvida pelo médico: "Não a nossa, mas a vontade de Deus será feita"[7].

O presidente oscilou entre a consciência e a inconsciência, e a sra. McKinley foi levada de volta a seu quarto, tomada por uma dor inimaginável, sabendo que a morte do amado marido ocorreria dentro de instantes. Enquanto ela chorava, o presidente declinava aceleradamente. O médico manteve o dedo em seu pescoço, monitorando-lhe o pulso. Às 2h16 da manhã, ergueu a cabeça e, com lágrimas no rosto, anunciou: "Acabou. O presidente não mais vive."[8]

O vice-presidente Theodore Roosevelt foi localizado em Adirondacks, onde passava férias. Retornou a Buffalo e fez o juramento presidencial na casa de Ansley Wilcox, um amigo e parceiro político, em 14 de setembro de 1901. Theodore Roosevelt tinha 42 anos de idade e se tornou o mais jovem presidente dos Estados Unidos. (John F. Kennedy, com 43, foi o presidente eleito mais jovem.)

A morte de William McKinley destaca-se como o primeiro assassinato político do século XX.

49
Harvey Milk[1]

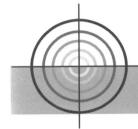

MORREU ✓

SOBREVIVEU ___

Não posso impedir que as pessoas fiquem iradas, loucas ou frustradas. Só posso esperar que façam dessa ira, dessa loucura e dessa frustração algo positivo, de modo que centenas dêem um passo à frente e surjam assim os médicos homossexuais, advogados homossexuais, juízes homossexuais, banqueiros homossexuais, arquitetos homossexuais. Espero que todo trabalhador homossexual diga "Basta!", adiante-se e se revele perante todos, use um símbolo, deixe que o mundo saiba. Talvez isso ajude. Essas são minhas reivindicações, mesmo sabendo que algo pode sobrevir, e na esperança de que não sobrevenha... Se sobrevier, creio que terei assim mesmo realizado alguma coisa. Acho que valerá a pena. Se uma bala penetrar meu cérebro, que ela destrua assim toda a dissimulação.

— Harvey Milk[2]

Não serei expulso de São Francisco por (...) desviados sociais...

— Dan White[3]

VÍTIMA: Harvey Milk
NASCIMENTO: 22 de maio de 1930

Harvey Milk

Harvey Milk

MORTE: 27 de novembro de 1978

IDADE POR OCASIÃO DO ATENTADO: 48 anos

OCUPAÇÃO: Supervisor citadino de São Francisco, o primeiro servidor público assumidamente homossexual da cidade.

ASSASSINO: Daniel James White (1946-1985), 32 anos[4], ex-bombeiro de São Francisco, oficial de polícia e membro do Conselho de Supervisores.

DATA E MOMENTO DO ATENTADO: Segunda-feira, 27 de novembro de 1978, aproximadamente às 11 horas.

LOCAL DO ATENTADO: O escritório de Milk, na prefeitura de São Francisco.

ARMA: Um revólver de calibre 0,38.

DESFECHO DO ASSASSINATO: Milk morreu depois de receber cinco tiros de White. Dois o atingiram no cérebro. White também assassinou o prefeito de São Francisco, George Moscone.

CONSEQÜÊNCIAS JUDICIAIS: White se entregou 35 minutos após o atentado e sofreu duas acusações de homicídio. Seus advogados apresentaram a hoje infamíssima "Defesa Twinkie*", para convencer o júri de que White estivera fora de si ao matar Moscone e Milk, devido a um consumo excessivo de porcarias. Funcionou. O júri declarou White inocente de assassinato, mas culpado de homicídio involuntário. Sentenciado a sete anos e oito meses, cumpriu cinco anos e um mês, e cometeu suicídio em 21 de outubro de 1985.

Durante os pré-cambrianos anos 70, qualquer pessoa abertamente homossexual — ou seja, franca quanto a sua inclinação sexual e indiferente à opinião alheia — era chamado pela mídia de "homossexual assumido". O uso do verbo *assumir*, nesse caso, reflete bem a época, pois uma das definições da palavra é "confessar", e "assumir a culpa" é uma expressão de uso corrente para designar a confissão de um crime por alguém.

Harvey Milk, homossexual assumido, contradizia esse sentido da palavra *assumir*, recusando-se a considerar seu homossexualismo como algo de que devesse sentir-se culpado. Ele defendeu os direitos dos homossexuais e teve um papel essencial na aprovação, em 1978, da Lei de Direitos dos Homossexuais de São Francisco, para grande irritação e desgosto do confesso homófobo Daniel White, supervisor citadino.

---

* O twinkie é um pão com recheio cremoso de baixo valor nutritivo. Os alimentos que fizeram mal a White, segundo os advogados, foram twinkies e Coca-cola. A expressão "Defesa Twinkie" passou a ser usada desde então para designar argumentos de defesa que envolvem justificativas excêntricas. (N.T.)

Tentativas, Atentados e Assassinatos que Estremeceram o Mundo

Milk e White haviam sido eleitos para ocupar duas das onze vagas de supervisão disponíveis, e eram adversários radicais quanto aos direitos dos homossexuais. White, um conservador implacável, via o homossexualismo como um pecado e uma ameaça aos tradicionais valores familiares. Milk considerava os homossexuais uma minoria que merecia auxílio e proteção contra o fanatismo, a discriminação e a violência.

Dez meses após sua eleição, White renunciou ao cargo, afirmando que não conseguiria sustentar a família com os 800 dólares mensais proporcionados pelo cargo de supervisor citadino, de meio período. Disse que precisava dedicar mais tempo a uma lanchonete franquiada, que sua família possuía e geria na área do porto de São Francisco. Poucos dias após a renúncia, porém, mudou de idéia e resolveu pedir o emprego de volta. Harvey Milk aconselhou o prefeito de São Francisco, George Moscone, a não readmitir White, lembrando-o das muitas vezes em que White tentara impedir a aprovação de leis pelos direitos dos homossexuais (que contavam com a aprovação de Moscone). White soube dos esforços de Milk e decidiu fazer algo a respeito.

Na manhã da segunda-feira, 28 de novembro de 1978, por volta das 10 horas, Dan White invadiu a prefeitura de São Francisco por uma janela do porão. Por que não entrou pela porta da frente? A porta da frente possuía detectores de metal e Dan White trazia no bolso, naquela manhã, um revólver de calibre 0,38.

Ele pediu para falar com o prefeito Moscone e obteve permissão. Assim que se viram a sós em uma saleta, White atirou no peito e na cabeça de Moscone, matando-o. Em seguida, dirigiu-se ao escritório de Milk e disparou cinco tiros contra o supervisor, acertando dois no cérebro. Dan White deixou a prefeitura e ligou para a esposa de um telefone público. Pediu-lhe que o encontrasse e foram juntos a uma delegacia de polícia nas proximidades, onde ele se entregou.

A equipe de defesa de White conseguiu convencer o júri de que ele estava perturbado devido a um consumo excessivo de alimentos de quinta categoria, e que aquele assassinato premeditado em primeiro grau tinha sido apenas homicídio involuntário. A sentença ridiculamente leve de White indignou a comunidade homossexual, e milhares se elevaram em protesto.

Hoje, Harvey Milk é considerado um mártir e um herói da comunidade homossexual, graças a seus esforços incansáveis em busca de tratamento equânime e proteção para todas as minorias.

– 164 –

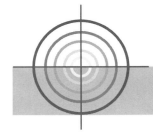

50
Sal Mineo

MORREU ✓
SOBREVIVEU ―

Jamais me tomarão por Pat Boone.
— Sal Mineo[1]

Sal Mineo

VÍTIMA: Salvatore "Sal" Mineo Jr.

NASCIMENTO: 19 de janeiro de 1939[2]

MORTE: 13 de fevereiro de 1976

IDADE POR OCASIÃO DO ATENTADO: 37 anos

OCUPAÇÃO: Ator, mais conhecido pelo papel de Platão em *Juventude Transviada*.

ASSASSINO: Lionel Ray Williams, 19 anos, viciado em drogas.

DATA E MOMENTO DO ATENTADO: Sexta-feira, 13 de fevereiro de 1976, aproximadamente às 22 horas.

LOCAL DO ATENTADO: O estacionamento dos fundos do apartamento de Mineo, em West Hollywood, Califórnia.

ARMA: Uma faca (nunca encontrada).

DESFECHO DO ASSASSINATO: Mineo morreu instantaneamente de uma grave punhalada no coração.

CONSEQÜÊNCIAS JUDICIAIS: O caso ficou sem solução por três anos, até que Lionel Williams tagarelou a respeito com um colega da cadeia de Michigan, onde estava preso por falsi-

Tentativas, Atentados e Assassinatos que Estremeceram o Mundo

ficar cheques. (Um guarda ouviu a conversa.) As autoridades do presídio grampearam a cela de Williams que, em vez de ser liberado após cumprir 10 meses por fraude, foi acusado da morte de Mineo e acabou condenado por assassinato em segundo grau e sentenciado à prisão perpétua, em 14 de fevereiro de 1979.

Era tarde e Sal Mineo estava cansado.

Passara o dia ensaiando a peça *P.S. Your Cat is Dead* (PS. Seu gato está morto), que estrelava ao lado de Keir Dullea. Pouco antes das 10 da noite, Mineo parou o carro no estacionamento de seu prédio e, quando se dirigia à entrada dos fundos, um homem de cabelos compridos e roupas escuras irrompeu das sombras brandindo uma grande faca. O agressor planejava matar Mineo e roubar seu dinheiro para comprar drogas. Ele fincou a lâmina com grande força no peito de Mineo, atingindo-o no coração. Com o sangue jorrando da ferida, o jovem ator gritou: "Socorro! Socorro! Oh, meu Deus!", alto o bastante para que os vizinhos ouvissem. O drogado se alarmou e fugiu, deixando intocada a carteira da vítima.

Os vizinhos chamaram a polícia, mas era tarde demais. Ele jazia estendido de bruços em uma poça de sangue. Sangrara até a morte. O boletim de ocorrência informava que Mineo "morreu de hemorragia intensa devido à ferida de faca no peito, que penetrou o coração"[3].

Estaria Sal Mineo marcado por alguém, devido a sua celebridade? Uma breve análise de sua filmografia (no final do capítulo) demonstra que entre 1955 e 1976, o ano de sua morte, ele estivera muito ativo no cinema e na televisão. Não é despropositado presumir que fora especialmente marcado, na suposição de que tinha muito dinheiro e era um alvo fácil. (Além de ser magro e de constituição débil.) Se Mineo não houvesse gritado, o assassino provavelmente teria sumido com sua carteira.

As investigações da polícia não resultaram em nada. O caso ficou oficialmente aberto e sem solução, até que Lionel Williams admitiu o crime a um colega de cela. Williams está hoje na prisão cumprindo pena perpétua pelo assassinato de Mineo.

Sal Mineo, filho de um siciliano que fabricava caixões, foi expulso da escola paroquiana aos 8 anos. Aos 10, sua mãe o inscreveu em um curso de dança, na esperança de que o envolvimento com as artes tivesse um efeito estabilizador sobre o filho, que hoje seria designado como "criança problema". Pouco depois, Mineo, preso por roubo, teve a sorte de encontrar um juiz arguto, que percebeu o potencial do menino. Durante a sentença, foi-lhe oferecida uma escolha: o encarceramento em um presídio juvenil ou a matrícula em uma escola profissional de atores. Sabiamente (e sem dúvida com o incentivo dos pais), Mineo ingressou na escola e logo começou a se apresentar em diversos trabalhos.

Sua revelação aconteceu em 1955, no papel de Platão, o psicótico delinqüente com um canivete, em *Juventude Transviada*. Mineo trabalhou continuamente em produções para o cinema e a televisão.

Ao completar 18 anos, e depois de ter aparecido em meia dúzia de filmes, incluindo *Assim Caminha a Humanidade* e *Juventude Transviada*, Mineo decidiu iniciar uma carreira musical, gravando e lançando dois *singles* de *rock-and-roll*. O primeiro, "Start Movin' (In My Direction)", alcançou a nona posição entre os 40 Mais da América, e permaneceu na lista por 13 semanas. O segundo *single*, "Lasting Love", durou três semanas e alcançou a 27ª posição. A carreira musical de Mineo teve vida curta. Ele resolveu dedicar-se apenas ao cinema e ao teatro.

Filmografia de Sal Mineo[4]

Juventude Transviada (1955)	*Who Killed Teddy Bear* (1965)
The Private War of Major Benson (1955)	*The Dangerous Days of Kiowa Jones* (1966) (TV)
Six Bridges to Cross (1955)	
A Rua do Crime (1956)	*A Caçada* (1967) (TV)
Assim Caminha a Humanidade (1956)	*LSD: Insight or Insanity?* (1967) (Dublagem)
Alguém Lá em Cima Gosta de Mim (1956)	
Rock, Pretty Baby (1956)	*Krakatoa, O Inferno de Java* (1969)
Dino (1957)	*80 Steps to Jonah* (1969)
The Young Don't Cry (1957)	*The Challengers* (1970) (TV)
Tonka (1958)	*In Search of America* (1970) (TV)
Aladdin (1958) (TV)	*Fuga do Planeta dos Macacos* (1971)
A Private's Affair (1959)	*How to Steal an Airplane* (1971) (TV)
The Gene Krupa Story (1959)	*The Family Rico* (1972) (TV)
Insight or Insanity? (1960) (Dublagem)	*Such Dust As Dreams Are Made On* (1973)
Exodus (1960)	*Sonic Boom* (1974)
O Mais Longo dos Dias (1962)	*Columbo: A Case of Immunity* (1975) (TV)
Escape from Zahrain (1962)	*James Dean, the First American Teenager* (1975)
O Grande Combate (1964)	
A Maior História de Todos os Tempos (1965)	*Death Scenes 2* (1992)

51
LORDE MOUNTBATTEN

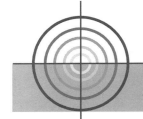

MORREU ✓

SOBREVIVEU ___

*Aqueles que se fazem ao mar em navios e comerciam nas grandes águas,
Esses vêem a obra do Senhor, e Suas maravilhas nas profundezas;
Porquanto Ele comanda e eleva os ventos tempestuosos, que agitam suas ondas.
E essas assomam aos céus e retornam às profundezas, com a alma consumida em turbulência.*

— Salmo 107: 23-26[1]

VÍTIMA: Louis Francis Albert Victor Nicholas, conde Mountbatten de Burma

NASCIMENTO: 25 de junho de 1900

MORTE: 27 de agosto de 1979

IDADE POR OCASIÃO DO ATENTADO: 79 anos

OCUPAÇÃO: Príncipe real de Battenburg, oficial da marinha inglesa, estadista, herói da Segunda Guerra Mundial, último vice-rei da Índia (de março a agosto de 1947), neto do príncipe Felipe, primo da rainha Elizabeth, bisneto da rainha Vitória.

Lord Louis Mountbatten

Lorde Mountbatten

Assassino: Thomas McMahon (n. 1948), do Exército Republicano Irlandês (o IRA). A ala provisória do IRA divulgou de imediato uma declaração designando o bombardeio como "execução" e jurando continuar "a nobre luta para expulsar de nossa terra os invasores britânicos"[2]. O IRA também referiu-se a Mountbatten como um alvo "simbólico" selecionado por sua importância para a "sentimental" Grã-Bretanha.[3] Também disseram: "Essa operação é uma das formas específicas de chamar a atenção do povo britânico para sua ocupação continuada de nosso país"[4]. O IRA assumiu ainda a responsabilidade por um bombardeio na Irlanda do Norte, no qual 18 soldados britânicos morreram. McMahon estava preso no momento da explosão, mas foi identificado como o terrorista do IRA que montara a bomba que matou Mountbatten. O irônico é que Mountbatten trabalhara voluntariamente com pessoas consideradas terroristas patentes, e se dedicara intensamente a mitigar o imperialismo britânico. Os terroristas do IRA, responsáveis por sua morte, obviamente nunca leram livros de história.

Data e Momento do Atentado: Segunda-feira, 27 de agosto de 1979, por volta do meio-dia.

Local do Atentado: A bordo do *Shadow V* (o pesqueiro verde e branco, de 90 metros, de Mountbatten), no pequeno porto de Mullaghmore, em County Sligo, ao largo da costa noroeste da Irlanda. O barco de Mountbatten era vistoriado de tempos em tempos no atracadouro, mas não havia vigilância permanente, e Mountbatten não havia recebido nenhuma ameaça de morte.

Arma: Uma bomba de 50 libras detonada por controle remoto.

Desfecho do Assassinato: O grupo consistia de Lorde Mountbatten; seus netos gêmeos de 14 anos, Timothy e Nicholas Knatchbull; o amigo da família e timoneiro Paul Maxwell, de 15 anos; a filha de Mountbatten, Lady Patricia Brabourne; o marido de Patricia, Lorde Brabourne; e a mãe desse último, a viúva Lady Brabourne. Lorde Mountbatten, Nicholas e Paul Maxwell morreram instantaneamente. Lorde Brabourne foi hospitalizado em estado grave. Patricia, Lady Brabourne e Timothy, internados em estado crítico. A viúva, Lady Brabourne, morreu em decorrência dos ferimentos, no Hospital Geral de Sligo. O funeral de Mountbatten ocorreu na Catedral de Westminster, e seu corpo foi sepultado na abadia de Romsey, em Hampshire, próximo a sua mansão real.

Conseqüências Judiciais: O IRA assumiu total responsabilidade pelo atentado terrorista. Thomas McMahon, de 31 anos, membro da organização, foi condenado à prisão perpétua, sem direito a apelação, por montar e instalar a bomba no barco de Moutbatten, depois que se descobriram indícios de nitroglicerina em suas roupas e impurezas oriundas do escaler de Mullaghmore em seus sapatos. Ganhou liberdade em 1º de agosto de

1998, como parte do Acordo de Paz da Sexta-feira Santa entre a Grã-Bretanha e a Irlanda. Frances McGirl, suspeito de cumplicidade com McMahon, foi absolvido por falta de provas.

Testemunhas dizem que o *Shadow V* elevou-se totalmente acima das águas quando a bomba em seu motor explodiu, e, em questão de segundos, tornou-se uma pilha flutuante de madeira em chamas. O fato ocorreu cerca de 10 minutos depois que Lorde Mountbatten e os seis passageiros zarparam de um atracadouro em Mullaghmore, para checar algumas armadilhas para lagostas que ele instalara na semana anterior. Era uma segunda-feira de céu claro, por volta do meio-dia, e fazia um calor moderado.

Todos os que estavam a bordo foram atirados na água, e pesqueiros que navegavam nas proximidades dirigiram-se imediatamente ao local e procederam ao resgate.

Lorde Mountbatten ainda vivia, embora com as pernas quase completamente separadas do corpo, e morreu no convés de um pesqueiro minutos depois. Os pescadores recolheram os sobreviventes, os mortos, e rumaram para a costa. No momento em que chegaram, já havia ambulâncias à espera, e dois médicos montaram um ambulatório de triagem na esperança de proporcionar atendimento de emergência aos mais gravemente feridos. Portas velhas viraram padiolas e cabos de vassoura tornaram-se talas provisórias. Encerradas as tentativas de estabilizar os feridos, eles foram levados ao Hospital Geral de Sligo. Lá, os médicos nada puderam fazer pela viúva Lady Brabourne. Depois de várias horas de cirurgia, ela morreu na manhã seguinte.

Lorde Mountbatten faz uma visita a um cargueiro norte-americano, durante a Segunda Guerra Mundial

O assassinato de Lorde Mountbatten, pelo IRA, deu-se como resultado da competição e da rivalidade entre dois blocos da facção Provos (Exército Provisório) da organização. A indignação global contra o assassinato repercutiu imediata e veemente. Um jornal de Londres encheu a primeira página com a manchete "THOSE EVIL BASTARDS" ("Aqueles bastardos malditos"). O presidente norte-americano Jimmy Carter declarou estar "profundamente chocado e sentido". O papa Paulo II descreveu a morte, aparentemente sem motivo, como "um insulto à dignidade humana" e acabou cancelando uma viagem que planejara à Irlanda.

Lorde Mountbatten nunca imaginou que pudesse se transformar em alvo de alguém. Dispensava a guarda pessoal e punha-se à vontade em público. Com seu assassinato, pela primeira vez o IRA atacou especificamente um membro da família real britânica. Mais do que todo o mundo, Mountbatten deve ter ficado surpreso com o atentado. Ele costumava dizer, quando lhe perguntavam se temia o IRA: "O que eles iriam querer com um velho como eu?"[5]

52
Hosni Mubarak

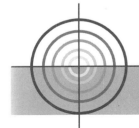

MORREU —

SOBREVIVEU ✓

Em nome do povo norte-americano, quero expressar minha indignação pelo atentado terrorista ocorrido hoje contra a vida do presidente Mubarak, do Egito. Alivia-me saber que o presidente Mubarak não se feriu e voltou em segurança para o Cairo. Os Estados Unidos estão ao lado do Egito — nosso parceiro pela paz e prosperidade no Oriente Médio e em todo o mundo nesse momento. Não permitiremos que os inimigos da paz ameacem as esperanças pacíficas do povo da região, nem os esforços do presidente Mubarak e dos pacifistas de tornar tais esperanças uma realidade.

— Bill Clinton[1]

VÍTIMA: Mohamed Hosni Mubarak

NASCIMENTO: 4 de maio de 1928

MORTE: —

OCUPAÇÃO: Presidente da República Árabe do Egito (de 1981 até o presente), sucessor de Anuar el-Sadat (Capítulo 64), graduado Bacharel em Ciências Militares (1948) e Bacharel em Ciências da Aviação (1950), recipiente de doutorado honorário da Universidade George Washington (1999), pai de dois filhos, esposo, avô.

Hosni Mubarak

Houve muitas tentativas de assassinato contra o presidente egípcio Hosni Mubarak. Eis aqui três das mais dignas de nota.

O traiçoeiro complô da bomba

PRETENSOS ASSASSINOS: Um grupo de oficiais da Força Aérea Egípcia.

DATA DO ATENTADO PLANEJADO: Algum momento de 1994.

LOCAL DO ATENTADO: Indeterminado.

ARMAS: Bombas.

DESFECHO DO ASSASSINATO: Os oficiais egípcios conspiraram para matar Mubarak em uma explosão, e o complô foi descoberto antes de ser posto em prática.

CONSEQÜÊNCIAS JUDICIAIS: Todos os oficiais envolvidos foram executados. Pouco se sabe sobre essa tentativa de assassinato.

A emboscada no aeroporto

ASSASSINOS FRUSTRADOS: Extremistas muçulmanos egípcios, liderados por Muhammad Seraj, treinados e financiados pela Frente Nacional Islâmica (o governo do Sudão), responsável pelo complô contra Mubarak. Houve envolvimento dos meios diplomáticos para contrabandear as armas e a munição para o Egito. Acredita-se que Osama bin Laden também esteve implicado no planejamento da ação.

DATA E MOMENTO DO ATENTADO: Segunda-feira, 26 de junho de 1995, às 8h15.

LOCAL DO ATENTADO: Um cortejo motorizado saindo do aeroporto de Adis-Abeba, na Etiópia.

ARMAS: Rifles de assalto AK-47, explosivos, granadas propulsionadas por foguetes.[2]

DESFECHO DO ASSASSINATO: Mubarak saiu incólume; dois policiais que acompanhavam o cortejo morreram baleados pelos assassinos.

CONSEQÜÊNCIAS JUDICIAIS: Em 20 de setembro de 1995, três militantes egípcios (dos 11 suspeitos) foram condenados e sentenciados à morte em Adis-Abeba, na Etiópia, pelo atentado contra Mubarak.

Uma faca na multidão

ASSASSINOS FRUSTRADOS: Said Hassan Suleiman (1959-1999), 40 anos, vendedor ambulante, com passagem na polícia por assalto e roubo; de acordo com uma declaração do ministro do interior do Egito, "ele é conhecido por suas tolices"[3].

Tentativas, Atentados e Assassinatos que Estremeceram o Mundo

DATA E MOMENTO DO ATENTADO: Segunda-feira, 6 de setembro de 1999, ao meio-dia.

LOCAL DO ATENTADO: Uma parada em Porto Sa'id, no Egito.

ARMA: Um pequeno artefato afiado, provavelmente uma faca ou instrumento similar.

DESFECHO DO ASSASSINATO: Mubarak recebeu um corte no braço, mas não sofreu outros ferimentos. Seguiu em frente e discursou no prédio do governo.

CONSEQÜÊNCIAS JUDICIAIS: Suleiman foi morto a tiros, na hora, pelos guardas de Mubarak

53
Haing S. Ngor

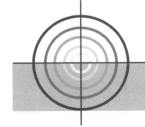

Morreu	✓
Sobreviveu	—

Ele nunca comprou nada para si mesmo. A grande missão de sua vida era salvar o Camboja.

— O reverendo Jack Ong[1]

Vítima: Haing S. Ngor

Nascimento: 1951? 1961?

Morte: 25 de fevereiro de 1996

Idade por Ocasião do Atentado: 45? 55?[2]

Ocupação: Médico cambojano, mais conhecido por ganhar o Oscar de Melhor Ator Coadjuvante, em 1984, por seu papel como Dith Pran (um intérprete cambojano que salva a vida de diversos jornalistas) no filme *Os Gritos do Silêncio*.

Assassinos: Tak Sun Tan, 19 anos; Indra Lim, 18 anos; e Jason Chan, 18 anos; três membros da gangue de rua Oriental Lazyboyz ("Preguiçosos Garotos do Oriente").

Data e Momento do Atentado: Domingo, 25 de fevereiro de 1996, às 20h45.

Local do Atentado: O estacionamento de seu prédio na Chinatown de Los Angeles, Califórnia

Arma: Um revólver de calibre 0,38 (jamais recuperado).

Tentativas, Atentados e Assassinatos que Estremeceram o Mundo

DESFECHO DO ASSASSINATO: Duas balas atingiram e mataram instantaneamente Ngor, que se recusou a entregar aos assaltantes um relógio de bolso de ouro com uma foto de sua falecida esposa. Os assaltantes fugiram sem levar o carro e a carteira de Ngor (que continha 3 mil dólares em dinheiro).

CONSEQÜÊNCIAS JUDICIAIS: Em abril de 1996, três membros da gangue foram presos e acusados da morte de Ngor. Em julgamento extraordinário, que envolveu o número inédito de três júris em um único tribunal (três júris para três réus), todos os acusados foram declarados culpados da morte de Ngor em julho de 1999, embora o autor específico dos disparos não tenha sido determinado. Chan recebeu sentença de prisão perpétua, sem condicional; Tal sofreu condenação de 56 anos à prisão perpétua; e Lim, de 26 anos à prisão perpétua. Depois de promulgar a sentença, o juiz J. D. Smith disse: "Só uma mensagem para aqueles que cometem esse tipo de crime: vocês mandam as pessoas para a eternidade. E alguém tem de pagar."[3]

Os esquadrões de tortura do Khmer Vermelho, do ditador cambojano Pol Pot, crucificaram o dr. Haing Ngor e suspenderam a cruz sobre fogo crepitante durante quatro dias, para fazê-lo confessar sua educação universitária.

O Khmer Vermelho também comprimiu sua cabeça em uma prensa, apertando-a até lhe causar uma dor excruciante (só parando pouco antes de matá-lo), e o deixou ali por horas.

Além disso, eles cortaram uma parte de seu dedo mínimo, chicotearam-no até que sua pele saísse do corpo em fatias ensangüentadas e quase o mataram de fome. Ngor também tolerou a tortura pela água e teve um osso do tornozelo talhado por um machado. O Khmer Vermelho instalou ainda uma pesada canga de couro em seu pescoço e o fez puxar um arado feito um boi, vergastando-o sem piedade se ele não fosse rápido o bastante ou caso caísse.

Esses abusos terríveis inspiraram totalmente seu desempenho em *Os Gritos do Silêncio*, mas ele desdenhava suas habilidades de ator. "Afinal de contas", dizia com tristeza, "passei quatro anos na escola de interpretação do Khmer Vermelho"[4].

Sob as ordens do inescrupuloso ditador Pol Pot, o Khmer Vermelho procurou eliminar a "elite cultural" do Camboja. Em tentativa disparatada e imbecil de impor a igualdade comunista, os membros educados da sociedade cambojana deviam trabalhar nos campos. Todos seriam iguais. O procedimento não funcionou quando Mao Tsé-Tung tentou fazer o mesmo na Revolução Cultural da China, em meados da década de 1960, e não funcionaria no Camboja. Martin Gilman Wolcott, em *The Evil 100* (Os 100 mais perversos), observou que "em uma tentativa de pintar toda a comunidade chinesa com o pincel da ideologia comunista, parecia fazer sentido para Mao 'abolir a distinção entre trabalho mental e manual', pondo professores para trabalhar nos campos e camponeses nas escolas, para aprender e ensinar. Considerava a resistência anti-revolucionária, e seus proponentes eram presos, torturados e mortos."[5] Mao contava com seu cruel e quase totalmente autônomo Exército Vermelho; Pol Pot tinha seu igualmente brutal Khmer Vermelho.

O ambiente tornou-se completamente inseguro para Ngor, obstetra e ginecologista, e para sua esposa, professora universitária. Por quatro anos, ele sobreviveu dizendo a todas as autoridades que trabalhava como motorista de táxi. Também escondeu seus óculos, pois o Khmer Vermelho parecia associar a necessidade de corretores ópticos à *intelligentsia*. Sua história, regularmente contestada, levou-o a ser torturado para confessar a verdade; ainda assim, conseguiu sobreviver e fugir para os Estados Unidos. Sua esposa não teve a mesma sorte. Ela entrou em trabalho de parto prematuro e precisou desesperadamente de uma cesariana, mas, por uma trágica ironia, seu esposo, um obstetra, não tinha as ferramentas cirúrgicas necessárias para salvá-la, e tanto ela como o filho morreram.

Ngor fugiu para os Estados Unidos em 1979 e, pouco depois, respondeu a um anúncio para o elenco do filme *Os Gritos do Silêncio*, que versava sobre o Khmer Vermelho do Camboja. Dentre 7 mil candidatos, o papel de Dith Pran, um intérprete cambojano, ficou com Ngor.

Ele participou de outros filmes e programas de televisão, mas investiu quase toda a sua renda auxiliando refugiados cambojanos.

Haing Ngor, que conseguiu sobreviver às atrocidades do Khmer Vermelho, não conseguiu sobreviver às sórdidas ruas de Los Angeles, Califórnia.

54
RICHARD NIXON

Morreu —

Sobreviveu ✓

Tentarei fazer com que o avião decole e voe em direção à área alvo, que será Washington, D.C., capital da nação mais rica e poderosa do mundo. Com pretextos, ameaças ou artifícios, espero obrigar o piloto a zunir com a Casa Branca — quero dizer, mergulhar em direção a ela. Quando o avião estiver na posição, matarei o piloto a tiros e, nos últimos minutos, tentarei direcionar o avião contra o alvo, que é a Casa Branca.

— Samuel Byck[1]

VÍTIMA: Richard Nixon

NASCIMENTO: 9 de janeiro de 1913

MORTE: 22 de abril de 1994

IDADE POR OCASIÃO DO ATENTADO: 61 anos

OCUPAÇÃO: 37º presidente dos Estados Unidos (1969-1974).

PRETENSO ASSASSINO: Samuel J. Byck (1930-1974), 44 anos, vendedor de pneus.

DATA E MOMENTO DO ATENTADO: Sexta-feira, 22 de fevereiro de 1974, aproximadamente às 7 horas.

Richard Nixon

LOCAL DO ATENTADO: O alvo de Byck era a Casa Branca; o assassino morreu no avião, na pista de decolagem do aeroporto internacional de Baltimore-Washington.

Richard Nixon

ARMAS: Um revólver de calibre 0,22 e uma bomba de gasolina de fabricação doméstica.

DESFECHO DO ASSASSINATO: O presidente Nixon não chegou a correr perigo, pois o avião não decolou.

CONSEQÜÊNCIAS JUDICIAIS: O pretenso assassino cometeu suicídio na cabine do avião, ao ver-se encurralado sob o fogo cerrado dos agentes de segurança.

O inverno em Washington, D.C., de 1972-1973, mantém o recorde da menor quantidade de neve da história: um décimo de polegada durante toda a estação. Assim, não havia nada sobre as calçadas em volta da Casa Branca no dia 24 de dezembro daquele ano. Nada para impedir a marcha de protesto de Samuel Byck; nada para enlamear suas botas pretas ou sujar suas calças vermelhas.

Na véspera do Natal de 1973, Samuel Joseph Bycks, metido em um traje completo de Papai Noel, ficou andando de um lado para o outro em frente à Casa Branca, portando uma placa. A parte dianteira da placa dizia (em maiúsculas): "Papai Noel, só o que peço para o Natal é meu direito constitucional de exigir do governo reparações pelas injúrias sofridas". A parte de trás da placa só trazia duas palavras: "Deponham Nixon". Para impedir que os policiais da cidade ou o destacamento de segurança da Casa Branca o detivessem, Byck fazia pausas ocasionais em seu protesto e convidava as crianças passantes a se sentarem em seu colo e dizer-lhe o que queriam para o Natal.

Exatamente 60 dias depois, Byck estaria morto, um segurança de aeroporto e um co-piloto também, um piloto seriamente ferido, uma aeromoça de 21 anos de idade com uma vértebra quebrada, e a história registraria uma tentativa fracassada de assassinar o presidente Richard Nixon. O pretenso assassino presidencial Samuel Byck cometeu um erro crucial: esqueceu-se de esperar que o avião decolasse, antes de tentar seqüestrá-lo.

Byck odiava Nixon e sua administração, e parece que seu rancor fora despertado pelo mais corriqueiro dos acontecimentos: a Administração das Pequenas Empresas recusou-lhe um empréstimo durante o período de Nixon na Casa Branca. Esse motivo, à primeira vista inócuo, levou o vendedor de pneus, pai de quatro filhos, a nutrir por Nixon uma ojeriza que acabaria por atrair a atenção do serviço secreto norte-americano. Ele ameaçou a vida de Nixon em 1972, e começou a enviar fitas bizarras a figuras públicas como o cientista Jonas Salk e o maestro Leonard Bernstein.

Byck serviu o exército norte-americano, onde adquiriu conhecimentos sobre armas e explosivos. Após cumprir seu termo, começou a trabalhar como vendedor de pneus. Depois

Tentativas, Atentados e Assassinatos que Estremeceram o Mundo

de conceber a idéia de abrir sua loja de pneus, solicitou um empréstimo de 20 mil dólares à Administração das Pequenas Empresas, e, enquanto aguardava uma resposta, internou-se num hospital psiquiátrico para tratar-se de depressão maníaca. Durante o tratamento, Byck soube que seu empréstimo fora recusado. O fato assinalou o início de uma espiral de decadência que culminaria em seu suicídio na cabine de um avião.

No início da manhã de sexta-feira, 22 de fevereiro de 1974, Samuel Byck dirigiu-se ao aeroporto internacional de Baltimore-Washington com uma pistola de calibre 0,22 e uma bomba de gasolina projetada para detonar sob impacto. Seu plano era seqüestrar um avião e obrigar o piloto a voar contra a Casa Branca, onde o combustível do avião e a bomba explodiriam, matando o presidente Nixon e destruindo o prédio.

Chegando ao aeroporto, Byck matou a tiros um guarda da segurança. Entrou à força no Vôo Delta 523, com destino programado para Atlanta, invadiu a cabine e matou a tiros o co-piloto. Ordenou ao piloto que decolasse, mas esse se recusou. Byck agarrou uma passageira e a obrigou a entrar na cabine, ordenando-lhe que ajudasse o piloto a decolar.

A essa altura, o pessoal da segurança já estava alertado quanto ao seqüestro, e agentes armados cercaram o avião. Eles começaram a disparar copiosamente contra a cabine, e Byck foi atingido no estômago e no peito. Incapaz de manter-se em pé, tombou e cometeu suicídio com um tiro na cabeça.

Byck era mentalmente perturbado. Após sua morte, soube-se que, antes do seqüestro, ele enviara uma fita a Jack Anderson, colunista do *Washington Post*, detalhando seu plano de usar um avião como míssil guiado para matar o presidente Nixon. Nesses dias posteriores ao 11 de setembro, o FBI e a CIA têm sofrido numerosas críticas por não terem imaginado que terroristas (Byck, aliás, considerava-se um deles) poderiam usar um avião como arma. Parece que ninguém havia pensado nisso antes.

Bem, Samuel Byck pensou nisso, e não é um absurdo completo imaginar que agentes da Al-Qaeda vasculharam a história norte-americana e se depararam com a história de Byck, cujo atentado está registrado no musical *Assassins* (1991), de Stephen Sondheim. Seria o cúmulo da ironia macabra se o mais grave atentado terrorista da história norte-americana fosse sugerido pelo ato de um perturbado vendedor de pneus que não conseguira um empréstimo.

Nota: Arthur Bremer, o assassino que alvejou e deixou paralítico o governador do Alabama, George Wallace (página 244), também pensou em assassinar Richard Nixon. Seu plano veio à tona quando trechos de seu diário foram lidos durante seu julgamento, em agosto de 1972. Bremer escreveu ainda que considerara a possibilidade de assassinar George McGovern.

– 180 –

55
LEE HARVEY OSWALD

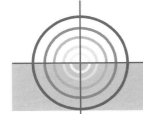

MORREU   ✓

SOBREVIVEU   —

A perda para os Estados Unidos e o mundo é incalculável. Aqueles que vierem depois de Kennedy devem empenhar-se ainda mais para alcançar os ideais de paz mundial e felicidade e dignidade humanas a que se dedicou sua presidência.

— Winston Churchill[1]

VÍTIMA: Lee Harvey Oswald

NASCIMENTO: 18 de outubro de 1939

MORTE: 24 de novembro de 1963

IDADE POR OCASIÃO DO ATENTADO: 24 anos

OCUPAÇÃO: Assassino do presidente John F. Kennedy.

ASSASSINO: Jack Ruby (1911-1967), nascido Jack Rubenstein, apelidado "Sparky" ("Faiscante"), 52 anos, proprietário do Carousel Club, casa noturna e ponto de *strip-tease* em Dallas.

Oswald

DATA E MOMENTO DO ATENTADO: Domingo, 24 de novembro de 1963, às 11h20.

LOCAL DO ATENTADO: A rampa de saída de uma garagem subterrânea no prédio da prefeitura, onde ficava o departamento de polícia de Dallas, Texas. Oswald se dirigia a uma viatura blindada que o levaria até o presídio local.

– 181 –

Tentativas, Atentados e Assassinatos que Estremeceram o Mundo

ARMA: Um revólver Colt Cobra de cano curto e calibre 0,38. Ruby o comprara em Dallas por US$ 62,50.

DESFECHO DO ASSASSINATO: Oswald recebeu um tiro no abdome (Ruby pôs o cano da arma diretamente contra seu estômago), e a bala causou estragos imensos. Ela atravessou o diafragma, o baço e o estômago de Oswald, cortando sua principal artéria intestinal, bem como sua aorta. O disparo também causou sérios danos a seu rim direito. Oswald perdeu a consciência quase imediatamente e foi levado às pressas, pela ambulância, ao hospital Parkland Memorial. Os médicos o operaram e fizeram transfusões de sangue, mas os ferimentos eram excessivos. Ele morreu às 13h07.

CONSEQÜÊNCIAS JUDICIAIS: Ruby foi acusado do assassinato de Oswald, em 26 de novembro de 1963. O advogado de Ruby o declarou inocente por razão de insanidade. A promotoria pediu a pena de morte. Em 1964, ele foi condenado após uma brevíssima deliberação do júri e sentenciado a morrer na cadeira elétrica. O veredicto foi derrubado devido a problemas com o julgamento. Ruby fora interrogado pela polícia de Dallas sem a presença de um advogado, mas era preciso conceder-lhe a mudança de jurisdição, já que teria sido patentemente impossível um julgamento justo em Dallas. Ruby obteve um novo julgamento em Wichita Falls, Texas, em dezembro de 1966. Na época, ele estava muito doente, com câncer no fígado, no cérebro e nos pulmões. Ruby morreu em Dallas, em 3 de janeiro de 1967, de um coágulo sangüíneo.

Em 1960, Lee Harvey Oswald visitou a embaixada norte-americana em Moscou, onde assinou voluntariamente uma declaração que dizia: "Afirmo que minha lealdade está com as Repúblicas Socialistas Soviéticas". Na época, Oswald era reservista da fuzilaria naval norte-americana, e, quando os fuzileiros souberam que ele havia jurado lealdade a um país, na época, considerado inimigo, convocaram imediatamente um conselho especial e deram a Oswald uma Dispensa Desonrosa da marinha.

Surpreendentemente, Oswald ficou furioso com a dispensa. Ele escreveu uma carta raivosa a John Connally, então candidato ao governo do Texas, ameaçando: "Empregarei todos os meios para corrigir essa grave falta ou injustiça perpetrada contra um honrado cidadão norte-americano".

Apesar de seu voto de fidelidade, o governo russo rejeitou o pedido de cidadania de Oswald, permitindo que ele permanecesse na União Soviética apenas como estrangeiro residente.

– 182 –

Oswald acabou retornando aos Estados Unidos, e imortalizou-se nos anais dos assassinos ao matar o presidente John F. Kennedy.

Por que Jack Ruby matou Lee Harvey Oswald?

Houve diversas teorias de conspiração em torno da morte de Oswald, a maioria insinuando a possibilidade de Ruby estar envolvido no assassinato de Kennedy e ter recebido a missão de eliminar o atirador.

Depois de preso, Ruby explicou sua atitude nos termos mais simples. Oswald matara seu presidente, por isso ele matara Oswald. "Você matou meu presidente, seu rato!", comenta-se que ele falou após atirar em Oswald. Talvez seja a mais pura verdade, já que ele sofria de perturbação mental e não parecia um candidato aceitável para um sofisticado complô assassino.

Ruby apresentou a seu advogado o seguinte relato do crime, posteriormente reimpresso no *New York Times*[2]:

Deixei a Western Union e segui pela Main Street até a prefeitura, sem saber o horário em que transfeririam o sujeito.

Passei por eles e acho que não me notaram. Estavam conversando. Desci até a área onde Oswald vinha sendo escoltado.

Vi o capitão Fritz. Então vieram os outros, e vi Oswald. Lembro-me de avançar contra ele.

Ele sorria e parecia tão petulante, mostrando tanto orgulho pelo que tinha feito, que não consegui tirar isso da cabeça.

Não podia esquecer que os comunistas tinham mandado Oswald matar nosso presidente. Não podia esquecer que Jackie tinha sofrido, e que Caroline e John iam ficar sem pai dali em diante.

O corpo de Oswald, requerido pela Miller Funeral Home, em nome da família, teve um funeral ao custo de 710 dólares, pagos pelo irmão do morto, Robert Oswald.

Ele foi enterrado numa seção isolada do cemitério Rose Hill, em Fort Worth, Texas, em um prosaico caixão de madeira coberto com tecido. Sua esposa, Marina, beijou seu corpo durante a breve abertura do caixão. Imediatamente após o sepultamento, o serviço secreto norte-americano levou a família dali sob proteção.

Na breve cerimônia, o reverendo Louis Saunders disse: "Não estamos aqui para julgá-lo. Estamos aqui para encomendá-lo a um Deus piedoso."[3]

– 183 –

56
O Papa João Paulo II

Morreu	—
Sobreviveu	✓

João Paulo foi atingido no abdome e tombou nos braços de seu secretário, monsenhor Dziwisz. A imagem do papa inerte, divulgada por todo o mundo naquele mesmo dia, lembrou instantaneamente a milhões de pessoas as representações artísticas de Cristo sendo tirado da cruz.

— George Weigel[1]

Vítima: O papa João Paulo II (Karol Wojtyla)

Nascimento: 18 de maio de 1920

Morte: —

Idade por Ocasião do Atentado: 60 anos

Ocupação: Sumo pontífice da Igreja Católica Romana.

Assassino Frustrado: Mehmet Ali Agca (n. 1958), 23 anos, assassino turco.

Data e Momento do Atentado: Quarta-feira, 13 de maio de 1981, às 17h19.

Papa João Paulo II

Local do Atentado: O interior do veículo papal (um jipe especialmente ornado) na Praça de São Pedro, na Cidade do Vaticano, em Roma, Itália.

O Papa João Paulo II

Arma: Uma pistola semi-automática Browning de 9 milímetros.

Desfecho do Assassinato: O papa foi atingido por dois tiros. O primeiro penetrou seu abdome, o outro atingiu-lhe o braço direito e a mão esquerda. Levado com urgência ao hospital Gemelli, em Roma, ele entrou na sala de operação às 6 da tarde. A cirurgia de emergência durou 5 horas e 25 minutos. Cinqüenta e cinco centímetros de seus intestinos tiveram de ser removidos, e abriram-lhe uma colostomia temporária. O papa precisou de muito sangue durante a cirurgia, tendo recebido ao todo três litros, tanto do banco de sangue como de doações feitas na hora. O sangue recém-doado continha um citomegalovírus que deixou o papa muitíssimo doente. Seu corpo, afinal, eliminou o vírus e ele conseguiu recuperar-se plenamente. Uma das balas errou sua coluna por poucos centímetros e passou a uma distância ainda menor de sua principal artéria abdominal. Se a bala atingisse a artéria, o papa sangraria até a morte, antes de chegar ao hospital; se acertasse sua coluna, ele ficaria para sempre paralisado. Posteriormente, João Paulo II comentou: "Houve a mão que atirou e outra que guiou a bala"[2]. Duas mulheres presentes à audiência papal na Praça de São Pedro também receberam tiros do assassino. Ann Odre, de 60 anos, de Buffalo, Nova York, atingida no peito, e Rose Hill, de 21 anos, da Jamaica, ferida no braço. Ambas sobreviveram.

Conseqüências Judiciais: Após alvejar o papa, Agca acabou cercado e detido pela multidão (especialmente por uma freira um tanto corpulenta chamada Sóror Letizia), sendo levado sob custódia pela polícia italiana. Embora ele pudesse ser julgado pelos tribunais autônomos do Vaticano, as autoridades vaticanas o entregaram à justiça da Itália, cedendo ao governo italiano o direito de julgamento. Sentenciado à prisão perpétua, Agca cumpriu 19 anos da sentença, antes de ser perdoado (a pedido do papa) pelo governo italiano. Em 2000, foi extraditado para a Turquia, para concluir uma sentença de 10 anos por matar o editor de um jornal turco, em 1979. É muito possível que Agca seja libertado em 2008, após cumprir os anos restantes.

"Como não consegui matá-lo?", perguntou Mehmet Ali ao papa João Paulo II, quando o pontífice o visitou em sua cela e o perdoou pelo atentado. Os dois conversaram em italiano por 20 minutos, após o que Agca beijou a mão do papa e disse a um repórter: "O papa sabe tudo".

Agca havia ameaçado previamente a vida do papa em nome do Islã, e a segurança papal no Vaticano fora reforçada. Mas, obviamente, não o bastante. Agca conseguiu entrar

– 185 –

Tentativas, Atentados e Assassinatos que Estremeceram o Mundo

na Itália com uma arma (ajudado por quatro comparsas, dos quais apenas um foi preso), e conseguiu chegar a três metros da vítima. A proximidade, em si mesma, não teria representado risco nenhum para João Paulo II se seu veículo não fosse aberto. Sim, mesmo após o assassinato de John F. Kennedy, o papa, em 1981, ainda fazia aparições em seu jipe aberto e especialmente adaptado. (Desde o ocorrido em Dallas, os presidentes norte-americanos nunca mais puderam expor-se publicamente em veículos abertos. E, pelo que se diz, a limusine presidencial é atualmente projetada para tolerar o impacto de um míssil direto e ainda proteger seus ocupantes.[3])

Na terceira volta do papa em torno da praça, Agca aguardou até que ele estivesse suficientemente próximo e disparou quatro vezes. Dois tiros o atingiram; os outros alcançaram as peregrinas.

Conduzido imediatamente a uma ambulância que sempre fica a postos durante audiências papais e outros eventos do Vaticano, o papa foi levado às pressas para o hospital Gemelli, onde existe a todo momento um conjunto especial de salas cirúrgicas e hospitalares à sua disposição. Após uma longa cirurgia e dois meses de convalescença, o papa se recuperou plenamente — só para ser acometido pouco depois pelo mal de Parkinson, uma doença neurológica progressiva que tem comprometido (embora relativamente pouco) a capacidade do pontífice de cumprir com seus extenuantes compromissos.

Três dias após os disparos, em seu leito no hospital, o papa perdoou o assassino. Alguns anos depois, revelou o último dos três segredos de Fátima. Os dois primeiros eram do conhecimento comum, mas a Igreja nunca revelara o terceiro, segundo o qual um ataque seria perpetrado contra "um bispo vestido de branco". João Paulo II estava todo de branco ao receber os tiros. Quando soube disso, Agca, o atirador, acreditou que havia cumprido uma profecia e que fizera parte de um propósito mais abrangente. Ele afirmou, então, que esperava ser libertado ao fim de sua sentença para poder recolher-se a uma vila rural da Turquia.

Essas palavras partiram do homem que gritara no tribunal: "Eu sou Jesus Cristo. Em nome de Deus onipotente, anuncio o fim do mundo. Ninguém será poupado, nem norte-americanos nem soviéticos. Haverá destruição."[4]

O veículo do papa é hoje coberto com um domo à prova de balas.

57
O PAPA PAULO VI

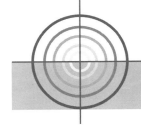

MORREU —

SOBREVIVEU ✓

Estou desapontado por não ter conseguido matar o papa. Espero tentar de novo, se tiver a chance.

— Benjamin Mendoza[1]

VÍTIMA: O papa Paulo VI (Giovanni Battista Montini)

NASCIMENTO: 26 de setembro de 1897

MORTE: 6 de agosto de 1978

IDADE POR OCASIÃO DO ATENTADO: 73 anos

OCUPAÇÃO: Sumo pontífice italiano da Igreja Católica Romana (21 de junho de 1963 a 6 de agosto de 1978), ordenado sacerdote em 1920, feito arcebispo de Milão em 1953 e cardeal em 1958.

ASSASSINO FRUSTRADO: Benjamin Mendoza y Amor Flores (n. 1935), 35 anos, pintor surrealista boliviano.

DATA E MOMENTO DO ATENTADO: Sexta-feira, 27 de novembro de 1970, no início da tarde.

LOCAL DO ATENTADO: O aeroporto internacional de Manila, nas Filipinas.

ARMAS: Uma longa faca malaia oculta em um crucifixo.

O Papa Paulo VI

– 187 –

Tentativas, Atentados e Assassinatos que Estremeceram o Mundo

DESFECHO DO ASSASSINATO: Mendoza, disfarçado de padre, aproximou-se do papa enquanto esse caminhava pelo aeroporto de Manila acompanhado de Ferdinand e Imelda Marcos (página 152), de vários clérigos de todo o mundo e de sua guarda pessoal. Mendoza sacou uma adaga de 30 centímetros que ocultara em um crucifixo e investiu agressivamente contra o papa, de arma na mão. Conseguiu atingi-lo no peito com a ondulada lâmina de dois gumes, e o pontífice, embora com um ligeiro ferimento torácico (só revelado mais tarde), sobreviveu ao atentado. O papa continuou sua visita, dando poucas mostras públicas da tentativa de assassinato. Oito anos mais tarde, sofreu um agudo ataque cardíaco durante uma missa rezada em seu nome na capela papal, em Castel Gandolfo. Ele caiu em estado de semiconsciência, após receber a comunhão, e morreu algumas horas depois, a poucos meses de seu 81º aniversário.

CONSEQÜÊNCIAS JUDICIAIS: Mendoza foi rapidamente agarrado por Anthony Galvin, bispo de Singapura (ex-jogador profissional de rúgbi), depois que um dos seguranças papais acertou-lhe um golpe de caratê e o lançou nos braços do bispo. Galvin enlaçou o assassino e o segurou até que pudesse ser preso. Mendoza, que para alguns psiquiatras sofria de "ilusão de grandeza"[2], acabou considerado apto ao julgamento e sofreu acusações de tentativa de assassinato, posse ilegal de arma, perpetração de ameaça grave e fomentação de escândalo público. (Durante o julgamento, Mendoza queimou uma bíblia no tribunal.) Sentenciado a 28 meses de prisão, foi deportado para a Bolívia em agosto de 1974, e pouco se sabe sobre seu paradeiro e situação.

O papa Paulo VI é o pontífice católico conhecido por promulgar a encíclica *Humanae Vitae* (Da vida humana), pela qual firmava a oposição inequívoca e *não negociável* da Igreja Católica Romana a quaisquer meios artificiais de contracepção, incluindo preservativos, pílulas, diafragma e esterilização. A doutrina católica também proíbe a masturbação, o coito pré-marital, a pornografia e a homossexualidade, declarando-os "gravemente contrários"[3] à castidade, que a Igreja impõe a todos os seus membros. A *Humanae Vitae*, totalmente rejeitada pelos católicos norte-americanos, teve responsabilidade direta pelo êxodo de jovens católicos para outras religiões que não julgavam tão severamente seu estilo de vida.

O papa Paulo VI sobreviveu a uma tentativa de assassinato, e, entretanto, seu legado é o de ter alienado muitos de seus antigos fiéis com uma declaração dogmática e inflexível, que não respeitava, nem reconhecia, os terríveis apuros financeiros em que viviam muitos católicos na época. Comenta-se que o papa ficou profundamente sentido pela rejeição enfática de seus ensinamentos[4].

Na época do atentado homicida, as galerias de arte de Nova York exibiam e vendiam as pinturas de Benjamin Mendoza. Uma de suas obras, "Jesus Cristo e a Ira", foi estimada em 5 mil dólares no dia do ataque. Louis Ruocco, proprietário de uma galeria, disse ao *New York Times* que Mendoza "era antes uma personalidade sofisticada do que um louco. Ele sabia exatamente o que estava fazendo. Era um sujeito muito arguto."[5] Ruocco acreditava que Mendoza podia ter atacado o papa para angariar renome mundial e inflar o valor de seus quadros. À parte a publicidade macabra, o sr. Ruocco, notando a adoção, por parte de Mendoza, do estilo e caráter da obra do grande pintor surrealista espanhol do século XX, Salvador Dalí, também considerava a *obra* de Mendoza bem tramada. "Minha opinião era e é a de que, se ele se concentrasse menos em artifícios e em causar espanto, e mais em seu talento natural, poderia ser um grande pintor."[6]

O papa não permitiu que o atentado contra sua vida o distraísse da razão de sua visita às Filipinas, que era discursar em prol de reformas e persuadir o governo filipino a iniciar programas sociais que atendessem aos mandamentos da Igreja Católica. O papa celebrou uma missa, discursou para uma assembléia de bispos católicos da Ásia, palestrou para um imenso público de estudantes, e até observou um porco sendo assado no espeto. Enquanto permanecia nas Filipinas, o Vaticano promulgou a declaração de que ele perdoara seu agressor e chegara mesmo a benzer o crucifixo que Mendoza usara para ocultar a adaga.

58
YITZHAK RABIN

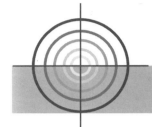

MORREU   ✓

SOBREVIVEU   —

Quero dizer a vocês que encontramos um aliado para a paz entre os palestinos — a OLP, que costumava ser uma inimiga. (...) Sem aliados para a paz, não há paz.

— Yitzhak Rabin[1]

Rabin

VÍTIMA: Yitzhak Rabin

NASCIMENTO: 1º de março de 1922

MORTE: 4 de novembro de 1995

IDADE POR OCASIÃO DO ATENTADO: 73 anos

OCUPAÇÃO: Primeiro-ministro de Israel (1974-1977, 1992-1995), embaixador israelense nos Estados Unidos (1968-1973), ordenador da investida de 1976 contra o aeroporto de Entebbe, em Uganda, para resgatar reféns judeus mantidos por terroristas palestinos.

ASSASSINOS: Yigal Amir (n. 1970), 25 anos, estudante de Direito, membro do grupo de extrema direita Eyal; Hagai Amir, irmão de Yigal, que ajudou a preparar os projéteis (Hagai Amir admitiu que preparara as balas, mas jurou não saber que seu irmão planejava usá-las para matar Rabin).

Yitzhak Rabin

DATA E MOMENTO DO ATENTADO: Sábado, 4 de novembro de 1995, às 21h30.

LOCAL DO ATENTADO: Um encontro pela paz na Praça Reis de Israel em Tel Aviv, Israel, cuja divisa era "Sim para a paz, não para a violência".

ARMA: Uma pistola Beretta de 9 milímetros (que Amir tinha licença para portar), carregada com balas fragmentáveis dundum.

DESFECHO DO ASSASSINATO: Rabin, atingido nas costas por dois dos três tiros disparados, foi instalado em um carro e levado às pressas para o hospital Ichilov, onde o conduziram imediatamente à sala cirúrgica. Ele não apresentava pressão sangüínea e seu coração já havia parado, por ocasião de sua chegada ao hospital, tendo sua viagem demorado mais do que devia em função das multidões que bloqueavam as ruas, dificultando o avanço do veículo que o conduzia. O pessoal médico deu ao primeiro-ministro 22 unidades de sangue e conseguiu reavivá-lo por um breve intervalo, mas umas das balas penetrara seu pulmão e o fizera em pedaços. Ele morreu durante a cirurgia, às 23h10.

CONSEQÜÊNCIAS JUDICIAIS: Yigal Amir foi sentenciado em 27 de março de 1996 à prisão perpétua pelo assassinato de Rabin (Israel só impõe a pena de morte a nazistas), e a mais 11 anos por ferir o guarda-costas de Rabin. Seu irmão, Hagai Amir, foi sentenciado a 12 anos de prisão por conspiração, especificamente por abrir os orifícios na ponta das balas, para que elas se fragmentassem após o impacto.

Os árabes acham que Israel não tem o direito de existir. Em 1948, três anos após o final da Segunda Guerra Mundial, a ONU determinou que parte da Palestina se tornaria o Estado de Israel, um novo lar para os judeus. Houve derramamento de sangue e conflitos violentos desde então, sendo que a recente onda de bombardeios suicidas, por parte dos palestinos, talvez seja o último golpe nessa guerra aparentemente interminável.

Terá então o primeiro-ministro Yitzhak Rabin sido baleado, como seria de esperar, por um palestino? O próprio Rabin, certa vez, descartara a possibilidade de um ataque judeu contra a sua pessoa, dizendo a um repórter francês: "Não creio que um judeu mataria outro"[2].

Rabin *foi* morto por um judeu, por um de seus compatriotas, que invocou ordens divinas como justificativa. "Agi solitário, a mando de Deus, e não me arrependo", disse ele à polícia após ser preso. "Fiz isso para salvar o Estado. Aquele que põe em risco o povo judeu tem por destino a morte. Ele mereceu morrer, e eu fiz o trabalho pelos judeus." Amir também declarou à polícia que esperava ter sido morto na hora. "Cheguei ao local com

– 191 –

Tentativas, Atentados e Assassinatos que Estremeceram o Mundo

plena consciência de que teria de abrir mão de minha vida pelo sucesso da missão divina. Eu não tinha plano de fuga."[3]

A alegada disposição ao martírio pode ter sido um tanto astuciosa, para testar procedimentos de segurança, pois Amir soubera, de algum modo, que haveria uma tentativa simulada de assassinato contra Rabin. Assim, gritou repetidamente que os tiros que disparava eram de festim. Talvez acreditasse que lhe seria possível fugir, antes que alguém percebesse que Rabin fora, de fato, atingido por balas verdadeiras.

Depois que as notícias do assassinato se difundiram pelo mundo, líderes de quase todas as nações expressaram seu pesar, inclusive o assumido inimigo de Israel, Yasser Arafat, presidente da Organização pela Libertação da Palestina (OLP). "Fico muito entristecido e muito chocado por esse crime hediondo e terrível", declarou, logo após a notícia da morte de Rabin. "Ele era um dos bravos líderes de Israel e um dos pacifistas. Espero que tenhamos a capacidade — nós, israelenses e palestinos — de superar essa tragédia. Ofereço minhas condolências a sua esposa, a sua família, ao governo israelense e ao povo de Israel."[4] Israel convidou Arafat para o funeral de Rabin, mas ele se manteve a distância, temendo que sua presença agravasse a tensão. Diversos outros líderes árabes compareceram, inclusive o presidente egípcio Hosni Mubarak (capítulo 52) e o rei Hussein, da Jordânia. Posteriormente, revelou-se que Arafat fizera uma visita secreta, na calada da noite, à viúva de Rabin, Leah, para expressar seus pêsames. Acredita-se que pela primeira vez o líder palestino pôs os pés no território judeu.

A morte de Rabin afetou drasticamente o processo de paz entre árabes e israelenses. Seu sucessor, Shimon Peres, não fez praticamente nada, nos anos que se seguiram, para dar andamento às negociações, e acredita-se que a atual turbulência nos assuntos do Oriente Médio se deva em parte à perda do homem que muitos consideravam um grande pacifista.

59
RASPUTIN

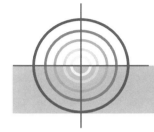

MORREU ✓

SOBREVIVEU ___

Esse é um fenômeno curioso, e condizente com a tradição russa. Para os camponeses, Rasputin tornou-se um mártir. Ele era do povo; fez com que a voz do povo fosse ouvida pelo czar; defendeu o povo contra a corte, e por isso os cortesãos o mataram! É isso que vem sendo dito em todas as isbás.[1]

VÍTIMA: Grigori Iefimovitch Rasputin

NASCIMENTO: 1871?

MORTE: 30 de dezembro de 1916

IDADE POR OCASIÃO DO ATENTADO: 45?

OCUPAÇÃO: Curandeiro, conselheiro da imperatriz Alexandra Romanova.

ASSASSINOS: O príncipe Félix Iussupov, principal arquiteto do crime; o grão-duque Dimítri Pavlovitch Romanov, primo do czar e noivo de sua filha mais velha; o dr. Lazovert, médico de Purichkevitch e motorista do carro usado para levar Rasputin até o rio; Vladimir Purichkevitch, membro do parlamento russo; e Sukhotin, oficial do exército russo.

DATAS E MOMENTOS DO ATENTADO: A noite de sexta-feira e a manhã de sábado, em 16 e 17 de dezembro de 1916.

Rasputin

Tentativas, Atentados e Assassinatos que Estremeceram o Mundo

LOCAIS DO ATENTADO: A adega do palácio de Moika, de Iussupov, cômodo decorado idealmente para o assassinato, à imitação de um covil; em seguida, o pátio do palácio; depois um automóvel; e finalmente o gélido rio Neva.

ARMAS: Cristais de cianureto de potássio misturados em doces e dissolvidos em vinho; um revólver Browning; socos-ingleses de bronze (ou outro objeto metálico pesado); e o rio Neva.

DESFECHO DO ASSASSINATO: Rasputin conseguiu sobreviver ao envenenamento, a tiros no peito, nas costas e na cabeça, e ao espancamento, mas não pôde deixar de afogar-se quando o atiraram amarrado, mas vivo, por uma fresta do gelo que cobria a superfície do rio Neva.

CONSEQÜÊNCIAS JUDICIAIS: O povo russo ficou tão inflamado com o assassinato de Rasputin que os poderosos exortaram o czar Nicolau Romanov a não punir os assassinos nem processá-los legalmente. Nicolau, relutantemente, atendeu ao desejo popular.

Rasputin, que significa "depravado" em russo, é um dos personagens mais bizarros da história, e as circunstâncias supremamente exóticas de seu assassinato contribuem para sua lenda.

Para morrer, ele teve de ser envenenado, fuzilado, linchado e afogado; daí seu epíteto de "Homem que não podia morrer".

Monge, curandeiro místico, profeta e glutão sexual, Rasputin conseguia seduzir pessoas de ambos os sexos e convencê-las de que era um homem santo e mágico — uma espécie de ente sobrenatural. Tinha olhos penetrantes que pareciam enxergar a alma das pessoas, e sabia utilizá-los para manipular, seduzir e, segundo se acredita, hipnotizar quem quer que desejasse. (Uma de minhas assistentes de pesquisa comentou, ao ver a reprodução de uma foto de Rasputin incluída entre suas anotações: "Vejam só esses olhos! Eles ainda preservam sua força, não é mesmo?") Rasputin vivia bêbado a maior parte do tempo, comia com a mão, nunca tomava banho e podia, segundo dizem, satisfazer sexualmente 30 mulheres em uma única noite. Ele exalava mau hálito, odores corpóreos e coisa pior, e, todavia, enfeitiçava todos aqueles com quem entrava em contato.

Era um favorito da czarina russa Alexandra, pois lhe curara o filho hemofílico Alexis.

A reputação lendária de Rasputin como curandeiro alcançou o palácio real e ele foi convocado pela czarina para ajudar seu filho, acamado, que sofria de inchaços, hemorragia interna e dores. Acredita-se que o carisma de Rasputin tenha trazido tal conforto ao rapaz que seu corpo conseguiu melhorar sozinho. Efeito placebo? Provavelmente. Mas, para a imperatriz Alexandra, o monge de cabelos desgrenhados e unhas imundas era um milagreiro. Ele começou a se movimentar como bem entendesse pelo palácio, e há relatos de que se tornou o governante extra-oficial da Rússia. Rasputin passou a influenciar as decisões reais, tornando-se tão poderoso que os líderes políticos, militares e religiosos, vendo a ameaça que ele representava, decidiram que devia ser eliminado.

Na noite do assassinato, Rasputin foi convidado ao palácio do príncipe Iussupov, sob o pretexto de ter um encontro noturno com a esposa do príncipe, Irina. (Rasputin sempre tivera uma queda por aquela atraente morena.) Enquanto ele aguardava no porão, Iussupov o persuadiu a comer alguns doces que o dr. Lazovert preparara com cianureto — em quantidade suficiente, na verdade, para matar dez homens. Mas Rasputin não morreu. Consta que ficou entorpecido, mas não expirou. Acredita-se que Rasputin sofria de dispepsia e que seu estômago não produzia ácido clorídrico, indispensável para a ativação do cianureto.

Quando Iussupov, após regressar, encontrou o monge ainda respirando, ordenou-lhe que encarasse um crucifixo (acreditando que Rasputin fosse um ente demoníaco e que a imagem de Cristo pudesse de alguma forma feri-lo). Rasputin lhe deu as costas, e, então, ele atirou. Rasputin gritou e caiu ao chão.

Os outros conspiradores acorreram ao subsolo, após ouvirem o disparo, e o dr. Lazovert, após examinar Rasputin, declarou-o morto. Todos adoraram a novidade e subiram as escadas para celebrar. Iussupov permaneceu no porão e, depois de encarar o cadáver do monge, começou a chutá-lo e a espancá-lo em alucinada ira.

Rasputin (no centro, de barba) rodeado por alguns homens e mulheres da sociedade que se sentiam atraídos por seus pretensos poderes paranormais de presciência e cura

Foi então que Iussupov teve a segunda surpresa da noite. Rasputin ainda estava vivo e começou a escoicear o príncipe, que fugiu da sala em pânico. Rasputin seguiu-o arrastando-se escadas acima, e se viu no exterior do palácio, no pátio coberto de neve. Quando os outros ouviram do apavorado Iussupov o que ocorrera, Vladimir Purichkevitch correu até o pátio e disparou quatro vezes contra Rasputin. Um tiro o atingiu nas costas, e outro, na cabeça.

Agora ele *deve* estar morto, disseram consigo mesmos. Purichkevitch ordenou a dois soldados que levassem o cadáver de volta à adega. Estando o corpo de Rasputin novamente no subsolo, Purichkevitch o espancou na cabeça, no rosto e no peito com uma barra metálica, algum tipo de soco-inglês ou um porrete, desfigurando-lhe terrivelmente as feições.

Em seguida, o corpo foi enrolado em uma cortina (algumas fontes citam um pedaço de tela), amarrado e levado ao rio Neva. Por um buraco aberto na cobertura de gelo, os homens o atiraram na água.

A autópsia revelou água em seus pulmões, indicando que ele ainda vivia ao ser jogado no rio. De fato, um de seus braços estava solto, o que sugere que ele tentara libertar-se debaixo d'água.

O enterro de Rasputin se deu em 22 de dezembro de 1916[2] em Czarskoie Selo, na ala central de uma igreja que estava sendo construída com fundos reais. Em março de 1917, depois da queda do czar, revolucionários russos removeram o caixão de Rasputin e retiraram de lá seus restos mortais, que foram embebidos em querosene e incendiados, junto com lenha, formando uma imensa pira à beira da estrada.

Talvez apenas as cinzas do Monge Louco pudessem convencer seus inimigos de que ele de fato morrera. Talvez.

60
RONALD REAGAN

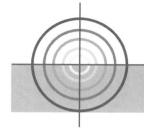

MORREU   —

SOBREVIVEU   ✓

Eu não sabia que tinha levado um tiro. Ouvi um barulho quando saíamos do hotel e caminhávamos até a limusine, e pensei que fossem fogos de artifício. Lembro-me de que um dos agentes do serviço secreto agarrou-me pela cintura e me introduziu de cabeça no carro. Fui estendido no banco, cujo divisor estava abaixado, e o agente se deitou sobre mim, o que é parte do procedimento para garantir minha proteção. Como se descobriria mais tarde, o tiro que me acertou resvalara na lateral da limusine, atingindo-me enquanto eu entrava no veículo. E acertou-me nas costas, sob o braço, ferindo uma costela, o que me causou uma dor extrema. Por fim, dirigindo-se para baixo — em vez de avançar de viés, a bala precipitou-se, parando a uma polegada de meu coração.

— o presidente Ronald Reagan

VÍTIMA: Ronald Reagan

NASCIMENTO: 6 de fevereiro de 1911

MORTE: —

IDADE POR OCASIÃO DO ATENTADO: 70 anos

Ronald Reagan

Tentativas, Atentados e Assassinatos que Estremeceram o Mundo

OCUPAÇÃO: 40º presidente dos Estados Unidos (1981-1989), ex-governador da Califórnia, ex-ator.

ASSASSINO FRUSTRADO: John Hinckley (n. 1955), 25 anos, fã obcecado de Jodie Foster.

DATA E MOMENTO DO ATENTADO: Segunda-feira, 30 de março de 1981, pouco antes das 14h30.

LOCAL DO ATENTADO: A saída do Hotel Hilton, em Washington, D.C.

ARMA: Um revólver Rohm R6-14 de calibre 0,22, carregado com balas explosivas Devastator.

DESFECHO DO ASSASSINATO: O presidente Reagan recebeu um tiro. O projétil ricocheteou na limusine, penetrou seu corpo abaixo da axila esquerda e se alojou no pulmão, a uma polegada do coração. Realizou-se uma cirurgia de emergência, o presidente sobreviveu e recuperou-se. O assessor de imprensa James Brady acabou atingido na têmpora esquerda. O oficial Thomas Delehanty foi ferido no pescoço. O agente do serviço secreto Timothy J. McCarthy foi atingido no estômago.

CONSEQUÊNCIAS JUDICIAIS: John W. Hinckley Jr. foi declarado inocente por razão de insanidade, em 4 de maio de 1982, por um júri composto de 11 negros e um branco. (Uma pesquisa da ABC, feita em 5 de maio de 1982, demonstrou que 83% dos entrevistados achavam que "não fora feita justiça" com a absolvição de Hinckley.) Sentenciado a confinamento por tempo indeterminado, no Hospital Psiquiátrico de Santa Elizabeth, em Washington, D.C., ele deixou as dependências do hospital por diversas vezes nas últimas duas décadas, em passeios supervisionados a shopping centers, restaurantes e praias. O serviço secreto sempre o acompanha e agentes visitam o hospital sem prévio aviso, para observá-lo. Os pais de Hinckley solicitaram repetidamente à corte autorização para que o filho tivesse breves licenças desacompanhadas, sem que nunca fossem atendidos.

John Hinckley disparou seis tiros contra o presidente Reagan, na saída do Washington Hilton, e não conseguiu acertá-lo. A bala que causou danos ao presidente ricocheteara na porta da limusine e, como o braço esquerdo de Reagan estava erguido em aceno aos transeuntes, ela encontrou caminho aberto para o tórax. Se o braço de Reagan estivesse abaixado, é provável que ela se limitasse a penetrá-lo.

Dentro da limusine, o agente do serviço secreto, Jerry Parr, fez um rápido exame no presidente e concluiu que ele devia ter quebrado uma costela ao ser levado para o interior do veículo. Como o presidente começasse a cuspir sangue espumoso, os dois deduziram que a costela fraturada devia ter perfurado um pulmão.

Ambos estavam errados em todos os sentidos.

Hoje sabemos que Reagan, a minutos da morte, quase não tinha pressão sangüínea e perdera uma tremenda quantidade de sangue. Ele conseguiu entrar caminhando na sala de emergência do Hospital George Washington, mas desfaleceu após cruzar a porta. A decisão de Jerry Parr de seguir para o hospital, e não para a Casa Branca, salvou a vida de Reagan.

O atentado lançou a Casa Branca e seus altos membros em verdadeiro caos. A presidência de Reagan mal completara 70 dias, e muitos protocolos, procedimentos e planos de emergência/contingência ainda não haviam sido implementados. Para piorar a situação, o vice-presidente, George Bush, estava em um vôo, a caminho do Texas, no momento do atentado. Sua ausência provocou a infame gafe do secretário de estado, Alexander Haig, que disse à assessoria de imprensa da Casa Branca (e portanto ao mundo) que ele estava no comando.

A declaração de Haig, em resposta à pergunta de um repórter sobre quem tomaria as decisões do governo, foi essa:

Constitucionalmente, senhores, há o presidente, o vice-presidente e o secretário de estado, nessa ordem. Caso o presidente decida transmitir o comando ao vice-presidente, isso será feito. No momento, eu estou no comando da Casa Branca, aguardando o retorno do vice-presidente e mantendo contato com ele. Se algo ocorrer, é claro que o consultarei.[2]

Revelou-se, no julgamento de Hinckley, que o alucinado jovem baleara o presidente para impressionar a atriz Jodie Foster, pela qual se tornara obcecado, depois de vê-la no filme *Taxi Driver* por alegadas 15 vezes. Hinckley descreveu o atentado como "a maior prova de amor na história do mundo"[3].

Independentemente do valor que possa ter, e sem propor interpretações psicanalíticas, oferecemos essa curiosidade sobre Hinckley: até 1981, o apelido de Jo Ann, mãe de John Hinckley, era "Jodie".

Muitos meses se passaram antes que Reagan se recuperasse completamente. Durante esse período, sua esposa Nancy e sua equipe cuidaram para que os Estados Unidos e o mundo vissem um presidente competente, enérgico e saudável.

Depois de deixar o cargo, Reagan anunciou que fora acometido pelo mal de Alzheimer. A doença, hoje, já destruiu a memória e a personalidade do homem cujo espírito era tão natural e envolvente que chegara a fazer piadas com os médicos antes de ser anestesiado. Naquele dia, todos foram efetivamente republicanos.

A carta de John Hinckley a Jodie Foster[4]

30/03/81

12h45

Querida Jodie;

Há uma grande possibilidade de que eu seja morto na tentativa de acertar Reagan. É por essa razão que escrevo para você esta carta.

Como você bem sabe agora, eu a amo muito. Durante os últimos sete meses, deixei-lhe dezenas de poemas, cartas e mensagens de amor, na esperança de que você se interessasse por mim. Embora tenhamos conversado por duas vezes ao telefone, nunca tive a coragem de me aproximar de você e me apresentar. Além de ser tímido, eu, honestamente, não queria aborrecê-la com minha constante presença. Sei que as muitas mensagens deixadas à sua porta e em sua caixa de correio foram incômodas, mas senti que esse seria para mim o meio menos doloroso de expressar meu amor por você.

Fico muito feliz com o fato de você pelo menos saber meu nome e o modo como me sinto a seu respeito. E, passeando em seus aposentos, acabei descobrindo que sou o tema de não poucas conversas, por mais escarnecedoras que sejam. Pelo menos você sabe que sempre a amei.

Jodie, eu abandonaria em um segundo essa idéia de acertar Reagan, caso pudesse conquistar seu coração e viver com você pelo resto de minha vida, ainda que na total obscuridade ou como quer que fosse.

Admito que minha razão para levar adiante esse atentado é que já não consigo mais esperar para impressioná-la. Preciso fazer algo agora, para que você entenda, de maneira inequívoca, que tudo o que faço é por sua causa! Sacrificando minha liberdade e possivelmente minha vida, espero que você mude de idéia a meu respeito. Esta carta está sendo escrita apenas uma hora antes de eu me dirigir ao Hotel Hilton. Jodie, estou pedindo que você consulte seu coração e me dê ao menos uma chance, por esse feito histórico, de conquistar seu respeito e seu amor.

Amo-a para sempre,

John Hinckley

61

GEORGE LINCOLN ROCKWELL

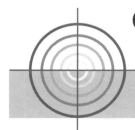

MORREU	✓
SOBREVIVEU	—

Eu idolatrava Rockwell, e tinha por ele o maior dos carinhos. Parecia não haver nada que eu não faria por ele. Para mim ele era tudo. Eu o amava como a um pai, e ele me amava como a um filho.

— John Patler, 1972[1]

George Lincoln

VÍTIMA: George Lincoln Rockwell

NASCIMENTO: 19 de março de 1918

MORTE: 25 de agosto de 1967

IDADE POR OCASIÃO DO ATENTADO: 49 anos

OCUPAÇÃO: Fundador e líder do Partido Nazista Americano (ANP), supremacista branco, ex-piloto da marinha norte-americana, talentoso ilustrador e artista gráfico.

ASSASSINO: John Patler (nome original John Patsalos, n. 1938), 29 anos, ex-membro do Partido Nazista Americano; assassino julgado e condenado de Rockwell.[2]

DATA E MOMENTO DO ATENTADO: Sexta-feira, 25 de agosto de 1967, por volta do meio-dia.

LOCAL DO ATENTADO: Um pequeno centro comercial em Arlington, na Virgínia, em frente à sede do Partido Nazista Americano de Rockwell, conhecida como Hatemonger's Hill ("Colina do Odiento").

Tentativas, Atentados e Assassinatos que Estremeceram o Mundo

ARMA: Um rifle semi-automático Mauser.

DESFECHO DO ASSASSINATO: Dois tiros foram disparados contra Rockwell através do pára-brisa de seu, carro enquanto ele deixava o estacionamento de um pequeno centro comercial. Ele acabara de passar por uma lavanderia automática. Os disparos provinham de uma toca de atirador no alto do edifício lambrisado, à distância aproximada de 15 metros. Uma bala atingiu Rockwell na cabeça; outra acertou-o no peito. Ele se arrastou para fora do carro pela porta do passageiro e morreu quase instantaneamente, sangrando sobre o pavimento. A bala que o atingiu no peito devastou as principais artérias do coração, e ele tombou sem forças, antes de receber cuidados médicos. O proprietário da lavanderia, J. W. Hancock, correu até Rockwell tão logo o viu descer do carro, mas não pôde fazer nada. "Não tive nenhuma dúvida de que ele já estava morto", disse mais tarde a um repórter.[3]

CONSEQÜÊNCIAS JUDICIAIS: John Patler foi localizado por volta das 0h45, em um ponto de ônibus próximo ao local do atentado, por policiais que o reconheceram como membro do Partido Nazista Americano e assistente de Rockwell. Quando eles apareceram, Patler fugiu, sendo perseguido, apanhado e preso. Não ofereceu resistência e estava desarmado. Mantido sob fiança de 50 mil dólares, na prisão de Arlington County, ele respondeu pelo assassinato de Rockwell. Condenado em 16 de dezembro de 1967, depois de três horas de deliberação do júri, Patler foi sentenciado a 20 anos de prisão, sentença mínima para assassinato em primeiro grau. A promotoria pedira a pena de morte (o que fez com que a esposa de Patler, Alice, gritasse "Não, não, não!" no tribunal, antes de desfalecer).[4] Prisioneiro exemplar, Patler obteve o livramento condicional em 22 de agosto de 1975, após cumprir menos de oito anos da sentença. Ele ainda vive, mas seu paradeiro é desconhecido. Ninguém sabe se continua a chamar-se John Patler.

George Lincoln Rockwell nasceu em 1918, filho de um vaudevilista. Depois de se graduar no colégio, de freqüentar a Universidade de Brown e servir a marinha norte-americana, casou-se, teve filhos e, em 1945, começou a levar o que parecia uma tradicional vida familiar. Desenhista talentoso, encontrou trabalho na área. Rockwell aparentava ser um típico veterano do pós-guerra ganhando a vida nos Estados Unidos do pós-guerra.

Em 1951, Rockwell interessou-se pela candidatura do general Douglas MacArthur à Presidência e se envolveu localmente em política. Alguém lhe apresentou algumas obras da literatura anti-semita, em que se postula um conluio entre judeus e comunistas, apenas um passo para a leitura e aprovação de *Mein Kampf* (Minha luta), de Adolf Hitler. "Compreendi que Hitler estava certo quanto aos judeus"[5], observou na época. "Ao ler *Mein Kampf*, descobri uma parte de mim. Encontrei no livro uma iluminação abundante. (...) Fiquei atônito, hipnotizado. (...) Lentamente, pouco a pouco, comecei a entender. Percebi que o nacional-socialismo, a iconoclástica visão de mundo de Adolf Hitler, era a doutrina do idealismo racial científico, uma efetiva religião para os nossos tempos. (...) [Hitler foi] a maior mente nos últimos 2 mil anos."[6]

Em 1958, Rockwell formou o Partido Nazista Americano e começou a fazer aparições polêmicas, atraindo a atenção nacional. Ele chegou mesmo a ser mencionado em uma canção de Bob Dylan, "John Birch Blues". Principiou a pregar publicamente o extermínio dos judeus e a deportação de todos os negros para a África. Sua nova ideologia valeu-lhe a expulsão do corpo reservista da marinha, em 1960, mas o fato não o impediu de concorrer ao governo da Virgínia, em 1965.

John Patler era um membro dedicado do ANP de Rockwell, mas acabou expulso do partido por causar problemas entre nazistas brancos e negros. Aqueles que acreditam que Patler agiu sozinho ao atirar em Rockwell consideram sua expulsão como o provável motivo para o assassinato.

Membros do partido de Rockwell (cujo nome ele havia mudado para Partido Nacional-Socialista dos Homens Brancos, para dar maior ênfase ao poder branco do que ao anti-semitismo) tentaram conseguir que ele fosse sepultado no cemitério nacional de Arlington. Como veterano, ele tinha esse direito, mas os novos líderes do partido quiseram enterrá-lo em trajes nazistas, cobrir o caixão com uma bandeira nazista e comparecer ao enterro envergando suásticas. Arlington se recusou a autorizar o sepultamento, também rejeitado por outro cemitério nacional, Culpeper. O corpo de Rockwell, devolvido à agência funerária, foi ali silenciosamente cremado, depois de esclarecido que o governo norte-americano jamais permitiria o enterro de um nazista ao lado de soldados que pereceram nas garras do nazismo.

É dito que as cinzas de Rockwell, devolvidas à sede do ANP, foram postas sob vigilância armada permanente.

62
Franklin Delano Roosevelt

MORREU —

SOBREVIVEU ✓

Pode me dar cadeira elétrica! Eu não ter medo dessa cadeira! Você é um dos capitalistas. E também ser um pilantra. Me põe na cadeira elétrica. Eu nem ligo!

— Giuseppe Zangara[1]

VÍTIMA: O presidente eleito (cuja posse se daria em 4 de março de 1933) Franklin Delano Roosevelt

NASCIMENTO: 30 de janeiro de 1882

MORTE: 12 de abril de 1945

IDADE POR OCASIÃO DO ATENTADO: 51 anos

OCUPAÇÃO: 32º presidente dos Estados Unidos (1933-1945).

ASSASSINO MALOGRADO: Giuseppe Zangara (1900-1933), 32 anos, pedreiro de imigração italiana; abominador de capitalistas, presidentes e reis.

DATA E MOMENTO DO ATENTADO: Quarta-feira, 15 de fevereiro de 1933, por volta das 21 horas.

Franklin Roosevelt

LOCAL DO ATENTADO: No Bay Front Park, em Miami, na Flórida.

ARMA: Um revólver de calibre 0,32 comprado em uma loja de penhor por 8 dólares.

Franklin Delano Roosevelt

DESFECHO DO ASSASSINATO: O presidente eleito Roosevelt saiu ileso; quatro pessoas na multidão ficaram feridas e se recuperaram; o prefeito de Chicago, Anton Cermak, atingido, morreu posteriormente em decorrência dos ferimentos.

CONSEQÜÊNCIAS JUDICIAIS: Zangara declarou-se culpado de quatro acusações de assalto e da tentativa de assassinato do presidente, sendo rapidamente condenado a quatro sentenças de 20 anos, a serem cumpridas consecutivamente. Depois de saber de sua pena de 80 anos, Zangara acusou o juiz de avareza e o desafiou a dar-lhe uma sentença de 100 anos. O juiz replicou que talvez conseguisse mais, posteriormente. E conseguiu. Depois que o prefeito Anton Cermak morreu, em conseqüência das feridas infligidas por Zangara, o imigrante italiano voltou ao tribunal, onde declarou-se culpado de assassinato. Dessa vez a sentença foi a execução, e Zangara morreu na cadeira elétrica da Flórida, em 20 de março de 1933.

Um breve artigo do *New York Times,* publicado dois dias após o atentado contra o presidente eleito Roosevelt, trazia essa chamada: "Prefeito Cermak teria encomendado quatro trajes à prova de balas". De acordo com a história, um fabricante do ramo disse aos repórteres que o prefeito Cermak, gravemente ferido no atentado contra Roosevelt, havia encomendado quatro trajes à prova de balas na véspera de sua partida para a Flórida. O secretário do prefeito declarou não ter conhecimento do pedido.[2]

A precaução de Cermak poderia ter salvado sua vida.

Giuseppe Zangara queria matar um presidente dos Estados Unidos e, durante sua breve existência na América do Norte, atirou em um presidente eleito, pensou em assassinar outro (Herbert Hoover, Capítulo 29) e conseguiu eliminar um prefeito. (Também confessou à polícia que pretendia matar o rei da Itália antes de mudar-se para os Estados Unidos, mas não teve oportunidade.)

O presidente eleito Roosevelt acabara de passar 12 dias de férias no iate do amigo Vincent Astor, o *Nourmahal,* na costa de Miami, Flórida. (FDR afirmava ter fisgado um bocado de peixes e engordado cinco quilos durante as férias.) Depois de sua chegada a Miami, ele planejava falar ao povo, a céu aberto, no Bay Front Park. O encontro, anunciado à imprensa, reuniu mais de 10 mil pessoas no parque, para ver e ouvir aquele que logo seria seu presidente.

O discurso, que muitos esperavam longo, consistiu de dois breves parágrafos estropiados, mas Roosevelt foi aclamado e calorosamente saudado pela multidão.

Terminada a cerimônia, o baixinho Giuseppe Zangara, de um metro e cinqüenta, subiu em um banco, apontou seu revólver de calibre 0,32 para FDR e disparou cinco tiros.

– 205 –

Tentativas, Atentados e Assassinatos que Estremeceram o Mundo

Não atingiu Roosevelt, mas acertou o prefeito Anton Cermak no peito; uma mulher de Newark, Nova Jérsei, teve a mão varada por uma bala; a esposa do presidente da Companhia de Luz e Energia da Flórida levou um tiro no abdome; um policial nova-iorquino foi ferido na cabeça. Quatro sobreviveram; o prefeito Cermak morreu 19 dias após o atentado.

FDR falou posteriormente ao *New York Times* sobre seus esforços para manter o prefeito vivo:

Vi o prefeito Cermak sendo carregado. Cuidei para que fosse colocado nos fundos de [meu] carro, que seria o primeiro a partir. Ele estava vivo, mas não me pareceu que duraria muito. Pus meu braço esquerdo ao redor de seu corpo e a mão em seu pulso, mas não senti nenhuma palpitação. Ele declinava rapidamente.

À esquerda de Cermak, curvado sobre ele, estava o chefe dos detetives de Miami. Ele ia sentado no pára-lama traseiro. Disse, depois de avançarmos dois quarteirões: "Não acho que ele vá durar muito".

Respondi: "Receio que não dure".

Depois de cruzarmos mais uma quadra, o prefeito Cermak se estirou e eu senti seu pulso. Era impressionante. Por três quarteirões, achei que seu coração havia parado. Segurei-o por todo o caminho até o hospital e seu pulso foi melhorando continuamente.

Aquela viagem pareceu ter 50 quilômetros. Conversei com o prefeito durante quase todo o caminho. Lembro-me de ter dito: "Tony, fique imóvel — não se mexa. Não vai doer se você não se mexer."[3]

A vida triste e patética de Giuseppe Zangara é um exemplo clássico de quão facilmente tudo pode dar errado e arruinar uma pessoa, por mais bem-intencionada que seja. O pai de Zangara o tirou da escola quando ele ainda era criança e o colocou em um trabalho duro e pesado. O garoto não se alimentava devidamente, e essa combinação, de acordo com Zangara, causou-lhe problemas estomacais e um amargo ressentimento por pessoas que mandavam os filhos à escola e os alimentavam bem. Curto-circuito. Assim, cresceu odiando os capitalistas e deu o trágico salto da virulência para a violência.

Se houvesse permanecido na escola e recebido uma alimentação adequada, será que Zangara teria tentado matar um presidente quando adulto? Jamais saberemos.

63
THEODORE ROOSEVELT

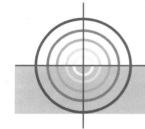

MORREU   —
SOBREVIVEU   ✓

Amigos, devo pedir-lhes que mantenham a maior tranqüilidade possível. Não sei se vocês sabem, eu acabo de levar um tiro; mas é preciso mais do que isso para matar um Bull Moose. (...) A bala está em mim agora, por isso não posso fazer um discurso longo, mas farei o melhor que posso. (...) Tenho coisas importantes demais para pensar, do que ficar me preocupando com minha morte. Eu jamais seria insincero com vocês, cinco minutos depois de levar um tiro. (...) Posso dizer com absoluta veracidade que não me importa nem um pouco se fui baleado ou não.

— Theodore Roosevelt[1]

A morte teve de pegá-lo dormindo. Porque se Roosevelt estivesse desperto, haveria luta.

— Thomas Marshall[2]

VÍTIMA: Theodore Roosevelt
NASCIMENTO: 27 de outubro de 1858
MORTE: 6 de janeiro de 1919
IDADE POR OCASIÃO DO ATENTADO: 53 anos

Roosevelt

Tentativas, Atentados e Assassinatos que Estremeceram o Mundo

OCUPAÇÃO: 26º presidente dos Estados Unidos (1901-1909), escritor prolífico[3], fundador do regimento voluntário de cavalaria dos Rough Riders (os "Bravos Guerreiros"), famosos por seu lema: "Fale macio e leve um bordão".

ASSASSINO FRUSTRADO: John N. Schrank (1876-1943), 36 anos, ex-proprietário de salão e senhorio.

DATA E MOMENTO DO ATENTADO: Segunda-feira, 14 de outubro de 1912, no início da noite.

LOCAL DO ATENTADO: As cercanias de um hotel em Milwaukee, Wisconsin, enquanto Roosevelt entrava em um carro.

ARMA: Um revólver Colt de calibre 0,38.

DESFECHO DO ASSASSINATO: Schrank conseguiu disparar apenas um tiro contra Roosevelt, antes de ser agarrado por assistentes e policiais, no momento em que se preparava para detonar o segundo. (A exemplo do que fez William McKinley [Capítulo 48], quando baleado, Roosevelt pediu à polícia e à multidão que não ferissem seu agressor.) A bala acertou Roosevelt no peito, mas foi refreada por um discurso de 50 páginas dobradas e por um estojo de óculos que o coronel trazia no bolso do paletó. Ainda assim, o projétil se alojou em seu tórax, próximo ao coração. Quando o assistente de Roosevelt, Henry Cochems, lhe perguntou se fora atingido, o presidente respondeu: "Ele me furou, Henry"[4]. Embora sangrasse profusamente (havia uma poça de sangue se formando a seus pés), recusou-se a ser levado para o hospital e insistiu em ir ao Auditório de Milwaukee, onde fez um dramático e vigoroso discurso de campanha por 50 minutos. (Ele era candidato do Bull Moose Party ["Partido dos Alces"], concorrendo a seu terceiro mandato presidencial, contra o presidente em exercício, Taft.) Após a cerimônia, os médicos que o atenderam concluíram que o discurso dobrado e o estojo metálico haviam salvado sua vida. Hospitalizado por seis dias no Hospital Mercy, em Chicago, ao sair ele prosseguiu em campanha. Roosevelt afirmou que não pensava na bala, jamais removida, e morreu seis anos depois, de embolia coronária.

CONSEQÜÊNCIAS JUDICIAIS: Ao ser preso, John Schrank disse às autoridades que atirara em Theodore Roosevelt porque o espírito de William McKinley aparecera em seus sonhos e o exortara a isso. Também acreditava que qualquer um que concorresse a um terceiro mandato presidencial (como Theodore Roosevelt) era um traidor e tinha de ser eliminado. Em papéis encontrados entre seus pertences, Schrank havia escrito: "Em sonho, vi o presidente McKinley trajando vestes monásticas, e reconheci Theodore Roosevelt. 'Esse é meu assassino; vingue minha morte' — disse o presidente."[5] Schrank foi considerado insano e sentenciado ao confinamento em uma instituição para doentes mentais. Morreu internado no Wisconsin, em 1943.

Durante sua presidência, Teddy Roosevelt, imensamente popular, teve uma presença muito visível no cenário norte-americano. Remessas que indicavam como destinatário apenas o desenho de um par de óculos com aro de arame eram entregues à Casa Branca sem demora.

Assim, seu desafio ao presidente em exercício, Taft, pela candidatura republicana, em 1912, fazia sentido politicamente (ao menos para Roosevelt e seus fiéis seguidores). Tendo perdido a disputa, contudo, deixou o Partido Republicano para fundar o Partido Progressista, também conhecido como Bull Moose Party. Ele e Taft acabaram dividindo o voto republicano, entregando a eleição ao democrata Woodrow Wilson.

Depois dessa eleição, Roosevelt praticamente se aposentou da vida política, e passou o resto de seus dias escrevendo livros e fazendo safáris.

64
ANUAR EL-SADAT

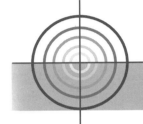

MORREU ✓

SOBREVIVEU ―

Onde estavam seus guarda-costas? Perguntei a mim mesma — aqueles grandalhões que deviam se jogar sobre meu pai ao menor sinal de perigo? O que faziam com as pistolas elétricas que ganharam, armas capazes de lançar uma descarga que paralisaria um agressor à distância de cinco metros ou mais? Posteriormente, soube que, no momento do atentado, os guarda-costas de meu pai estavam distraídos com a exibição de vôo acrobático da força aérea. Fiquei imaginando se não seriam eles mesmos os assassinos, já que naquele momento ninguém sabia quem tinha matado meu pai. Algum tempo depois, Indira Gandhi, na Índia, perderia a vida nas mãos de um guarda-costas que virara assassino.

— Camelia Sadat[1]

VÍTIMA: Anuar el-Sadat

NASCIMENTO: 25 de dezembro de 1918

MORTE: 6 de outubro de 1981

IDADE POR OCASIÃO DO ATENTADO: 62 anos

Anuar El-Sadat

OCUPAÇÃO: Político egípcio, presidente do Egito (1970-1981), co-ganhador do Prêmio Nobel da Paz, com o primeiro-ministro israelense Menachem Begin (1978); Homem do Ano da *Time* (1977).

ASSASSINOS: Khalid Islambouli (1957-1982), 24 anos, fundamentalista islâmico que se opunha aos esforços de Sadat pela paz com Israel; Mohamed Abdel-Salam Faraq Attiya; Hussein Mohamed Abbas; Abboud Zumr; Farag Fodo; e muitos outros.

DATA E MOMENTO DO ATENTADO: Quarta-feira, 6 de outubro de 1981, por volta de 0h40.

LOCAL DO ATENTADO: A tribuna de um desfile militar na cidade de Nasr, próxima ao Cairo, no Egito.

ARMAS: Rifles de assalto AK-47, submetralhadoras e granadas de mão.

DESFECHO DO ASSASSINATO: Sadat foi baleado várias vezes, mas é provável que o primeiro tiro, que lhe varou o pescoço, tenha sido imediatamente fatal. Quando chegou ao hospital, por volta de 1h20, ele estava em coma total e não apresentava sinais de pulso nem pressão sangüínea. O relatório médico registrou duas feridas por entrada de bala abaixo do mamilo esquerdo e diversos ferimentos no braço direito, no peito, no pescoço e junto ao olho esquerdo. Como sempre se faz, houve muitos esforços para reavivar o presidente, sem sucesso. Não havia atividade cardíaca nem cerebral, e ele foi declarado morto às 2h40. Vinte e um médicos assinaram o relatório[2]. Dez pessoas que estavam na tribuna morreram (inclusive um príncipe de Omã); cerca de 40 saíram feridas.

CONSEQÜÊNCIAS JUDICIAIS: Dois dos atiradores foram mortos na hora; outros dois, detidos. Mais de 800 pessoas sofreram prisão durante as investigações do assassinato. No fim das contas, 24 fundamentalistas islâmicos radicais acabaram indiciados por assassinato e conspiração. Islambouli, considerado o mentor da conspiração, e outros quatro morreram executados. Além disso, 17 foram presos e dois absolvidos. Abbas está em liberdade. Zumr cumpre prisão perpétua no Egito. Fodo foi baleado e morto em 1992 por dois fundamentalistas islâmicos mascarados. Sadat teve como sucessor o vice-presidente egípcio Hosni Mubarak (Capítulo 52).

O caminhão parecia um veículo militar comum e rebocava uma plataforma sobre a qual havia uma metralhadora de campanha. Apenas mais um na longa fila de veículos militares que tomavam parte no desfile de comemoração da vitória egípcia na guerra de 1973 entre Israel e Egito.

Tentativas, Atentados e Assassinatos que Estremeceram o Mundo

Era um caminhão Zil-151, de fabricação russa. Quando deixou a parada e estacionou em frente à tribuna, a maioria dos presentes supôs que apresentava problemas mecânicos e precisara deixar a lenta fila de veículos.

Subitamente, Khalid Islambouli e mais três homens desceram do caminhão e correram rapidamente para a tribuna, de onde Sadat e outros dignitários assistiam sentados ao desfile. Conforme se aproximavam, Sadat se levantou — não por medo, nem para tentar fugir. Acredita-se que para receber em pé os soldados.

Islambouli atirou uma granada de mão sobre a tribuna. Ela falhou e saiu rolando inofensivamente. Ele sacou outra do bolso, arrancou o pino e a arremessou. Nada. Enviou então uma terceira granada, que explodiu. Ao mesmo tempo, seus acólitos abriram fogo contra a tribuna com rifles de assalto AK-47. Enquanto isso, jatos acrobáticos rasgavam os céus, aumentando a confusão. Por aproximadamente 40 segundos, ninguém da equipe de segurança de Sadat fez nada. Na verdade, Islambouli e seus homens conseguiram gastar toda a munição, antes que os guardas revidassem. (Nota: O assassinato de Sadat foi um terrível embaraço para os Estados Unidos, que haviam concordado em assumir a responsabilidade pela segurança de Sadat. Para protegê-lo, gastaram 20 milhões de dólares dos contribuintes. Muitos norte-americanos, embora reconhecendo a importância das relações abertas com o Egito e a necessidade de proteger os principais aliados, não achavam que o dinheiro fora bem gasto.)

Literalmente, centenas de tiros alcançaram a tribuna e vários deles atingiram Sadat.

Por que ele não estava com seu colete à prova de balas? Como nos assassinatos de Indira Gandhi (página 70) e George Wallace (página 244), houve uma decisão pessoal para dispensar o traje de segurança. (Indira não usara o seu para que o sári aparecesse bem na televisão; Wallace pôs de lado o seu porque o dia estava tremendamente quente e úmido.) Sadat não vestiu o colete, pois achava que ele o deixaria gorducho dentro do novo uniforme que mandara fazer sob medida em Londres. Embora o tiro fatal tenha varado seu pescoço, o colete ofereceria pelo menos uma proteção módica. Se garantiria sua sobrevivência é um ponto discutível, mas, de qualquer modo, seria útil em meio a um temporal de balas.

65
THERESA SALDANA

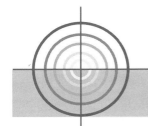

MORREU —

SOBREVIVEU ✓

Esse homem vai me matar, se ninguém me ajudar. Essa é a verdade.
— Theresa Saldana[1]

VÍTIMA: Theresa Saldana

NASCIMENTO: 20 de agosto de 1954

MORTE: —

IDADE POR OCASIÃO DO ATENTADO: 27 anos

OCUPAÇÃO: Atriz, mais conhecida pelo papel de Lenore, a irmã do lutador Jake LaMotta (interpretado por Robert De Niro) no filme *Touro Indomável* (1980), de Martin Scorsese.

ASSASSINO FRUSTRADO: Arthur Jackson (n. 1935), 47 anos, assassino e marginal mentalmente insano, oriundo de Aberdeen, Escócia.

DATA E MOMENTO DO ATENTADO: Segunda-feira, 15 de março de 1982, pela manhã.

LOCAL DO ATENTADO: Junto ao apartamento da vítima, em West Hollywood, Los Angeles, Califórnia.

ARMA: Uma faca de caça no valor de 5 dólares.

Theresa Saldana

Tentativas, Atentados e Assassinatos que Estremeceram o Mundo

DESFECHO DO ASSASSINATO: Saldana, esfaqueada 10 vezes, teve a vida salva por um entregador de água mineral chamado Jeffrey Fenn, que a socorreu. Ele dominou e imobilizou o agressor até que a polícia chegasse.

CONSEQÜÊNCIAS JUDICIAIS: Em novembro de 1982, Arthur Jackson foi sentenciado a 12 anos de prisão pela tentativa de assassinar Saldana. Em 1989, após cumprir apenas sete, teve a soltura prevista por bom comportamento. Em 1990, contudo, sua pena se estendeu por mais cinco anos, graças a um pedido de Saldana. Jackson enviara cartas ameaçadoras à atriz, durante toda a permanência na prisão, e ela reclamou ao tribunal que temia por sua vida, caso ele ganhasse liberdade. Jackson enfrentou novo julgamento, por felonia, pelo envio das tais cartas, sendo condenado e sentenciado a mais cinco anos. Em 1996, ao sair da prisão, foi imediatamente extraditado para Londres, onde respondeu por uma acusação de homicídio. Em janeiro de 1997, a Corte Criminal de Old Baley o condenou pelo assassinato de um guarda bancário ocorrido em 1967. Jackson está confinado em um hospital psiquiátrico por tempo indeterminado.

Quando tinha 17 anos, Arthur Jackson pediu a um médico que o castrasse e abrisse sua cabeça, para que a sujeira de seu cérebro pudesse ser removida.

Já adulto, visitou outro médico na Escócia com o objetivo de se submeter a uma cirurgia capaz de remover certos vasos sangüíneos de suas pálpebras. Por quê? Porque — justificou — as veias estavam desfigurando sua alma.

Jackson também procurou tratamento para uma pinta que acreditava estar drenando de maneira sobrenatural suas forças. Certa vez, ele tentou processar um vizinho. Insistia na acusação de que o homem estava "possuído por uma compulsão demoníaca para causar incômodos"[2].

Antes de seu ataque contra Theresa Saldana, Jackson, um reconhecido esquizofrênico, vivia com a mãe. Ela também era esquizofrênica, e comenta-se que eles não se tocavam sob circunstância alguma.

Quando trabalhava em Nova York, como residente estrangeiro, Jackson foi convocado pelo exército. Declarado insano, recebeu dispensa sob a Seção 8. Depois, em 1961, ameaçou a vida do presidente John F. Kennedy e acabou deportado. Conseguiu voltar, para ser preso em seguida por invadir um prédio de escritórios. Outra vez deportado, retornou em 1982 aos Estados Unidos e não encontrou problemas ao cruzar a imigração. Em março, tentou matar Theresa Saldana.

O sofrimento de Saldana nas mãos de um fã tomado de insana obsessão era o supremo pesadelo das celebridades. Arthur Jackson decidiu matá-la após vê-la em *Touro Indomável* e dois outros filmes. Entrou ilegalmente nos Estados Unidos e a rastreou, contratando um detetive particular que investigou os registros de automóveis para descobrir o endereço da atriz.

Na manhã de 15 de março de 1982, Jackson aguardou fora do apartamento de Saldana. Quando ela saiu e se dirigia ao carro, aproximou-se e lhe perguntou: "Você é Theresa Saldana?" Enquanto ela se virava para responder que sim, ele se pôs a esfaqueá-la furiosa e repetidamente, com tanta força que a lâmina chegou a envergar.

Jeffrey Fenn, que entregava água mineral nas proximidades, viu o ataque e correu imediatamente em socorro de Saldana. Conseguiu dominar Jackson e o segurou até que a polícia chegasse. Consta que 27 pessoas testemunharam a ação de Jackson contra Saldana. Saldo: cinco grandes cirurgias, uma transfusão de oito litros de sangue, dez facadas, mil pontos e três meses e meio de hospitalização.

Para não falar das cicatrizes.

Desde aquele dia, até Jackson ser internado em um hospício na Inglaterra, em 1997, o medo assombrou a vida de Saldana. Ela comenta que o atentado causou seu divórcio (a atriz voltou a se casar e teve um filho), prejudicou sua carreira e a lesou financeiramente.

Psicologicamente, Saldana conseguiu superar o terror que pode dominar as vítimas de ataques traumáticos. Em 1984, interpretou a si mesma em *Victims for Victims: The Theresa Saldana Story* (As vítimas pelas vítimas: a história de Theresa Saldana), filme para a televisão que recriava o atentado sofrido por ela. "Trabalhar no filme liberou muito da minha tensão", declarou em 1984. "Conforme representava, eu me sentia exultante e criativa. Sentia que era capaz de tudo. Quantas pessoas têm a oportunidade de voltar no tempo e reviver uma experiência traumática, mas sem a dor física ou emocional do passado?"[3]

Saldana também ajudou a formar o Vítimas pelas Vítimas, um grupo americano de apoio às vítimas de crimes violentos.

Ela continua a trabalhar para a televisão e o cinema, e tem uma posição ambígua no que se refere a manter-se em uma atividade que provocou um ataque quase fatal contra sua vida. "É muito triste", disse em 1989. "Você escolhe uma profissão com o desejo de entreter as pessoas e proporcionar a elas imaginação e alegria, e então acontece uma monstruosidade dessas."[4]

Tentativas, Atentados e Assassinatos que Estremeceram o Mundo

Filmografia de Theresa Saldana[5]

A Febre da Juventude (1978)

Home Movies (1979)

Sophia Loren: Her Own Story (1980) (TV)

Touro Indomável (1980)

Defiance (1980)

Miss Lonelyhearts (1983)

Vingança Selvagem (1984)

Victims for Victims: The Theresa Saldana Story (1984) (TV)

The Highwayman (1987) (TV)

Uma Noite Muito Louca (1988)

Of Men and Angels (1989)

Fúria em Los Angeles (1990)

Double Revenge (1990)

The Commish (1991) (Seriado de TV)

Shameful Secrets (1993) (TV)

The Commish: In the Shadow of the Gallows (1995) (TV)

She Woke Up Pregnant (1996) (TV)

All My Children (1997) (Seriado de TV)

The Time Shifters (1999) (TV)

Carlo's Wake (1999)

Ready to Run (2000) (TV)

66
REBECCA SCHAEFFER

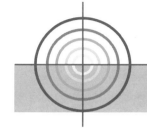

MORREU ✓

SOBREVIVEU —

Tenho obsessão pelo inacessível. Preciso eliminar o que não posso ter. (...) Eu nunca perco. Ponto final.

— Robert John Bardo[1]

VÍTIMA: Rebecca Schaeffer

NASCIMENTO: 6 de novembro de 1967

MORTE: 18 de julho de 1989

IDADE POR OCASIÃO DO ATENTADO: 21 anos

OCUPAÇÃO: Atriz de televisão e cinema, mais conhecida por estrelar em 1986 a comédia *Minha Irmã é Demais*.

ASSASSINO: Robert John Bardo (n. 1970), 19 anos, porteiro de um restaurante fast-food de Tucson, Arizona.

DATA E MOMENTO DO ATENTADO: Terça-feira, 18 de julho de 1989, pouco antes das 10h15.

Rebecca

LOCAL DO ATENTADO: O apartamento da vítima em West Hollywood, Los Angeles, Califórnia.

ARMA: Um revólver Magnum 0,357 carregado com balas expansivas de ponta oca.

DESFECHO DO ASSASSINATO: Schaeffer recebeu um tiro no peito e morreu no Centro Médico de Cedars-Sinai, aproximadamente 30 minutos após o disparo.

Tentativas, Atentados e Assassinatos que Estremeceram o Mundo

CONSEQÜÊNCIAS JUDICIAIS: Bardo foi condenado por assassinato em primeiro grau, em outubro de 1991, e atualmente cumpre pena de prisão perpétua, sem possibilidade de livramento condicional.

Houve uma época em que era perfeitamente legal contratar detetives particulares para descobrir o endereço e outros dados pessoais de qualquer pessoa, inclusive celebridades. Os departamentos estaduais de veículos automotores davam informações a quem as pedisse, e, assim, o assassino de Rebecca Schaeffer descobriu onde ela morava. A morte de Rebecca estimulou leis contra o rastreamento, procurando evitar esse tipo de acesso generalizado; atualmente, contudo, estamos entrando em uma nova era de problemas de privacidade, com mais e mais informações sendo divulgadas on-line e tornando-se facilmente acessíveis pela Internet.

O perfil de Robert John Bardo é o do típico perseguidor obcecado por uma celebridade. Entretanto, ele rejeita as acusações de insanidade, tendo dito a um repórter, em 1992: "Sou apenas emotivo. Se não fosse por minha obsessão, eu seria um cumpridor das leis."[2]

Nascido em uma família doentia e bastante turbulenta (pai alcoólatra, mãe paranóica, irmão afeito ao molestamento físico e assim por diante), Bardo começou a apresentar sérios problemas enquanto estudava no ginásio. Ele começou a escrever cartas ameaçadoras aos professores e a falar de suicídio; seria apenas um passo para que o rapaz desviasse a atenção para um alvo mais distinto e mais visível — como uma atriz, cujas fotos estavam prontamente disponíveis em revistas e jornais, e que podia ser vista o tempo todo na televisão.

Na manhã da morte de Rebecca Schaeffer, Bardo a visitou por duas vezes. Quando tocou a campainha, na primeira oportunidade, ela precisou atender pessoalmente, pois o sistema de interfone de seu novo apartamento não funcionava direito. Schaeffer abriu a porta e Bardo lhe entregou um bilhete que escrevera, e que ela aceitou. (Há informações conflitantes com relação a esse encontro. Algumas fontes dizem que Bardo entregou-lhe uma fotografia que ele lhe havia enviado e que ela devolvera com um autógrafo.)

Não se sabe se Schaeffer pressentiu intuitivamente o perigo durante esse encontro; é possível que tenha considerado Bardo apenas um fã dedicado, que, por acaso, localizara seu endereço. Bardo contou posteriormente à polícia que Schaeffer lhe dissera "Cuide-se" ao fechar a porta. O assassino procurou então um restaurante de Los Angeles, onde fez um lanche de anéis de cebola e bolo de queijo. Terminou de comer e, no sanitário masculino, pôs uma bala de ponta oca em sua Magnum 0,357, que seu irmão maior de idade lhe

– 218 –

comprara. Era o necessário para carregar a arma, que Barco recolocou em uma sacola plástica — que também continha um exemplar do romance favorito dos assassinos norte-americanos (*O Apanhador no Campo de Centeio*, de J. D. Salinger), uma fita do U2 e um bilhete que escrevera para Schaeffer.

Cerca de uma hora após a primeira visita, Bardo voltou ao apartamento de Schaeffer e tocou novamente a campainha. De acordo com seu relato, ele saiu da vista da moça enquanto ela abria a porta, obrigando-a a escancará-la e sair à soleira.

Bardo então deixou seu refúgio e a empurrou para a entrada do apartamento, baleando-a uma única vez no peito com a Magnum 0,357. Ele havia escolhido especificamente a bala de ponta oca por sua capacidade extrema de causar danos. Bardo disse à polícia que Schaeffer exclamara "Por quê? Por quê?", enquanto caía ao chão.

Ele fugiu em seguida da cena do crime. Mais tarde, no mesmo dia, tomou um ônibus de volta a Tucson, no Arizona. Ao chegar, começou a andar de um lado para o outro em uma rampa de acesso rodoviário, desviando-se dos carros e atraindo a atenção de um guarda local. Interrogado por ele, Bardo afirmou que matara Rebecca Schaeffer e que a polícia da Califórnia o procurava. Foi imediatamente preso e, depois que a polícia confirmou sua história, ele foi enviado de volta à Califórnia, onde sofreu acusação pela morte de Schaeffer. Depois de renunciar a seu direito de julgamento (eliminando com isso a possibilidade de receber a pena de morte), Bardo foi condenado por assassinato em primeiro grau em outubro de 1991, e sentenciado à prisão perpétua sem possibilidade de condicional.

Filmografia de Rebecca Schaeffer[3]

One Live to Live (1968) (Seriado de TV)	*Voyage of Terror: The Achille Lauro Affair* (1990) (TV)
Minha Irmã é Demais (1986-1988) (Seriado de TV)	*O Fim da Inocência* (1990)
Os Dias da Rádio (1987)	**Aparições de destaque na TV**
Out of Time (1988) (TV)	*Amazing Stories* (1985)
Scenes from the Class Struggle in Beverly Hills (1989)[4]	

67
MONICA SELES

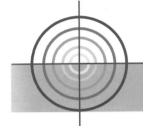

MORREU —
SOBREVIVEU ✓

Para mim o ruim foi que ele usou uma faca. Se tivesse me batido, ou... mas por que me enfiar um negócio afiado, como uma faca, e depois arrancar e querer fincar de novo? Uma pessoa dessas, não sabemos se é anjo ou demônio: não importa. Ainda mais pelas costas...

— Monica Seles[1]

Ele pensava em me dar flores, e, acredito, cortar minhas mãos. Mas sentiu que seria muito arriscado.

— Monica Seles[2]

VÍTIMA: Monica Seles

NASCIMENTO: 2 de fevereiro de 1973

MORTE: —

IDADE POR OCASIÃO DO ATENTADO: 19 anos

OCUPAÇÃO: Tenista número um do mundo (na época do atentado).

ASSASSINO FRUSTRADO: Günther Parche (n. 1954), 38 anos, fã alemão de Steffi Graf, torneiro desempregado e perturbado mental.

Monica Seles

DATA E MOMENTO DO ATENTADO: Sexta-feira, 30 de abril de 1993, aproximadamente às 19 horas.

LOCAL DO ATENTADO: Uma quadra de tênis no Rothenbaum Tênis Clube, em Hamburgo, Alemanha.

ARMA: Uma faca de serra de açougueiro, de 22 cm. (Parche a usara anteriormente para cortar salsichas na cozinha de sua tia.)

DESFECHO DO ASSASSINATO: Seles sofreu uma perfuração de meia polegada e uma torção muscular à esquerda da medula espinhal, logo abaixo do ombro esquerdo. O músculo sarou e, graças à fisioterapia, ela teve plena recuperação, sem seqüelas permanentes. Seles disse que a cicatriz coça, quando vai chover.

CONSEQÜÊNCIAS JUDICIAIS: Parche foi acusado de causar danos corporais severos, e, assim, em 14 de outubro de 1993, ele recebeu uma suspensão condicional de dois anos. (Parche confessou que esperava cumprir 15 anos por seu crime.[3]) A promotoria apelou da sentença e exigiu que Seles testemunhasse no julgamento. Como as vítimas depõem de costas para o réu nos tribunais alemães, Seles se recusou a comparecer. Além disso, enviou seus registros médicos à corte fora do prazo, procedimentos que, se cumpridos a rigor, teriam resultado em pena mais dura para Parche. O segundo julgamento resultou no mesmo veredicto e na mesma sentença.

Monica Seles vomitou ao ver pela primeira vez a fita em que aparecia sendo esfaqueada em uma quadra de tênis em Hamburgo, na Alemanha. Assistiu à fita em janeiro de 1995, quase dois anos depois do atentado, e ainda não conseguia lidar com o fato. Os danos físicos que lhe infligira a faca de Günther Parche eram relativamente leves; o dano psicológico, no entanto, ainda persistia. Em julho de 1995, Monica Seles disse à revista *Sports Illustrated*: "Meu grito foi o que permaneceu comigo por mais tempo"[4].

Seles estava competindo no Torneio Aberto de Hamburgo, em 30 de abril de 1993, e vencia por 4 a 3 seu segundo set contra a búlgara Magdalena Maleeva. Após o set, houve um intervalo programado, e Seles e Maleeva se acomodaram em cadeiras individuais, de costas para o público. Havia dois seguranças atrás de cada jogadora. (Nunca se explicou como Parche passou pelos seguranças que protegiam Monica Seles.)

Enquanto elas descansavam, Günther Parche, um "homem meio calvo, de estatura mediana, com camisa xadrez e calça jeans"[5], esgueirou-se pela multidão, avançando lentamente em direção ao cinturão de isolamento que separava o público da quadra. Assim que

Tentativas, Atentados e Assassinatos que Estremeceram o Mundo

se viu próximo a Monica Seles, tirou de uma sacola plástica uma faca de açougueiro de 22 cm, elevou-a no ar com as duas mãos e a fincou nas costas da tenista. Então retirou a faca e levantou-a novamente para apunhalá-la uma segunda vez, sendo rapidamente agarrado pelos seguranças e detido. Durante a confusão, um dos seguranças quebrou o braço esquerdo de Parche enquanto o imobilizava, fazendo-o soltar a faca sobre a quadra, onde ela ficou à vista de todos. O sangue de Seles podia ser visto claramente na lâmina.

Seles tombou da cadeira, pôs as mãos nas costas e começou a gritar. Em segundos, estava cercada por várias pessoas, entre as quais o árbitro Stefan Voss; a diretora de turnês da Associação Mundial de Tênis, Lisa Grattan; a treinadora de Seles, Madeleine Van Zoelen; e o irmão da tenista, Zoltan Seles. Levada de ambulância ao Hospital Universitário de Eppendorf, Monica lá permaneceu até 2 de maio, após o que retornou aos Estados Unidos em avião particular.

A ferida de Seles não ocorrera em uma parte muito perigosa do corpo, mas era muitíssimo dolorosa. De qualquer modo, poderia ter sido pior. No momento em que Parche tirou a faca da sacola plástica, uma mulher na arquibancada viu o que ele fazia e gritou. Ao ouvi-la, Seles virou-se para a esquerda a fim de ver o que acontecia. Seu ligeiro giro de corpo provavelmente a salvou de uma total paralisia para o resto da vida. A faca de Parche penetrou a poucos centímetros da medula espinhal e é provável que, se ela estivesse totalmente de costas, o centro mortal de sua medula teria sido atingido.

Por que Günther Prache esfaqueou a tenista número um do ranking mundial? Para que a tenista número dois, Steffi Graf, pudesse alçar-se ao topo.

Parche, totalmente obcecado por Steffi Graf, estava determinado a fazer o que pudesse para tirar Seles do páreo. Diz-se que ele entrava em vertiginoso êxtase, quando Graf ganhava uma partida, e caía em aguda depressão se ela perdia. Um depósito na casa em que morava com a tia era primorosamente decorado com fotos e pôsteres de Steffi Graf, e ele chegou ao ponto de enviar dinheiro à estrela no aniversário dela.

Parche afirmou que não tentara matar Seles; só queria arruinar sua capacidade de jogar tênis. No fim até que ele teve algum sucesso, pois ela levou 27 meses para voltar às quadras profissionalmente.

Em 29 de julho de 1995, Monica Seles jogou contra Martina Navratilova em um amistoso "Retorno das Campeãs". Seles ganhou fácil. Nos anos que se seguiram, desde seu retorno ao tênis profissional, ela voltou a enfrentar Steffi Graf, e tanto perdeu como ganhou partidas da tenista, com a qual estará para sempre associada nos anais das tentativas de assassinato.

68

WILLIAM HENRY SEWARD

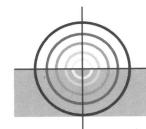

MORREU	—
SOBREVIVEU	✓

Sei, e todo o mundo sabe, que revoluções nunca retrocedem.
— William H. Seward[1]

VÍTIMA: William Henry Seward

NASCIMENTO: 16 de maio de 1801

MORTE: 10 de outubro de 1872

IDADE POR OCASIÃO DO ATENTADO: 63

OCUPAÇÃO: Advogado, ex-senador dos Estados Unidos pelo Estado de Nova York, secretário de estado dos presidentes Abraham Lincoln e Andrew Johnson, conhecido por arquitetar a compra do Alasca, pertencente à Rússia, por 7 milhões de dólares (a "Loucura de Seward").

ASSASSINO FRUSTRADO: Lewis Paine (também conhecido como Lewis Powell; 1844-1865), 20 anos, integrante do complô pelo assassinato de Lincoln (página 137).

DATA E MOMENTO DO ATENTADO: Sexta-feira, 14 de abril de 1865, pouco depois das 22 horas.

LOCAL DO ATENTADO: O quarto de Seward, no terceiro andar de sua casa, no Lafayette Park, em Washington, D.C.

William Seward

Tentativas, Atentados e Assassinatos que Estremeceram o Mundo

ARMA: Uma faca Bowie, descrita no julgamento de Paine como "um instrumento pesado, com cabo de chifre, ponta de dois gumes e uma lâmina de cerca de 25 cm"[2].

DESFECHO DO ASSASSINATO: Paine irrompeu no quarto mal iluminado de Seward e avançou diretamente contra a cama, no lado direito do aposento. Seward, contudo, estava na extremidade oposta do leito, próximo à parede, para dispor de mais espaço para descansar o braço e o ombro esquerdos, então contundidos. Paine conseguiu esfaqueá-lo no rosto e no pescoço. O secretário ficou gravemente ferido, mas as lesões não eram fatais. Ele acabou se recompondo, mas o que dificultou sua convalescença (e agravou seu sofrimento) foi o fato de que, na ocasião do atentado, recuperava-se de sérias contusões que sofrera em um acidente de carruagem. Quem se feriu mais gravemente no atentado foi Frederick, filho de Seward. Depois de tentar um tiro falho, Paine o acertou na cabeça com a arma, fraturando seu crânio e expondo seu cérebro em dois pontos. Frederick ficou consciente por aproximadamente uma hora depois que Paine o acertou, mas entrou em coma em seguida e permaneceu insensível por diversos dias. Passou-se um mês, antes que os médicos o considerassem fora de perigo.

CONSEQÜÊNCIAS JUDICIAIS: Durante a fuga da casa de William Seward, após o atentado malogrado na Sexta-feira Santa de 1865, Lewis Paine gritava: "Estou louco! Estou louco!"[3] Ele apareceu na pensão da sra. Surratt três dias após os ataques contra o presidente Lincoln e o secretário de estado Seward, sendo imediatamente preso sob suspeita de envolvimento no complô. Quando ficaram confirmados seus atos e sua identidade, ele foi acusado e julgado por uma comissão militar. Sua autoproclamada insanidade não lhe serviu de nada para alterar o veredicto de culpado. Na corte, manteve-se distraído e aparentemente sem interesse nos procedimentos, sem negar coisa alguma. Na verdade, ouviu-se um juiz murmurar: "Paine parece querer a forca; e acho que podemos por bem enforcá-lo"[4]. E de fato o enforcaram, juntamente com seus cúmplices (George Atzerodt (páginas 110 e 137), David Herold e Mary Surratt. Paine foi executado em 7 de julho de 1865.

Pouco depois das 10 da noite, na Sexta-feira Santa, Lewis Paine, trajando um longo sobretudo, bateu à porta do secretário de estado William Seward, em frente ao Lafayette Park, em Washington, D.C. Um criado negro, de 19 anos, chamado William Bell, abriu a porta. Paine disse a Bell que trazia medicamentos para o sr. Seward, e que tinha ordens estritas do dr. Verdi de entregá-los pessoalmente. Bell resistiu e lhe disse que o sr. Seward estava acamado, recuperando-se de ferimentos sofridos em um acidente de carruagem, e que ninguém seria admitido no quarto.

Paine insistiu em que sua missão era crítica e que ele devia ser conduzido escadas acima para entregar ao sr. Seward o medicamento do dr. Verdi.

Considerando sua idade e posição social, Bell deve ter-se intimidado por aquele cavalheiro alto e branco, e concordou relutantemente em conduzi-lo.

Quando chegaram ao terceiro andar, encontraram Frederick, um dos filhos de Seward. Bell deve ter ficado aliviado por haver alguém com autoridade para lidar com aquele estranho impositivo, e delegou a responsabilidade a Frederick. Paine contou novamente sua história, mas, dessa vez, Frederick recusou-lhe o acesso ao quarto do pai, dizendo que tomaria providências para que o dr. Verdi não o culpasse de não cumprir seu dever. Paine o pressionou, insistindo em ver o sr. Seward; então, Frederick irritou-se e perdeu a paciência, dizendo a Paine, definitivamente, que não lhe permitiria entrar no quarto, e exigiu que o medicamento lhe fosse entregue.

Paine resmungou algo inaudível e se virou, fingindo retirar-se, mas, nisso, sacou um revólver do paletó e disparou contra Frederick. O tiro falhou, contudo, e Paine atacou o jovem Seward com a empunhadura da arma, fraturando-lhe o crânio em dois locais.

William Bell, nesse ínterim, desceu correndo as escadas e saiu pela porta da frente gritando: "Assassinato! Assassinato!" Correu até uma divisão contígua do exército e pediu ajuda.

O enfermeiro militar de Seward, George Robinson, ouviu a confusão, do quarto onde estava, e abriu a porta para investigar. Paine o esfaqueou, abrindo-lhe um pequeno ferimento, e o tirou do caminho. Avançou em seguida contra Seward. Robinson recordou posteriormente a cena:

> *Eu o vi acertar o sr. Seward com a mesma faca com que abrira minha testa. Era uma faca grande, e ele a segurava com a lâmina para baixo. Vi-o esfaquear o sr. Seward por duas vezes, ao que me lembro; na primeira vez ele o golpeou na face direita, e depois pareceu estar cortando seu pescoço.*[5]

Robinson e outro filho de Seward, Augustus, atacaram Paine e o afastaram de Seward. Paine deixou a casa, esfaqueou um mensageiro que entrava enquanto ele saía, e fugiu rapidamente a cavalo.

Tentativas, Atentados e Assassinatos que Estremeceram o Mundo

Menos de três meses depois, Paine estaria pendendo de uma corda por seu ataque covarde contra o secretário de estado.

Do *New York Times*, 15 de abril de 1865:

SR. SEWARD E FILHO

O Secretário Seward se Recuperará — Frederick Seward Ainda Muito Mal

Remessa Especial para o New-York Times.
WASHINGTON, sábado, 15 de abril.
O SR. SEWARD se recuperará.

FREDERICK SEWARD ainda está inconsciente. Ele respira calmamente e tem o pulso tranqüilo. Sua cabeça está terrivelmente ferida e lacerada.

Um soldado inválido salvou a vida do SR. SEWARD.

69
ALEXANDRE SOLJENITSIN

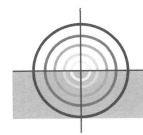

MORREU   ―

SOBREVIVEU   ✓

Só se tem poder sobre o povo enquanto não se extrair tudo dele. Mas depois que se roubou tudo de um homem, já não se exerce poder sobre ele — ele está livre uma vez mais.

— Alexandre Soljenitsin[1]

Liberdade é apenas outro jeito de dizer que não há nada a perder.

— Kris Kristofferson[2]

VÍTIMA: Alexandre (Aleksandr) Soljenitsin

NASCIMENTO: 11 de dezembro de 1918

MORTE: —

IDADE POR OCASIÃO DO ATENTADO: 53

OCUPAÇÃO: Escritor russo dissidente; autor de *Um Dia na Vida de Ivan Denissovitch* (1962), *Pavilhão de Cancerosos* (1968), *Arquipélago Gulag* (1974) e outros; ganhador do Prêmio Nobel de Literatura de 1970.

ASSASSINOS FRUSTRADOS: A KGB russa.

DATA E MOMENTO DO ATENTADO: O ano de 1971.

Alexandre Soljenitsin

Tentativas, Atentados e Assassinatos que Estremeceram o Mundo

LOCAL DO ATENTADO: O balcão de uma loja de departamentos em Rostov-sobre-o-Don, na União Soviética.

ARMA: Uma agulha envenenada.

DESFECHO DO ASSASSINATO: Um agente da KGB alfinetou Soljenitsin junto ao balcão, mas o escritor russo não sentiu a perfuração, nem soube, quando deixou a loja, que havia sido atacado. Por alguma razão, o veneno não o matou, causando-lhe, por outro lado, terríveis queimaduras pelo corpo. Soljenitsin procurou seus médicos, que não conseguiram explicar o acontecido, embora o tenham tratado com sucesso. O diagnóstico oficial declarava que as queimaduras haviam sido causadas por algum tipo de reação alérgica aguda ou por alguma doença desconhecida que, obviamente, não era fatal.

CONSEQÜÊNCIAS JUDICIAIS: Nenhuma. Soljenitsin não descobriu, senão em 1992, que fora marcado para a morte e, três anos após o ataque, em 1974, o escritor viu-se exilado da União Soviética, acusado de traição. Seus escritos, que expunham a dura brutalidade do sistema de campos soviéticos para prisioneiros políticos, conhecido como "Gulag", considerados infensos ao governo soviético, causaram sua deportação. Ele estabeleceu residência em Vermont, onde viveu até 1994. Naquele ano, sob o novo regime de Mikhail Gorbachev, Soljenitsin voltou para a Rússia e passou a viver em Moscou. As acusações de traição foram oficialmente suspensas, e sua cidadania russa restaurada.

Alexandre Soljenitsin tornou-se desde muito jovem uma pedra no sapato da União Soviética.

Em 1945, depois que a Segunda Guerra Mundial terminara vitoriosamente para a Rússia, Soljenitsin, que servira como capitão de artilharia no exército soviético, durante a guerra, escreveu uma carta criticando severamente o premiê Iosif Stalin.

Na União Soviética comunista do pós-guerra, cidadãos que se orgulhassem da Mãe Rússia não escreviam cartas criticando o premiê. Com a idade de 27 anos, após atuar bravamente em batalhas, Soljenitsin pagou um alto preço por sua destemida franqueza. Preso, acusado de traição, condenado e sentenciado a oito anos em prisões e campos de trabalho russos, depois de libertado, em 1953, voltou a ser punido com três anos de exílio forçado.

Em 1956, Soljenitsin, tido por "reabilitado", pôde estabelecer-se em Riazan, na Rússia Central, onde passou a escrever ficção.

Em 1962, publicou na revista literária *Novi Mir* sua novela *Um Dia na Vida de Ivan Dessinovitch*, que expunha brutalmente suas experiências nos campos de trabalho forçado.

– 228 –

A Rússia passava pelo programa de desestalinização de Kruschev, e a novela ganhou as ruas sem interferência da censura. A abertura durou pouco, e depois que Soljenitsin lançou um volume de contos (alguns dos quais criticavam igualmente os anos do Gulag e a política repressiva soviética), em 1963, foi-lhe negado o direito de publicar suas obras na Rússia. Ele continuou a escrever, e seus romances *O Primeiro Círculo, Pavilhão de Cancerosos* e *Agosto de 1914*, editados inicialmente fora da Rússia, lhe deram reputação internacional. Entretanto, o governo soviético não estava nada satisfeito com Soljenitsin; tanto que, quando conquistou o Prêmio Nobel de Literatura, de 1970, ele faltou à cerimônia por receio de que não o aceitassem de volta à Rússia no regresso de Estocolmo.

Em 1971, pouco depois da entrega do Nobel, a polícia secreta soviética, a KGB, decidiu assassinar Soljenitsin.

Os agentes espreitaram suas atividades diárias, até que, certo dia, um deles passou perto do escritor, junto ao balcão de uma loja de departamentos, e o perfurou com uma agulha envenenada. Soljenitsin nem mesmo sentiu a picada, e ficou surpreso quando queimaduras graves começaram a surgir em seu corpo, pouco depois. Era uma reação não fatal (porém tóxica) ao veneno, e os médicos só puderam tratar os sintomas. Ele se recuperou e não soube da tentativa de assassinato senão em 1992. Soljenitsin vivia em Vermont na época, tendo sido exilado da Rússia em 1974, em caráter permanente, por seus escritos, sobretudo o maledicente *Arquipélago Gulag*.

Não se sabe se a KGB abandonou a idéia de matar Soljenitsin depois do malogro de 1971. É possível que sim, já que pouco depois o governo recorreu ao método menos violento e mais patente de "eliminar" da Mãe Rússia o desbocado e descontente escritor: o exílio.

Hoje, Soljenitsin vive na Rússia, onde parece ser tratado como um velho estadista, e tem permissão para escrever e dizer o que lhe aprouver. Suas últimas obras incluem *Novembro de 1916*, continuação de sua série *Roda Vermelha*, iniciada com *Agosto de 1914*.

70

MARGARET THATCHER

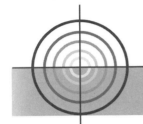

MORREU —

SOBREVIVEU ✓

O bombardeio (...) foi uma tentativa não somente de perturbar e interromper nossa conferência. Foi uma tentativa de aleijar o governo democraticamente eleito de Sua Majestade. É essa a escala do ultraje de que todos participamos. E o fato de que estejamos agora reunidos, chocados porém compostos e determinados, é um indício não apenas de que esse ataque falhou, mas de que todas as tentativas de destruir a democracia pelo terrorismo falharão.

— Margaret Thatcher[1]

VÍTIMA: Margaret Roberts Thatcher

NASCIMENTO: 13 de outubro de 1925

MORTE: —

IDADE POR OCASIÃO DO ATENTADO: 59

OCUPAÇÃO: Primeira-ministra da Grã-Bretanha (1979-1990), primeira mulher a ascender ao posto após 700 anos de homens, conhecida como "Átila, o Huno" e "Dama de Ferro", defensora da política econômica do "Capitalismo Popular".

Margaret Thatcher

ASSASSINO FRUSTRADO: Patrick Magee (n. 1951), 33 anos, também conhecido como "Bombardeiro de Brighton", membro da organização terrorista antibritânica IRA.

Margaret Thatcher

DATA E MOMENTO DO ATENTADO: Sexta-feira, 12 de outubro de 1984, às 2h54.

LOCAL DO ATENTADO: O Grand Hotel, em Brighton, na Inglaterra.

ARMA: Uma bomba de gelatina explosiva de 50 kg instalada em uma parede do banheiro.

DESFECHO DO ASSASSINATO: A bomba explodiu no sexto andar do hotel, cinco pavimentos acima do banheiro de Thatcher, no primeiro andar. Trouxe abaixo os cinco andares inferiores, e teria esmagado Thatcher, que naquele horário estaria normalmente no banheiro de seus aposentos, preparando-se para dormir, se não houvesse recebido um documento que ela precisava ler. Thatcher escapou incólume. Cinco membros de seu partido morreram, um ficou seriamente ferido e paralisado do pescoço para baixo, e outro sofreu terríveis ferimentos nas pernas.

CONSEQÜÊNCIAS JUDICIAIS: Depois de examinar o estrago e constatar que a instalação da bomba exigira bastante tempo, a polícia investigou 800 hóspedes que haviam estado no Grand Hotel no mês anterior à explosão. Só não conseguiram encontrar "Roy Walsh". Impressões deixadas no cartão de registro de Walsh, no hotel, correspondiam às impressões de Patrick Magee, um conhecido membro do IRA. Preso, Magee recebeu oito sentenças perpétuas, com possibilidade de condicional após 35 anos. Foi libertado em janeiro de 1999, depois de cumprir 14 anos de suas penas.

O assassino Patrick Magee, do Exército Republicano Irlandês, era diligente e, além disso, paciente.

Em 19 de setembro de 1984, hospedou-se no quarto 629 do Grand Hotel, em Brighton, na Inglaterra. Usou o nome Roy Walsh, e sem dúvida agiu discretamente, e com prudência, ao carregar suas ferramentas e materiais pelo saguão durante os 24 dias seguintes. Seu equipamento de carpintaria e os elementos necessários ao fabrico da bomba chegaram até o quarto provavelmente transportados em valises. Decerto tomou precauções para não fazer muito barulho nem permitir que os funcionários do hotel entrassem no banheiro do quarto 629.

Por 24 dias, Magee trabalhou assiduamente para derrubar uma parede inteira do banheiro; levou ao local por volta de 50 quilos de gelatina explosiva; ligou o explosivo a um temporizador; e então, cuidadosa e meticulosamente, reconstruiu toda a parede de modo que nenhum sinal de seu trabalho pudesse ser visto.

A bomba explodiu pouco antes das 3 da manhã. A sra. Thatcher descreveu o momento da explosão em sua autobiografia:

– 231 –

Às 2h54, um sonoro baque chacoalhou o quarto. Seguiram-se alguns segundos de silêncio e houve um segundo ruído ligeiramente diverso, gerado na verdade pela alvenaria que despencava. Soube de imediato tratar-se de uma bomba — ou talvez duas, uma grande, seguida de outra menor —, mas àquela altura não sabia que a explosão ocorrera dentro do hotel. Havia cacos das janelas de minha antecâmara espalhados sobre o tapete. Mas achei que poderia ter sido um carro-bomba na rua.[2]

Margaret Thatcher nasceu Margaret Roberts, em Grantham, na Inglaterra, em 1925, filha de um merceeiro e vereador. Sua família não era pobre, mas ela afirmou posteriormente ter tido uma origem "desvantajosa", usando os termos "parcimônia agressiva" e "uma sensação penetrante de pobreza, quando não sua dolorosa realidade"[3].

Formou-se no Somerville College, em Oxford, obtendo dois diplomas — Química e Direito —, e trabalhou inicialmente como pesquisadora química, depois como advogada tributária. Em 1951, casou-se com Dennis Thatcher e, por dois anos, dedicou-se em tempo integral à política. Candidatou-se, sem sucesso, ao Parlamento, em 1951. Em 1953, deu à luz dois gêmeos, Mark e Carol, e prosseguiu em seu trabalho político (com a ajuda de uma babá) durante a infância dos filhos. Voltou a concorrer ao parlamento em 1959, sendo finalmente eleita.

Trabalhou com o conservador Edward Heath por vários anos, e tornou-se secretária da educação, em 1970.

Chegou ao cargo de primeira-ministra em 1979, e de imediato ganhou inimigos. Seu estilo pessoal era visto como abrasivo e frio, e ela demitiu diversos membros do Gabinete que julgava inaptos para a função. Na época, a economia britânica estava em péssima forma, e milhões de pessoas dependiam do bem-estar social. Ela estabeleceu como meta reduzir a inflação, o desemprego e os gastos públicos, e, embora seus programas tenham funcionado, era quase totalmente malvista pelo povo britânico devido a suas táticas agressivas.

Thatcher também teve de lidar com a invasão, pelos argentinos, das Ilhas Malvinas britânicas (ela as obteve de volta, com a ajuda dos Estados Unidos). Thatcher melhorou as relações com a União Soviética e entrou em desacordo publicamente de seu amigo Ronald Reagan quanto à Iniciativa da Defesa Estratégica.

Ela renunciou em novembro de 1990 e permaneceu como membro da Câmara dos Lordes, depois da ascensão de John Major como primeiro-ministro.

Margaret Thatcher manteve-se absolutamente impassível após a explosão que tirou a vida de cinco de seus amigos e quase a matou. Ela faria um discurso importantíssimo ao Partido Conservador no dia seguinte, e o atentado contra sua vida não a dissuadiu do compromisso. Reescreveu rapidamente diversos trechos de sua fala e seguiu em frente com a conferência.

Realmente uma Dama de Ferro.

71
LEON TROTSKI

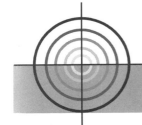

MORREU   ✓

SOBREVIVEU   —

Pus minha capa de chuva de propósito sobre a mesa, de modo que pudesse sacar a piqueta que trazia no bolso. (...) Tirei a piqueta da capa, empunhei-a e, fechando os olhos, desferi-lhe um tremendo golpe na cabeça. (...) O homem gritou de um jeito que nunca esquecerei. Seu grito foi (...) longo, infinitamente longo, e ainda me parece que ele perfura meu cérebro.

— Ramon Mercader[1]

VÍTIMA: Leon Trotski (nome verdadeiro Liev Davidovitch Bronstein)

NASCIMENTO: 26 de outubro de 1879

MORTE: 20 de agosto de 1940

IDADE POR OCASIÃO DO ATENTADO: 61

OCUPAÇÃO: Teórico revolucionário russo de origem judaica, líder da Revolução Bolchevique Russa, criador e organizador do Exército Vermelho, escritor.

Trotski

Tentativa de assassinato Nº 1: O longo braço de Stalin

ASSASSINOS: Vinte e um agentes de Iosif Stalin disfarçados como policiais mexicanos; quatro membros do partido comunista mexicano, também implicados na organização do atentado.

DATA E MOMENTO DO ATENTADO: Sexta-feira, 24 de maio de 1940, pouco antes das 4 horas.

LOCAL DO ATENTADO: O quarto de sua casa na Cidade do México, México.

ARMAS: Submetralhadoras Thompson, uma bomba incendiária.

DESFECHO DO ASSASSINATO: De acordo com os relatórios, os atiradores crivaram de balas o quarto de Trotski por cinco minutos, disparando mais de 300 tiros. Ele e a esposa ficaram estendidos no chão e saíram ilesos, com exceção de alguns ferimentos faciais, em Trotski, provenientes dos estilhaços de vidro. Seu neto, Sergei Sedoff, foi ferido no pé, por um tiro, enquanto dormia em outro quarto. Durante a fuga, os assassinos lançaram uma bomba coquetel Molotov na casa, na tentativa de incendiá-la com Trotski e a família dentro. O procedimento falhou, pois a sra. Trotski abafou a bomba com um cobertor, antes que ela pudesse causar qualquer dano.

CONSEQÜÊNCIAS JUDICIAIS: Em 18 de junho de 1940, de acordo com o general José Manuel Nuñez, chefe da polícia da Cidade do México, 21 homens foram presos e acusados de atentar contra a vida de Trotski. Nuñes disse ainda, naquele dia, que "desvendaram plenamente o ataque contra a casa de Leon Trotski", e que estavam procurando os quatro mentores do atentado[2]. Todavia, três meses depois, em um artigo do *New York Times*, que divulgava o assassinato de Trotski, o jornal, ao referir-se ao atentado de maio, afirmava que "a polícia mexicana fora incapaz de localizar os atiradores"[3]. Pouco se sabe, além disso, sobre os resultados das prisões de 18 de junho, e não parece haver nenhuma explicação documentada sobre a aparente autocontradição da polícia da Cidade do México.

Tentativa de assassinato Nº 2: Morte nas mãos do amigo

ASSASSINO: Ramon Mercader, também conhecido como Jacques Mornard van den Dreschd, e ainda como Frank Jacson, 26 anos, espanhol de nascimento, filho de pai espanhol e mãe cubana, amigo chegado de Trotski e sua família. A cúmplice de Mercader, Sylvia Ageloff, apresentara o assassino a Trotski, e acabou acusada de conspiração no crime. (Embora Mercader tenha brandido a piqueta, o assassinato de Trotski foi, na verdade,

Tentativas, Atentados e Assassinatos que Estremeceram o Mundo

uma execução ordenada por Stalin. Ele sabia que Trotski era uma constante ameaça a sua supremacia, e considerava sua eliminação necessária.)

DATA E MOMENTO DO ATENTADO: Terça-feira, 20 de agosto de 1940, às 17h30; a morte se deu 16 horas depois, em 21 de agosto de 1940, às 19h25.

LOCAL DO ATENTADO: O estúdio de Trotski, em sua casa na Cidade do México, no México (a mesma casa em que ocorrera a primeira tentativa de assassinato).

ARMA: Uma piqueta.

DESFECHO DO ASSASSINATO: Mercader convenceu Trotski a admiti-lo em seu estúdio, pedindo-lhe que avaliasse um artigo que escrevera. Quando Trotski se instalou em sua mesa, Mercader sacou a piqueta que trazia oculta em uma capa (que lançara sobre a mesa), ergueu-a, fechou os olhos e enterrou-a no meio da cabeça de Trotski. Retirou prontamente a piqueta e a levantou para golpear uma segunda vez — mas seus planos não funcionaram. Mercader esperava que Trotski ficasse inconsciente após o primeiro golpe. Em vez disso, ele se levantou, soltou um grito e se pôs a lutar com seu algoz. Trotski agarrou o braço de Mercader e mordeu sua mão, impedindo-o de golpeá-lo novamente. Cambaleou então para fora da sala, com sangue escorrendo pela face, e chamou seus guardas. Eles atenderam prontamente e levaram Mercader preso, após lhe ministrarem uma surra literalmente brutal. (Enquanto esperava a ambulância, Trotski gritava "Deixem-no viver! Deixem-no viver!", sabendo que, se os guardas matassem Mercader, ninguém jamais descobriria o responsável pelo atentado a sua vida.) Os ferimentos de Trotski foram fatais (embora mantivesse a lucidez no hospital e fizesse diversas declarações), ele morreu no dia seguinte. Sua esposa, pacientemente, não saiu de seu lado desde o momento do atentado até sua morte.

CONSEQÜÊNCIAS JUDICIAIS: Mercader foi imediatamente preso pela polícia mexicana, e passou por uma audiência fútil, em que aventou diversas justificativas — inclusive a de que matara Trotski porque estava apaixonado pela esposa desse —, foi condenado por assassinato premeditado e sentenciado a 20 anos em uma prisão mexicana. A preponderância de evidências, bem como a confissão de Mercader, fizeram de sua culpa uma convicção prévia. Ele cumpriu a sentença e, depois de ser libertado, em 1960, mudou de nome e viajou pelo mundo, retornando finalmente a Havana, na Cuba natal de sua mãe, onde morreu em 1978.

Leon Trotsky

Quando Leon Trotski perdeu a luta pelo controle da União Soviética para Iosif Stalin, após a morte de Lenin, em 1924, seu atestado de óbito já estava praticamente escrito. Ele desafiara repetidamente a autoridade de Stalin e, em 1924, escreveu em sua autobiografia, *Minha Vida*: "A suprema expressão da mediocridade daquele sistema político foi Stalin ter conquistado a posição que conquistou"[4].

Stalin expulsou Trotski do Partido Comunista em 1927, e da União Soviética em 1929. Todavia, mesmo no exílio, Trotski continuou a criticá-lo, o que o levou a ser julgado e condenado como "herege" *in absentia*, e finalmente sentenciado à morte.

Na época de seu assassinato, Trotski estava escrevendo uma enorme biografia de Stalin (que ele chamava de "antibiografia") intitulada *Stalin*.

72
Harry S. Truman

Morreu   —
Sobreviveu   ✓

Um presidente deve esperar tais coisas
— Harry S. Truman[1]

Vítima: Harry S. Truman

Nascimento: 8 de maio de 1884

Morte: 27 de dezembro de 1972

Idade por Ocasião do Atentado: 66

Ocupação: 33º presidente dos Estados Unidos (1945-1953).

Assassinos Frustrados: Griselio Torresola (1925-1950), 25 anos; Oscar Collazo (1915-1994), 36 anos; ambos membros do Partido Nacionalista Porto-riquenho, organização terrorista que lutava pela independência de Porto Rico.

Data e Momento do Atentado: Quarta-feira, 1º de novembro de 1950, aproximadamente às 14h20.

Harry Truman

Local do Atentado: Junto à Blair House, na Pennsylvania Avenue, em Washington, D.C. — a residência do presidente Truman, enquanto a Casa Branca passava por reformas.

Armas: Uma Luger alemã (Torresola); uma automática alemã Walther P-38 (Collazo).

– 238 –

Harry S. Truman

DESFECHO DO ASSASSINATO: Truman não se feriu. Donald Birdzell, guarda particular da Casa Branca, de 41 anos, foi atingido nas duas pernas. O guarda Joseph Downs, de 44, foi baleado três vezes. O guarda Leslie Coffelt, de 40 anos, acabou morto. Torresola, atingido na cabeça, morreu instantaneamente; Collazo foi atingido três vezes. Os agentes Birdzell e Downs sobreviveram aos ferimentos, assim como o assassino Collazo. Ao todo, 27 tiros foram disparados em menos de três minutos. Torresola e Collazo haviam chegado à Blair House munidos de 69 projéteis.

CONSEQÜÊNCIAS JUDICIAIS: Collazo sobreviveu para ser julgado e condenado em quatro das acusações, inclusive uma de assassinato. Sentenciado à morte, teve sua pena comutada para prisão perpétua pelo presidente Truman. O presidente Jimmy Carter libertou Collazo em 1979. Ao retornar a Porto Rico, Collazo foi saudado como herói pelos poucos nacionalistas porto-riquenhos ainda vivos. Morreu em Porto Rico, em 1994, com 80 anos.

A incursão de Griselio Torresola e Oscar Collazo contra a vida do presidente Harry Truman configurou o único atentado presidencial por razões exclusivamente políticas, e uma das tentativas mais desastradas de se eliminar um presidente.

O motivo era a libertação de Porto Rico. Os dois nacionalistas porto-riquenhos concluíram que os Estados Unidos estavam oprimindo sua terra natal e que porto-riquenhos, tanto em Porto Rico como nos Estados Unidos, estavam sendo economicamente explorados e sistematicamente discriminados.

Não parecia importar a Torresola e Collazo alguns fatos: que os Estados Unidos concederam autonomia a Porto Rico na década de 1940, e que trabalharam diligentemente para erradicar doenças na ilha, chegando até a pagar benefícios de seguridade social a porto-riquenhos. Eles se sentiam oprimidos e acreditavam piamente que assassinando Truman iniciariam uma revolução nos Estados Unidos, durante a qual o povo norte-americano apoiaria o retorno dos nacionalistas ao poder em Porto Rico.

Equívoco é uma palavra muito fraca para designar essa ideologia idiótica. Eles não percebiam que, na época, a maioria dos norte-americanos simplesmente não ligava para Porto Rico ou para as dificuldades dos imigrantes porto-riquenhos nos Estados Unidos. Muitos norte-americanos também eram imigrantes, ou descendentes de imigrantes, e haviam ascendido dos subúrbios por meio do trabalho, tornando-se cidadãos prósperos que viviam o sonho norte-americano. Em 1950, teriam achado ridículo que os imigrantes porto-riquenhos esperassem um tratamento especial que lhes permitisse saltar as dificuldades normais encontradas por todos os outros estrangeiros que acorriam aos Estados Unidos.

– 239 –

Tentativas, Atentados e Assassinatos que Estremeceram o Mundo

De qualquer forma, Torresola e Collazo decidiram matar o presidente Truman na esperança de conquistar a liberdade de sua amada ilha. Todo o progresso feito em Porto Rico, com a ajuda do governo norte-americano, parecia nada dizer aos dois fanáticos revolucionários.

Torresola e Collazo chegaram em Washington por volta das 7h30 do dia 31 de outubro de 1950, e se hospedaram separadamente no Hotel Harris. Elegantes e polidos, fingiam não se conhecer.

Na manhã seguinte, seguiram até a Blair House e estudaram a situação. O prédio era guardado pela polícia da Casa Branca e por agentes do serviço secreto, mas a porta da frente ficava a apenas alguns metros de uma calçada movimentada. Nunca antes, nem depois, um presidente norte-americano ficara tão vulnerável em sua residência.

Naquela tarde, retornaram à Blair House, armados até os dentes, e abriram fogo quase imediatamente. Depois que a arma de Collazo falhou o primeiro tiro, seguiu-se uma chuva de balas que mais parecia uma cena do Velho Oeste — e todavia ocorreu em uma avenida de Washington em plena luz do dia.

O presidente Truman, que tirava um cochilo em seu quarto (precisava sair às 14h50 para comparecer à inauguração de uma estátua), acordou com os tiros e ficou na janela observando a confusão. O agente Floyd Boring, do serviço secreto, viu o presidente e gritou-lhe que se afastasse dali. Truman obedeceu. Tudo durou apenas três minutos, e o presidente saiu para seus compromissos vespertinos pelos fundos do edifício, enquanto empregados da Casa Branca lavavam da calçada o sangue dos guardas e dos assassinos.

73
GIANNI VERSACE

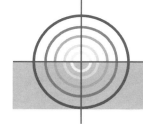

MORREU ✓

SOBREVIVEU —

Gianni Versace será lembrado, antes de mais nada, como um talentoso estilista. Mas seu legado é maior: ele foi a primeira pessoa a criar uma sinergia entre a moda e a cultura popular, especialmente a de Hollywood e do rock-and-roll. (...) A seu ver não existiam fronteiras. Gianni Versace foi a pessoa mais destemida que jamais conheci.

— Liz Tilberis[1]

VÍTIMA: Gianni Versace

NASCIMENTO: 2 de fevereiro de 1946

MORTE: 15 de julho de 1997

IDADE POR OCASIÃO DO ATENTADO: 51

OCUPAÇÃO: Estilista de moda renomado mundialmente.

ASSASSINO: Andrew Cunanan (1969-1997), 27 anos, michê homossexual, assassino serial responsável por mais quatro mortes.

Versace

DATA E MOMENTO DO ATENTADO: Terça-feira, 15 de julho de 1997, às 8h46.

LOCAL DO ATENTADO: Os degraus de entrada da mansão de Versace em Miami Beach, na Flórida.

Tentativas, Atentados e Assassinatos que Estremeceram o Mundo

ARMA: Um revólver de calibre 0,40.

DESFECHO DO ASSASSINATO: Versace, baleado duas vezes na cabeça, morreu imediatamente.

CONSEQÜÊNCIAS JUDICIAIS: Depois de uma busca policial maciça por todo o país e da exposição do assassino na lista dos Dez Mais Procurados do FBI, Cunanan foi localizado em uma casa flutuante atracada a duas milhas e meia da residência de Versace. Após um impasse de quatro horas, durante as quais Cunanan não se mostrou, nem fez barulho, a polícia lançou gás lacrimogêneo na embarcação e seis membros da SWAT acorreram a bordo. Encontraram Cunanan morto, com um único tiro na têmpora, e um revólver de calibre 0,40, similar ao usado para matar Versace.

Andrew Cunanan ficou mais conhecido por assassinar Gianni Versace, mas o famoso estilista aparece como a quinta vítima desse assassino serial. Depois de matar friamente e à queima-roupa dois "amigos" (e de deixar por dois dias um cadáver enrolado em um tapete atrás do sofá), Cunanan passou a crimes mais "emocionantes", e adicionou tortura ao programa.

Seus dois primeiros homicídios aconteceram por conveniência, envolvendo pessoas que eram suas conhecidas. Tivera um caso com uma delas, e a outra testemunhara o primeiro assassinato.

Sua terceira vítima, porém, o corretor Lee Miglin, de 72 anos, simplesmente estava no lugar errado (em frente a sua casa, em Chicago) na hora errada (quando Cunanan passou de carro) e pagou com a vida por esse acaso. Cunanan o marcou como vítima seguinte simplesmente por ter sido a primeira pessoa que viu, enquanto dirigia pela cidade. De arma em punho, obrigou Miglin a entrar na garagem. Em seguida o amarrou e cobriu seu rosto com fita adesiva, deixando-lhe apenas o nariz exposto. Cunanan submeteu o indefeso Miglin a suas mais doentias e obscuras fantasias, muitas das quais extraíra de um filme *snuff* — filmes em que pessoas supostamente são torturadas e mortas de verdade — chamado *Target for Torture*. Cunanan passou a noite na casa de Miglin (cuja esposa havia saído), dormiu na cama dele, comeu sua comida e roubou algumas moedas de ouro que encontrara. De manhã, partiu no Lexus verde de Miglin. Os pneus ainda deviam estar marcados de sangue durante os primeiros quilômetros.

A quarta e última vítima de Cunanan, antes de Versace, foi um guarda de cemitério de 45 anos que ele baleou a sangue frio — *depois* que o homem lhe entregou docilmente as chaves de seu caminhão.

Por que, então, Cunanan assassinou Gianni Versace?

Ele não deixou anotações ou quaisquer escritos que revelassem sua razão ou razões, mas abundam hipóteses sobre o assassinato.

Uma teoria do FBI é a de que Versace, em um momento qualquer, tenha rejeitado Cunanan para um trabalho como modelo. Cunanan era um boêmio, um usuário de drogas (que provavelmente incluíam esteróides e a enervante testosterona), e vendia-se freqüentemente a homens mais velhos e endinheirados. Hoje, acredita-se que Cunanan e Versace nunca tenham se envolvido sexualmente, mas sabe-se que haviam se encontrado pelo menos uma vez.

Documentos da polícia de Miami Beach, publicados após a morte de Versace, revelaram que o estilista e seu amante, Antonio D'Amico, recrutavam com freqüência michês masculinos para orgias. Como Cunanan costumava participar dessas festas de "sexo de aluguel", com homens ricos e mais velhos, cogitou-se a princípio que ele tivesse sido rejeitado por Versace, buscando, assim, vingança no assassinato.

Um empregado anônimo da Versace, citado no jornal gay *The Advocate*, admitiu que contratava com freqüência michês para seu chefe e D'Amico, mas insistiu em que Cunanan nunca fora considerado, porque "não era o tipo deles"[2].

Sabe-se que Cunanan espreitou Versace antes de matá-lo, muitas vezes percorrendo o mesmo itinerário que ele, e seguindo-o ocasionalmente.

Na manhã dos tiros, Versace saiu de casa para ir ao News Café, na Ocean Drive, onde tomou seu café favorito e folheou diversos jornais e revistas. Quando chegou novamente em casa, na 11th Street, Cunanan assomou-lhe às costas e disparou dois tiros contra sua nuca, matando-o instantaneamente.

Cunanan fugiu em seguida, e o caso só foi encerrado com o aparecimento de seu cadáver, oito dias depois, em uma casa flutuante de propriedade de um amigo, que na ocasião estava na Alemanha.

O surto de pesar que se seguiu à morte de Versace cobriu o globo. Elton John, um de seus amigos mais próximos, foi visto em aberto pranto no funeral, consolado pela princesa Diana. A venda de ternos, vestidos e acessórios da Versace disparou em todo o mundo. A Bloomingdales, em Nova York, declarou aumentos de 200% a 300% nos preços de roupas e outros artigos da Versace.

74

GEORGE WALLACE

MORREU   —

SOBREVIVEU   ✓

Alguém vai acabar me pegando qualquer dia. Posso até imaginar um desses rapazinhos a quem ninguém presta atenção. Ele põe a mão no bolso e saca o revólver, como aquele tal Sirhan que matou Kennedy.

— George Wallace[1]

VÍTIMA: George Wallace

NASCIMENTO: 25 de agosto de 1919

MORTE: 13 de setembro de 1998

IDADE POR OCASIÃO DO ATENTADO: 52

OCUPAÇÃO: Governador do Alabama, concorrendo à candidatura presidencial do partido Democrata, segregacionista racial, notório por ter negado a dois estudantes negros o acesso à Universidade do Alabama, até que o presidente Kennedy convocou a Guarda Nacional.

ASSASSINO FRUSTRADO: Arthur Herman Bremer (n. 1950), 21 anos.

DATA E MOMENTO DO ATENTADO: Segunda-feira, 15 de maio de 1972, às 16 horas.

George Wallace

LOCAL DO ATENTADO: Um shopping center em Laurel, Maryland, entre um banco *drive-in* e uma loja de variedades, durante um comício. Wallace estava apertando a mão do públi-

– 244 –

co, junto a um cinturão de isolamento, quando Bremer avançou pela multidão e o alvejou à queima-roupa.

ARMA: Um revólver Charter Arms de cano curto e calibre 0,38. Bremer pagara 80 dólares pela arma na Casanova Guns, em 13 de janeiro de 1972.

DESFECHO DO ASSASSINATO: George Wallace costumava usar um colete à prova de balas quando estava em público, mas o tempo quente e úmido de 15 de maio de 1972 o convenceu a dispensar o traje — só por essa vez. Foi atingido por quatro balas do 38 de Bremer. Uma delas se alojou "dentro do canal da espinhal, entre a estrutura óssea da coluna e a medula"[2]. O 12º nervo torácico intercostal de Wallace, aquele que controla as sensações e os movimentos no lado direito do corpo, abaixo da cintura, ficou danificado. Testes feitos com o fluido espinhal de Wallace — que devia estar perfeitamente limpo — revelaram a presença de sangue. O ferimento fez com que Wallace perdesse todo o controle das pernas, do intestino, da bexiga e das funções sexuais pelo resto da vida. Também sofreria de dores intratáveis, que não seriam aliviadas nem por remédios nem por cirurgias. Outra bala de Bremer, cirurgicamente removida, atingiu Wallace no abdome, perfurando seu estômago e intestino grosso. Grande parte do almoço não digerido vazou para sua cavidade abdominal e acabou causando infecções graves. Ferimentos de bala em seu braço e ombro direitos, e em sua omoplata esquerda foram reparados cirurgicamente. Outras três pessoas também se feriram com os disparos de Bremer: o agente do serviço secreto, Nicholas Zarvos, na garganta; uma voluntária local chamada Dorothy Thompson, na perna direita; e o soldado do Alabama, Eldred C. Dothard, no estômago. Todos sobreviveram.

CONSEQÜÊNCIAS JUDICIAIS: Bremer foi imediatamente detido pela multidão e pela polícia, em meio a gritos de "Agarrem-no!" e "Peguem o bastardo!" De acordo com um artigo do *New York Times*, "seguiu-se certa violência física"[3]. Levado para a prisão de Hyattsville e em seguida ao Hospital Leland, Bremer tratou de lacerações que sofrera na cabeça, enquanto o detinham. Posto sob fiança de 200 mil dólares, solicitou e obteve um advogado da União Americana pelas Liberdades Civis. Ele respondeu por quatro acusações de assalto com intenção homicida, mais quatro por assalto e tiroteio, outras quatro pelo uso de arma em felonia, e uma por transportar ilegalmente uma arma para Maryland. Em 4 de agosto de 1972, o júri o considerou culpado, após deliberar por apenas 90 minutos, e Bremer ouviu sua pena: 63 anos de prisão. Atualmente está encarcerado no Instituto Correcional de Maryland e, se cumprir a sentença até o fim, será um ancião quando obtiver a soltura.

Tentativas, Atentados e Assassinatos que Estremeceram o Mundo

Em 1971, os patrões de Arthur Bremer, no Milwaukee Athletic Club, o rebaixaram de garçom para assistente de cozinha, pois ele falava sozinho.

Em 1972, quase se matou em um quarto de hotel, quando o revólver que planejava usar para matar Richard Nixon disparou acidentalmente.

Enquanto armava seu embuste para assassinar George Wallace, concluiu que necessitaria de uma "frase legal" para gritar depois que descarregasse a arma no governador do Alabama, algo com a gravidade de "Sic semper tyrannis!" ("Assim seja sempre com os tiranos!"), que fora usada por John Wilkes Booth, após balear Abraham Lincoln (página 137). A escolha de Bremer? "Um centavo por seus pensamentos." De qualquer modo, não teve como gritá-la depois do tiroteio.

Bremer vivera uma infância problemática e alienada, e parece ter sido a própria definição do tipo solitário. Não tinha amigos na escola, sentia-se isolado, acreditava que sempre riam dele, e seus planos de perder a virgindade com uma prostituta, antes de balear Wallace, nunca se concretizaram.

Depois de decidir matar Wallace, seguiu-o de comício em comício até 15 de maio de 1972. O governador encerrou um discurso atrás de um palanque à prova de balas em um shopping center, e desceu da tribuna. Resolvido a apertar a mão de algumas pessoas e dar autógrafos, tirou o paletó e começou a caminhar ao longo do cinturão de isolamento. Enquanto sorria e saudava seus partidários, um jovem de cabelos louros e feições pálidas gritava repetidas vezes: "George! Aqui! Aqui!"

Wallace atendeu ao chamado e seguiu até onde estava Arthur Bremer, que trajava uma indumentária vermelha, branca e azul, destacando um bóton de George Wallace sobre a camisa.

Em questão de segundos, Wallace estava caído de costas no asfalto, e Bremer era detido pela polícia e a multidão.

George Wallace morreu em 1998, após tolerar um quarto de século de imobilidade e dores alucinantes, graças a Arthur Bremer.

Depois de centenas de dias no hospital e dezenas de cirurgias, ele readentrou o mundo político, mas perdeu todas as esperanças de alcançar a Presidência. Nos últimos anos de vida, Wallace repudiou suas antigas concepções racistas e segregacionistas, e voltou-se para a religião. Ironicamente, após sua redenção, o voto negro teve um papel preponderante ao reelegê-lo governador do Alabama por quatro vezes.

75
ANDY WARHOL

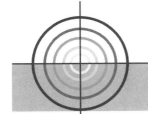

MORREU   —

SOBREVIVEU   ✓

Não, não, Valerie! Não faça isso!

— Andy Warhol[1]

Acho que é estar no lugar errado na hora errada. Assassinato não é mais do que isso.

— Andy Warhol[2]

Andy Warhol

VÍTIMA: Andy Warhol, nascido Andrew Warhola

NASCIMENTO: 6 de abril de 1928[3]

MORTE: 22 de fevereiro de 1987

IDADE POR OCASIÃO DO ATENTADO: 40

OCUPAÇÃO: Pintor e cineasta.

ASSASSINA FRUSTRADA: Valerie Solanas (9 de abril de 1936 — 26 de abril de 1988), 32 anos, atriz e escritora.

DATA E MOMENTO DO ATENTADO: Segunda-feira, 3 de junho de 1968, às 16h20.

LOCAL DO ATENTADO: O estúdio cinematográfico de Warhol, The Factory, no número 33 da Union Square West em Nova York.

Tentativas, Atentados e Assassinatos que Estremeceram o Mundo

ARMAS: Uma automática de calibre 0,32; um revólver 0,22 (que não foi usado).

DESFECHO DO ASSASSINATO: Warhol, seriamente ferido, ficou hospitalizado por quase um mês, mas sobreviveu. Ele levou quase um ano para se recuperar plenamente.

CONSEQÜÊNCIAS JUDICIAIS: Solanas se entregou à polícia, sem expressar remorso algum ("Eu estava certa no que fiz! Não tenho nada a lamentar!"), recusou aconselhamento legal e, depois de um detido exame psiquiátrico, as autoridades a internaram no Bellevue Hospital, em Nova York, em 16 de agosto de 1968. Jamais foi julgada por balear Andy Warhol.

O motorista da ambulância que levou Andy Warhol para o pronto-socorro cobrou-lhe 15 dólares para acionar a sirene.

Minutos depois, no Hospital Columbus, Andy foi declarado morto.

Valerie Solanas odiava os homens. Muitos estudiosos de sua vida consideram os abusos físicos e sexuais que lhe foram infligidos por parentes do sexo masculino, na infância, como as razões que a levaram a detestar tanto os homens. Ela fora sexualmente molestada pelo pai e repetidamente surrada pelo avô. Mas Valerie Solanas também se mostrava mentalmente instável. Seu *SCUM Manifesto* (SCUM é o acrônimo do grupo fictício Society for Cutting Up Men — "Sociedade para Dar Fim aos Homens" —, de que Solanas era aparentemente o único membro), escrito em 1967, é um exemplo vívido de seu pensamento bizarro e irracional. Perceba, no seguinte trecho de *The SCUM Manifesto*, quão facilmente o primeiro parágrafo pode ser interpretado como deliberadamente satírico, o que é muitas vezes um sintoma de que o autor perdeu seriamente o contato com a realidade:

> *Sendo a vida nesta sociedade, quando muito, um absoluto tédio, sem nenhum aspecto social que tenha relevância para as mulheres, cabe às mulheres responsáveis, de mentalidade cívica e dispostas ao risco, a missão de derrubar o governo, eliminar o sistema monetário, instituir a completa automação e destruir o sexo masculino.*

Depois de determinar a eliminação completa dos homens, Solanas prossegue e dizima verbalmente a espécie:

> *O macho é uma fêmea incompleta, um aborto ambulante (...). Ser homem é ser deficiente, emocionalmente limitado; a masculinidade é uma doença prostrante e os homens são aleijados emocionais. (...) O homem é totalmente egocêntrico, preso dentro de si mesmo, incapaz de empatia ou identificação com os outros, ou*

de amor, amizade, afeição ou ternura. É uma unidade completamente isolada, incapaz de interagir com quem quer que seja. Suas reações são inteiramente viscerais, e não cerebrais; ele é incapaz de paixões mentais, de interações mentais; não consegue lidar com nada que não sejam suas sensações físicas. É um monturo semimorto e insensível, incapaz de dar ou receber prazer ou felicidade; conseqüentemente, é quando muito um grande boçal, já que somente aqueles capazes de concentrar-se no outro conseguem ser cativantes.

Tais insensatezes podem facilmente ser explicadas como infelizes efeitos colaterais da Primeira Emenda, mas, como no caso de muitos psicopatas, Solanas levou seu discurso paranóico a outro nível, e deu curso prático a seu ódio disparatado.

No final da tarde de segunda-feira, 6 de junho de 1968, Andy Warhol e seu amante Jed Johnson chegaram ao estúdio The Factory e encontraram à sua espera Valerie Solanas, uma atriz que aparecera no filme *I, a Man* (1967), de Warhol. Solanas vagara o dia todo em frente ao estúdio, e os dois homens não suspeitaram de nada quando ela os seguiu porta adentro e tomou o elevador rumo ao escritório de Warhol. Mais tarde, Warhol e outras testemunhas do atentado lembraram-se de certos detalhes que poderiam ter despertado suspeitas. Solanas saltitava nervosamente dentro do elevador; vestia um casaco e um grosso suéter, mesmo com o tempo quente; estava maquilada e penteada (atitudes absolutamente estranhas, no caso de Solanas, que nunca aceitara a visão da sociedade em relação ao que torna as mulheres atraentes); e, acima de tudo, portava uma sacola de papelão marrom.

Assim que eles chegaram ao escritório, Solanas tirou da sacola uma pistola automática de calibre 0,32 e começou o fuzilamento. Alvejou Warhol três vezes, mas só acertou um tiro. Disparou no curador duas vezes e errou uma. Tentou matar o funcionário Fred Hughes, mas o revólver falhou. Em seguida fugiu, deixando Warhol ferido, em agonia, estendido no assoalho, debaixo da mesa. Quinze minutos se passaram até que o pessoal de emergência médica chegasse. No total, transcorreram 23 minutos entre os tiros e a entrada de Warhol no hospital.

O terceiro tiro de Solanas entrou pelo lombo direito de Warhol, atravessou o pulmão direito, varou o esôfago, a vesícula biliar, o fígado, o baço e os intestinos. A bala saiu de seu corpo pelo lado esquerdo. Ele teve de submeter-se a quase seis horas de cirurgia para reparar os danos. Às 16h51, ou seja, 29 minutos após a tentativa de assassinato, Andy Warhol foi declarado clinicamente morto. Felizmente os médicos não desistiram de tratá-lo e, embora permanecesse sem vida durante um minuto e meio, eles conseguiram reavivá-lo.

Às 8 da noite, enquanto os médicos trabalhavam desesperadamente para reparar os terríveis danos que Valerie Solanas causara ao corpo de Andy Warhol, a feminista detestadora de homens abordou um policial novato, de 22 anos, na Times Square e entregou-se. "A polícia está me procurando e quer me pegar", disse-lhe enquanto tirava as duas armas dos bolsos.

Solanas foi presa e indiciada por assalto à mão armada e posse de armas mortais. A polícia aguardou a noite toda por notícias da sobrevivência — ou morte — de Warhol. Acusariam Solanas de assassinato, em caso de falecimento, mas o homem resistiu. No dia seguinte, ela compareceu à acusação com uma atitude provocadora, insistindo em se defender sozinha. O juiz solicitou um exame psiquiátrico. Solanas, afinal declarada inapta ao julgamento, acabou internada em uma instituição para doentes mentais.

Após sua libertação, mudou-se para a Califórnia, fez-se prostituta para sobreviver e morreu de pneumonia e enfisema em um asilo para desabrigados, em 1988.

Warhol voltou para casa em 28 de junho. Após uma lenta recuperação, retomou a criação artística. Ele morreu em 1987, de um ataque cardíaco que se seguiu a uma cirurgia na vesícula.

A arte de Warhol é hoje dividida em duas fases: antes e depois do atentado. Ele ficou terrivelmente afetado pela experiência de morrer e ser trazido de volta à vida, e muitos críticos vêem profundas mudanças temáticas em suas obras entre 1968 e 1987, ano de sua morte.

Posfácio
Mortes por Encomenda

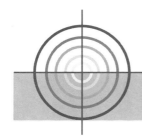

"Assassino" é um termo genérico que designa um indivíduo, um grupo ou um governo que emprega homicídios para realizar seus objetivos. Esses objetivos podem ser claramente insanos (obsessões, alucinações), sociológicos (causas raciais, religiosas, étnicas) ou puramente políticos (mudança de regime).

Observou-se que quase todos os governos da Terra se valeram, em um ou outro momento, de assassinatos clandestinos. Tais "apagamentos com danos acentuados" (um código secreto para assassinatos) nem sempre aparecem nos jornais. Os assassinatos e atentados que recheiam os noticiários e conseguem ampla cobertura na imprensa são crimes públicos e conspícuos, em que uma celebridade ou figura política é atacada em um evento no qual está visível e acessível.

Que conclusões podemos tirar da leitura dos 75 assassinatos e atentados incluídos em *Tentativas, atentados e assassinatos que estremeceram o mundo*? Apenas uma: não há meios de prever ou evitar um assassinato, se o assassino estiver determinado ao crime. Os presidentes norte-americanos sempre souberam — e muitas vezes admitiram publicamente — que se alguém quiser apagá-los, conseguirá. Daí a preocupação sempre frenética com a segurança das figuras de alto escalão.

O assassinato é diferente de outras formas de homicídio, que podem ocorrer em momentos de fúria ou no decurso de um crime. Assassinatos são *planejados*. São arquitetados inteiramente e, em muitos casos, logram êxito. Esse simples fato leva inexoravelmente à concepção fatalista dos presidentes norte-americanos — e explica por que o papa usa hoje uma redoma à prova de balas em seu veículo e por que nenhum presidente norte-americano voltou a desfilar em veículo aberto desde 1962.

APÊNDICE
As Armas Escolhidas

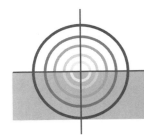

Entre parênteses, após a arma, encontra-se o nome da vítima. Quase todos os assassinos recorrem a armas de fogo para seus atos abomináveis, embora as facas façam aparições ocasionais, normalmente quando o matador vê sua missão como pessoal. (Nota: Se o calibre da arma não for apontado, será porque tal detalhe não foi localizado na literatura ou nos artigos da mídia a respeito do assassinato ou atentado.)

Pistolas e revólveres

Revólver Iver Johnson Cadet de calibre 0,22 (Robert F. Kennedy)

Revólver de calibre 0,22 (Andy Warhol)

Revólver de calibre 0,22 (Richard Nixon)

Revólver Rohm R6-14 de calibre 0,22 carregado com balas explosivas Devastator (Ronald Reagan)

Pistola automática de calibre 0,32 (Andy Warhol)

Pistola semi-automática Browning de calibre 0,32 (Huey Long)

Revólver Iver Johnson de calibre 0,32 (William McKinley)

Revólver de calibre 0,32 (Franklin Delano Roosevelt)

Revólver Magnum 0,357 carregado com balas explosivas de ponta oca (Rebecca Schaeffer)

Pistola Colt Navy 1851, de espoleta pica-pau, ação simples e pólvora negra, calibre 0,36 (Wild Bill Hickok)

Revólver Charter Arms de cano curto e calibre 0,38 (George Wallace)

Revólver Colt Cobra de cano curto e calibre 0,38 (Lee Harvey Oswald)

As Armas Escolhidas

Revólver Colt de calibre 0,38 (Theodore Roosevelt)

Revólver de calibre 0,38 (Haing Ngor)

Revólver de calibre 0,38 (Harvey Milk)

Revólver Smith and Wesson de calibre 0,38 (Gerald Ford)

Revólver de calibre 0,40 (Gianni Versace)

Revólver British Bulldog de calibre 0,44 (James Garfield)

Revólver Bulldog de calibre 0,38 (John Lennon)

Derringer de calibre 0,44 (Abraham Lincoln)

Revólver niquelado Smith & Wesson Nº 3, de calibre 0,44, com cano de 17 cm (Jesse James)

Pistola automática Colt de calibre 0,45 (Malcolm X)

Pistola semi-automática Colt de calibre 0,45 (Gerald Ford)

Pistola Beretta de 9 milímetros com balas dundum (Yitzhak Rabin)

Pistola semi-automática Browning de 9 milímetros (papa João Paulo II)

Pistola automática Beretta de 7 câmaras (Mohandas Gandhi)

Pistola automática Browning (arquiduque Francisco Ferdinando)

Pistola Browning (Vladimir Lenin)

Revólver Browning (Rasputin)

Pistolas (2) de duelo de tiro único (Andrew Jackson)

Pistola Luger alemã (Harry S. Truman)

Pistola Luger alemã (Malcolm X)

Pistola automática alemã Walther P-38 (Harry S. Truman)

Revólver (Jimmy Carter)

Pistola (Henry Clay Frick)

Pistola (Herbert Hoover)

Pistola com silenciador (Thomas Dewey)

Revólver (Indira Gandhi)

Revólver Smith and Wesson (Phil Hartman)

Tentativas, Atentados e Assassinatos que Estremeceram o Mundo

Rifles – Espingardas – Metralhadoras

Rifle de caça de calibre 0,22 (Jacques Chirac)

Rifle Enfield de calibre 0,30-16 com mira telescópica (Medgar Evers)

Rifle Remington 700 de calibre 0,30-16 (Vernon Jordan)

Rifle de repetição Remington 760, de calibre 0,30-06, com mira telescópica Redfield 2 x 7 (Marting Luther King Jr.)

Rifle de calibre 0,44 (Larry Flynt)

Metralhadora semi-automática de calibre 0,45 (Alan Berg)

Espingarda 12 de dois canos (Malcolm X)

Carabina de ferrolho Mannlicher-Carcano de 6,5 mm (John F. Kennedy)

Carabina de ferrolho Mannlicher-Carcano de 6,5 mm (John Connally)

Artilharia antiaérea (Winston Churchill)

Rifles de assalto AK-47 (Anuar el-Sadat)

Rifles de assalto AK-47 (Hosni Mubarak)

Rifle de assalto AR-15 com mira telescópica (Jesse Jackson)

Armas de fogo (Jefferson Davis)

Metralhadoras (Charles de Gaulle)

Rifle semi-automático Mauser (George Lincoln Rockwell)

Espingarda de corrediça Mossberg (Bill Clinton)

Rifle semi-automático Norinco (Bill Clinton)

Espingarda de cano serrado (Hubert Humphrey)

Submetralhadora Sten (Indira Gandhi)

Submetralhadoras (Anuar el-Sadat)

Submetralhadoras Thompson (Leon Trotski)

Facas

Faca Bowie (Andrew Jackson)

Faca Bowie de 25 cm (William Henry Seward)

Adaga (Henry Clay Frick)

Adaga de 30 cm (Imelda Marcos)

Adagas (Júlio César)

Faca de caça (Theresa Saldana)

Faca (Hosni Mubarak)

Faca (Jean-Paul Marat)

Faca de 17 cm (George Harrison)

Faca descrita como "grande" (Sal Mineo)

Faca malaia de dois gumes e lâmina torcida, oculta em crucifixo (papa Paulo VI)

Adaga *poniard* (Christopher Marlowe)

Faca de serra de açougueiro, com 22 cm (Monica Seles)

Miscelânea

Bomba de gelatina explosiva de 50 kg (Margaret Thatcher)

Bomba-relógio de 50 kg (Adolf Hitler)

Bomba de um quilo (Adolf Hitler)

Bomba de 25 kg detonada por controle remoto (Lorde Mountbatten)

Porrete (Rasputin)

Bombas (Hosni Mubarak)

Soco-inglês de bronze (Rasputin)

Bombas de butano (Charles de Gaulle)

Tripé de câmera (Bob Crane)

Atiçador de lareira (Germaine Greer)

Bomba de gasolina (Richard Nixon)

Granada carregada com pregos e pedaços de chumbo e ferro (arquiduque Francisco Ferdinando)

Granadas de mão (Anuar el-Sadat)

Piqueta (Leon Trotski)

Bomba incendiária do tipo coquetel Molotov (Leon Trotski)

Explosivos plásticos (Charles de Gaulle)

Tentativas, Atentados e Assassinatos que Estremeceram o Mundo

Cogumelos envenenados (Cláudio)

Agulha envenenada (Alexandre Soljenitsin)

Cianureto de potássio (Rasputin)

Granadas propulsionadas por foguetes (Hosni Mubarak)

Espadas (Thomas à Beckett)

Bomba-relógio (Adolf Hitler)

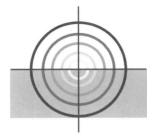

NOTAS

Assim Seja Sempre com as Celebridades

1. *Shewing up of Blanco Posnet* (1911), "Limits to Toleration".
2. *Time*, 15 de setembro de 1975.

1. Tomás à Beckett

1. Essa descrição de Thomas a Beckett, feita por Robert of Cricklade, consta na *Icelandic Saga*, de cerca de 1145-1150. (www.newadvent.org/cathen/1467a.htm)
2. Depois do assassinato de Thomas, a família FitzUrse ficou tão mortificada pelas ações de seu parente que resolve alterar seu sobrenome para Bearham (usando a partícula *Urse* do nome anterior; *Urse*, em inglês arcaico, corresponde ao moderno *bear* — "urso"). O sobrenome acabou sendo reduzido para Barham, que é hoje o nome de uma aldeia próxima à Cantuária.
3. O comentário também tem as seguintes formas: "Quem me livrará desse padre labrego?" e "Quem me livrará desse padre turbulento?"

2. Alan Berg

1. *Chicago Sun-Times*, 21 de dezembro de 1988.

3. Júlio César

1. Da peça *Júlio César*, de William Shakespeare, ato 32, cena 2.

4. Jimmy Carter

1. *Newsweek*, 24 de maio de 1982.

5. Fidel Castro

1. BBC News: "Castro: the Great Survivor", 19 de outubro de 2000. (news.bbc.co.uk/hi/english/world/americas/newsid_244000/244974.stm)
2. BBC News: "Country Profile: Cuba", 25 de abril de 2002. (news.bbc.co.uk/hi/english/world/americas/country_profiles/newsid_1203000/1203299.stm)
3. BBC News: "Castro: the Great Survivor", 19 de outubro de 2000. (news.bbc.co.uk/hi/english/world/americas/newsid_244000/244974.stm)

6. Jacques Chirac

1. Nicolas Couteau, defensor da Force Ouvrière, uma política de união francesa, fez a declaração pouco depois de o atirador ser levado preso. United Press International, domingo, 14 de julho de 2002.
2. BBC News, 15 de julho de 2002.
3. Associated Press, 14 de julho de 2002.

7. Winston Churchill

1. Discurso à Câmara dos Comuns, 4 de junho de 1940.

8. Cláudio

1. *Calígula,* capítulo 30.
2. Agripina obteve a ajuda de Háloto, o degustador imperial, e de Locusta, especialista em venenos.
3. Alguns relatos históricos afirmam que Cláudio foi morto quando seu médico enfiou-lhe uma pena envenenada na garganta. Nos orgiásticos dias da Roma antiga, as penas eram comumente usadas para induzir o vômito, e Agripina pode ter envenenado a pena do médico quando soube que Cláudio pediria uma sessão de vômitos. Há também relatos segundo os quais Cláudio, após adoecer e pedir auxílio médico, recebeu um enema envenenado de um médico envolvido no complô.

9. Bill Clinton

1. *New York Times,* 30 de outubro de 1994. O presidente Clinton disse isso durante o jantar anual da Federação Nacional Ítalo-Americana, na noite de 29 de outubro de 1994. Ele acabava de voltar de uma viagem ao Oriente Médio, onde fora ameaçado constantemente por terroristas, e, logo que retornou, um atirador alvejou a Casa Branca.

10. John Connally

1. De uma entrevista feita com Connally, em seu leito hospitalar, por Martin Agronsky, da NBC, publicada no *New York Times* na quinta-feira, 28 de novembro de 1963, p. 23.
2. *The Warren Report on the Assassination of President John F. Kennedy.* Washington, D.C.: U.S. Government Printing Office, 1964.
3. Idem.
4. Ibidem.

11. Bob Crane

1. The Greesboro, Carolina do Norte; *News & Record,* 1º de novembro de 1994.
2. *People,* 14 de novembro de 1994.
3. *Arizona Republic,* 13 de novembro de 1994.
4. Idem.
5. Citado no *Phoenix New Times,* 10 de setembro de 1998.
6. *People,* 14 de novembro de 1994.
7. *Variety,* 18 de julho de 2002.
8. The Internet Movie Database (www.imdb.com).

12. Jefferson Davis

1. Discurso de despedida de Jefferson Davis ao Senado, no Capitólio dos Estados Unidos. 21 de janeiro de 1861.
2. Idem. Davis disse: "Levanto-me, sr. presidente, para anunciar ao Senado que disponho de evidências suficientes de que o Estado do Mississipi, por solene determinação de seu povo, reunido em assembléia, declarou sua

independência dos Estados Unidos. (...) É conhecido pelos senadores que comigo aqui atuaram o fato de que por muitos anos advoguei, como atributo essencial da soberania do Estado, o direito de todo Estado de separar-se da União. Assim sendo, não tivesse eu crido que há razões justificáveis, e houvesse pensado que o Mississipi age sem provocação bastante ou sem necessidade presente, ainda assim, por minha teoria do governo, e em função de minha fidelidade ao Estado de que sou cidadão, apoiaria suas ações. Permitam-me dizer, contudo, que creio haver causas justificáveis e que aprovo sua atitude."

3. *Richmond Examiner*, 5 de março de 1864.

4. Idem.

5. "Civil War Richmond" (www.mdgorman.com).

13. Charles de Gaulle

1. De um badalado discurso de 1952.

2. Henry C. Pinkham, da Universidade de Colúmbia, citado no *New York Review of Books*, 20 de dezembro de 1990.

3. Don Cook, *Charles de Gaulle: a Biography*, p. 417.

4. Idem, p. 417-18.

14. Thomas Dewey

1. Schultz berrou isso para o chefão da Máfia Louis Lepke, quando esse tentou dissuadi-lo de matar Dewey. Citado em Jay Robert Nash, *Bloodletters and Badmen*, p. 107.

2. Richard H. Smith, *Thomas E. Dewey and His Times*, p. 167.

3. Smith, p. 169.

4. Smith, p. 174.

15. Medgar Evers

1. De um discurso de 1958 à divisão de Milwaukee da NAACP, reproduzido em *Of Long Memory* por Adam Nossiter, p. 52.

2. Evers disse isso durante uma entrevista em seu escritório em 2 de junho de 1963, 10 dias antes de ser assassinado. A citação apareceu no *New York Times* em 13 de junho de 1963, p. 12.

3. As leis de Jim Crow estabeleciam uma estrita segregação e tratavam legalmente os negros como cidadãos inferiores e de segunda classe.

4. *The Economist*, 12 de fevereiro de 1994, Vol. 330, edição 7850, p. 27.

5. *The New York Times*, 13 de junho de 1963, p. 12.

6. Adam Nossiter, *Of Long Memory*, p. 35.

7. Idem.

16. Louis Farrakhan

1. Entrevista à *Meet the Press*, outubro de 1998.

2. *The Final Call*, 15 de maio de 2000.

3. *Philadelphia Inquirer*, março de 2000.

4. Discurso do Dia do Salvador, Chicago, fevereiro de 1998.

5. Discurso em Boston, agosto de 1997.

17. O arquiduque Francisco Ferdinando

1. Citado em *David Wallechinsky's Twentieth Century*, p. 140.

2. *The New York World*, 29 de junho de 1924.

3. *The London Daily News & Leader*, 29 de junho de 1914, p. 1.

4. Jevtic, *New York World*.

5. *The London Daily News & Leader*, 29 de junho de 1914, p. 1.

6. *David Wallechinsky's Twentieth Century*, p. 142.

7. Carl Sifakis, *The Encyclopedia of Assassinations*, p. 64.

18. Larry Flynt

1. De sua autobiografia, *An Unseemly Man*.

2. *New Times* (Los Angeles), 24 de outubro de 1996.

3. www.serialkillercentral.com.

4. *New York Times*, 16 de fevereiro de 1977, p. 40-41.

19. Gerald Ford

1. Judith St. George, *In the Line of Fire*, p. 124.

2. Fromme recebeu o apelido "Squeaky" ("Chiada") do próprio Manson, em função de sua voz aguda e estridente.

3. *American Heritage Dictionary*.

4. Oliver Sipple era um homossexual que sempre mantivera sua identidade sexual oculta da família. Depois de seu corajoso ato, que provavelmente salvou a vida do presidente Ford, Sipple foi inadvertidamente "desmascarado" pelo político Harvey Milk (Capítulo 49), um homossexual assumido que, ao falar de Sipple para um repórter, observou: "Isso demonstra que *nós* fazemos o bem" [grifo nosso]. Poucas semanas após o atentado, o presidente Ford enviou-lhe uma breve nota, dizendo: "Quero que saiba quanto apreciei seus atos desprendidos da última segunda-feira. O evento foi um choque para todos nós, mas você agiu rapidamente e sem cuidar da própria segurança. Com isso, ajudou a evitar riscos para mim e para outras pessoas na multidão. Receba meus mais sinceros agradecimentos." A essa altura, porém, a inclinação sexual de Sipple se tornara pública, e tal exposição teve seu preço. Ele desbancou para o alcoolismo e as drogas, e ganhou um peso considerável. Foi encontrado morto em seu apartamento em fevereiro de 1989. Embora usasse um andador e apresentasse dificuldades para respirar no mês anterior a sua morte, acredita-se que tenha cometido suicídio. O presidente e a sra. Ford mandaram um cartão de condolências à família.

5. *New York Times*, 13 de dezembro de 1975.

6. *New York Times*, 23 de setembro de 1975.

20. Henry Clay Frick

1. Anotação de diário, citada em Mathew Josephson, *The Robber Barons*.

2. Goldman também foi interrogada após o assassinato de William McKinley (Capítulo 48), e sabe-se que não expressou remorso algum quando soube que ele morreu.

3. Harper's Weekly, 30 de julho de 1892.

4. Alexander Berkman, *Prison Memoirs of an Anarchist*.

21. Indira Gandhi

1. Inder Malhotra, *Indira Gandhi: Personal and Political Biography*, p. 17. As autoridades indianas de segurança detiveram Ustinov e sua equipe porque

Notas

temiam que os operadores de câmera houvessem filmado o assassinato. Não haviam, e acabaram recebendo permissão de deixar o local.

2. Nenhum parentesco com Mohandas Gandhi (Capítulo 22).

3. Nenhum parentesco com Beant Singh.

4. *The New York Times*, 1º de novembro de 1984, p. A18.

5. *Time*, 11 de novembro de 1985, Vol. 126, Nº 19, p. 55.

22. Mohandas Gandhi

1. Gandhi disse isso em 28 de janeiro de 1948, dois dias antes de seu assassinato. Citado em The Official Mahatma Gandhi eArchive (www.mahatma.org).

2. De uma entrevista exclusiva dada em 14 de fevereiro de 2000 ao site Time.com (www.time.com/time/asia/magazine/2000/0214/india.godse.html).

3. J. C. Jain, *The Murder of Mahatma Gandhi*.

23. James Garfield

1. De uma carta que Charles Guiteau escreveu ao general da união William Tecumseh Sherman, depois de ser preso por balear James Garfield, citada em *The Evil 100* por Martin Gilman Wolcott, p. 306.

2. Martin Gilman Wolcott, *The Evil 100*, p. 305.

3. James C. Clark, *The Murder of James A. Garfield: The President's Last Days and the Trial and Execution of His Assassin*.

4. Theodore Clark Smith, *The Life and Letters of James Abram Garfield, Volume 2: 1877, 1882*, p. 1200.

24. Germaine Greer

1. BBC News, 27 de abril de 2000.

2. BBC News, 4 de julho de 2000.

3. Idem.

4. Ibidem.

25. George Harrison

1. Citado no *New York Times*, 31 de dezembro de 1999.

2. Citado em "A Hard Day's Night" por Steve Dougherty, na *People*, em 17 de janeiro de 2000.

3. *The New York Times*, 31 de dezembro de 1999.

4. Idem.

26. Phil Hartman

1. De uma entrevista dada em junho de 1998 a David Bianculli, com Hooks (www.saturday-night-live.com). A entrevista apareceu originalmente em *The New York Daily News*.

2. Citado na CNN.com, 2 de junho de 1998.

3. *The New York Times*, 28 de maio de 1998.

4. *Newsweek*, 8 de junho de 1998.

27. Wild Bill Hickok

1. Thadd Turner, "The First Trial" (www.heartofdeadwood.com/Interpretive/firsttrial.htm).

2. Joseph C. Rosa, *Wild Bill Hickok: The Man & His Myth*, p. 195.

28. Adolf Hitler

1. Michael C. Thomsett, *The German Opposition to Hitler*, p. 3.

Tentativas, Atentados e Assassinatos que Estremeceram o Mundo

2. Conforme o ranking elaborado por Martin Gilman Wolcott em *The Evil 100*.

3. Thomsett, p. 101.

29. Herbert Hoover

1. Carl Sifakis, *Encyclopedia of Assassinations*, p. 189.

2. *American Spectator*, "A Data Which Should Live in Irony", fevereiro de 1999, Vol. 32, número 2, p. 71.

30. Hubert Humphrey

1. Citado em *Second Choice* (1966), de Michael V. DiSalle.

31. Andrew Jackson

1. James Parton, *Life of Jackson,* Vol. III, capítulo 35.

32. Jesse Jackson

1. De um discurso na Convenção Democrática Nacional em 16 de julho de 1984.

2. O título "reverendo", de Jackson, não é honorário. Jesse Jackson graduou-se Mestre em Teologia no Seminário Teológico de Chicago, e é um ministro batista ordenado.

33. Jesse James

1. Terça-feira, 18 de abril de 1882, p. 1.

2. As fontes diferem quanto ao que mostrava esse quadro. As variações incluem a imagem de um cavalo de corrida, a cena da morte em Stonewall Jackson e uma flâmula dizendo "Em Deus confiamos".

3. Carl W. Breihan, *The Day Jesse James Was Killed*, p. 175.

34. Andrew Johnson

1. www.surratt.org.

2. Há certa discórdia na literatura quanto ao ano em que nasceu Atzerodt. Algumas fontes dizem 1830; uma fonte diz 1842. O ano mais usado é 1832.

3. www.surratt.org.

4. Idem.

5. Ibidem.

6. Ibidem. Apesar das objeções de Doster, John Wilkes Booth incumbiu, de fato, Atzerodt de matar Johnson. O argumento de Doster — o de que seu cliente era um covarde tão rematado que ninguém no mundo que tivesse a cabeça (homicida) no lugar lhe daria um trabalho exigindo brios — é de fato ousado. Não funcionou, mas foi uma estratégia de defesa bastante audaz.

35. Vernon Jordan

1. www.igc.org/laborquotes/politics.html

2. *The New York Times,* 30 de maio de 1980, p. 1.

3. *The New York Times*, 30 de outubro de 1980, p. 16.

36. Edward Kennedy

1. Discurso feito ao Senado norte-americano, em 17 de fevereiro de 1971.

37. John F. Kennedy

1. Foi a primeira declaração pública de Lyndon Johnson após o juramento presidencial que se seguiu à morte de John F. Kennedy.

2. Gerald Posner, *Case Closed*, p. 292.

3. As autoridades de Dallas e do hospital Parkland, a princípio recusaram-se a autorizar o contingente presidencial a remover o corpo de Kennedy do Texas. Seu assassinato fora cometido em Dallas e, com isso, Dallas

– 262 –

tinha jurisdição para efetuar a autópsia e outros procedimentos envolvendo o cadáver. Isso foi logo sobrelevado pelo novo presidente, Lyndon Johnson. Um dos médicos de Dallas, o dr. Charles Crenshaw, afirmou em seu livro de 1992, *JFK: Conspiracy of Silence* (JFK: Conspiração do silêncio), que agentes do serviço secreto sacaram suas armas e removeram fisicamente do hospital o ataúde do presidente, sob os protestos das autoridades locais. (Charles Crenshaw, *JFK: Conspiracy of Silence*, p. 118-19.)

4. *Report of the House Select Committee on Assassinations*, citado em Posner, p. 308.

38. Robert Kennedy

1. Do elogio de Edward Kennedy a seu irmão, feito na Catedral de São Patrício em 8 de junho de 1968.

2. Jay David Andrews, *Young Kennedys: The New Generation*, p. 9.

3. *Newsweek*, 12 de junho de 1995, Volume 125, Nº 24, p. 32.

39. Martin Luther King

1. Esse trecho é de um profético discurso feito pelo dr. King no Mason Street Temple, em Memphis, Tennessee, em 3 de abril de 1968, na noite anterior ao seu assassinato. Citado em *David Wallechinsky's Twentieth Century*, p. 155.

40. Vladimir Lenin

1. O tenente Yakov Sverdlov, de Lenin, promulgou esse decreto dando permissão expressa para que uma chacina em massa ocorresse.

2. Craig Sifakis, *Encyclopedia of Assassinations*, p. 124.

41. John Lennon

1. Diversos artigos de dezembro de 1980 (de jornais, revistas e outros) foram consultados para esse capítulo.

42. Abraham Lincoln

1. Martin Gilman Wolcott, *The Evil 100*, p. 299.

2. Da peça *Our American Cousin*, ato III, cena 2, em fala do personagem Asa Trenchard, interpretado em 14 de abril de 1865 pelo ator Harry Hawk.

3. Do relatório feito pelo médico, em 1909, sobre sua tentativa de salvar o presidente, citado em *Kennedy and Lincoln: Medical and Ballistic Comparisons of Their Assassinations*, de John K. Lattimer.

4. O dr. Joseph K. Barnes, cirurgião-geral do Exército dos Estados Unidos, citado em *Kennedy and Lincoln: Medical and Ballistic Comparisons of Their Assassinations*, de John K. Lattimer, p. 38.

5. Idem.

6. Testemunha Clara Harris, citada em *Lincoln*, de David Herbert Donald, p. 597.

7. *Encyclopedia Americana*, Vol. 17, p. 513.

43. Huey P. Long

1. De um discurso feito em 1927 por Huey Long, citado em *Huey Long* por T. Harry Williams.

2. Apelido assumido pessoalmente por Long e tirado do personagem do programa radiofônico americano *Amos*

'n' Andy, hoje considerado racialmente ofensivo. (Long costumava atender o telefone dizendo: "Aqui fala o Kingfish".) É improvável que um político adotasse hoje em dia tal epíteto como apelido.

3. *American History Illustrated*, julho/agosto de 1993, Vol. 28, Nº 3.

4. Idem.

44. Malcolm X

1. Do fértil discurso "The Ballot or the Bullet" ("O voto ou a bala") de Malcolm X, feito em 13 de abril de 1964, 10 meses antes de seu assassínio. Esse discurso foi considerado por acadêmicos, historiadores e especialistas em retórica como um dos 10 maiores discursos norte-americanos de todos os tempos. (Ver *The USA Book of Lists* [Career Press, 2000] de Stephen J. Spignesi para detalhes sobre esses 10 grandes discursos.)

2. Lee Davis, *Assassinations*, p. 97.

3. www.biography.com.

45. Jean-Paul Marat

1. *Déclaration des Droits de l'homme*, 24 de abril de 1973, capítulo 19.

46. Imelda Marcos

1. *People Weekly*, 29 de julho de 1996, Vol. 46, p. 75.

47. Christopher Marlowe

1. Trecho tirado de documentos jurídicos originais relacionados ao assassinato de Marlowe, e descobertos pelo dr. J. Leslie Hotson, que os publicou em seu livro *The Death of Christopher Marlowe* (A morte de Christopher Marlowe).

2. John Bakeless, em *The Tragicall History of Christopher Marlowe*, escreve que "Frizer era um vigarista de cujos ardis Sir Thomas [Walsingham — o patrono de Marlowe] parece ter se servido ao menos uma vez. Poley era um falsificador e um espião. Skeres parece ter sido um parasita junto a ambos.", p. 183.

3. Em carta enviada ao escritor Samuel Tannebaum (*The Assassination of Christopher Marlowe (A New View)*), o professor W. G. MacCallum, líder do Departamento de Patologia da Universidade Johns Hopkins, escreveu: "Devo dizer que uma ferida como a que você descreveu (...) dificilmente teria ido além do sino frontal e do lobo frontal do cérebro, e não entendo como isso poderia causar morte instantânea. Claro, pode-se imaginar que a força do golpe foi tamanha que o atordoou por tempo suficiente para haver uma hemorragia fatal naquela posição. A única outra possibilidade concebível seria talvez a de que, em razão da extrema violência, danos ulteriores tenham sido infligidos a partes mais vitais do cérebro, mas no todo parece-me duvidoso que a morte súbita se seguisse a tal golpe."

4. Deve-se observar também que ao menos uma fonte (*The Theatrical Intelligencer*, 1788, citado em Bakeless, p. 150), designa a casa de Bull como um "bordel". Se for verdade, explica o fácil acesso de homens ao local, embora não haja menção de prostitutas presentes no dia do assassinato.

48. William McKinley

1. *Speeches and Addresses of William McKinley,* p. 537.

Notas

2. Comentário que McKinley fez a alguns amigos em Canton, Ohio, em agosto de 1901, poucos dias antes de seu assassinato, citado no *World Almanac of Presidential Quotation*, p. 16.

3. Emma Goldman foi longamente interrogada após McKinley ser baleado e, embora defendesse o crime e não expressasse a menor tristeza ao saber da morte do presidente, não se descobriram outras ligações entre ela e Czolgosz. Ao que parece, ele era um seguidor distante, e, apesar de ter encontrado Goldman pessoalmente em uma conferência, ela declarou não o conhecer quando a polícia a interrogou, logo após Czolgosz informar-lhes que apoiava as idéias dela. Dois anos após a morte de McKinley, promulgaram-se leis proibindo que anarquistas assumidos morassem nos Estados Unidos. Em 1919, as autoridades federais usaram essa lei para deportar Goldman para a Rússia.

4. Charlos Olcott, *The Life of William McKinley*, p. 265-66.

5. Cumpre notar que a rapidez das decisões judiciais, nesse caso, serve como remota censura à lentidão dos julgamentos e processos atuais. Czolgosz foi julgado e condenado pelo assassinato do presidente pouco mais de três semanas após puxar o gatilho, e estava na cova em oito semanas. Compare-se o fato ao caso de Timothy McVeigh, condenado pela bombardeio terrorista de 1995 em Oklahoma City, executado apenas em 2001, seis anos após o crime.

6. Murat Halstead, *The Illustrious Life of William McKinley, Our Martyred President*, p. 54.

7. Halstead, p. 55.

8. John Mason Potter, *Plots Against the President*, p. 184.

49. Harvey Milk

1. O prefeito de São Francisco, George Moscone, foi assassinado por Daniel White antes de esse balear Milk. O assassinato de Milk ficou com a fama, com o passar dos anos, devido a sua motivação claramente homófoba.

2. Extraído de uma arrepiante e profética fita gravada por Harvey Milk para seus funcionários e amigos, em 18 de novembro de 1977, com a instrução de que só devia ser ouvida se ele fosse assassinado, o que ocorreu um ano e uma semana depois.

3. De um dos primeiros folhetos de campanha de Dan White, citado no *New York Times* em 29 de novembro de 1978.

4. Algumas fontes dizem que White tinha 34 anos na época do atentado. Em 28 de novembro de 1978, o *New York Times* informou que ele estava com 32 anos.

50. Sal Mineo

1. 1975, Internet Movie Database. (www.mdb.com)

2. Alguns registros dizem 10 de janeiro de 1939.

3. *The New York Times*, 14 de fevereiro de 1976.

4. Internet Movie Database.

51. Lorde Mountbatten

1. Em homenagem à liderança naval de Lorde Mountbatten, o salmo 107 foi lido em seu funeral pelo príncipe Charles,

– 265 –

Tentativas, Atentados e Assassinatos que Estremeceram o Mundo

que vestia um uniforme completo da marinha.

2. *The New York Times*, 28 de agosto de 1979, p. 1.

3. *The Washington Post*, 28 de agosto de 1979, p. 17

4. *Time*, 10 de setembro de 1979.

5. Citado em Carl Sifakis, *Encyclopedia of Assassinations*, p. 151.

52. Hosni Mubarak

1. Declaração feita pelo presidente Clinton em 26 de junho de 1995, depois de saber da tentativa de assassinar o presidente Mubarak. Fonte: *The Weekly Compilation of Presidential Documents*, 3 de julho de 1995, Vol. 31, Nº 26, p. 1.136.

2. Somente os AK-47 foram de fato usados no ataque; as outras armas e os explosivos foram descobertos posteriormente em veículos abandonados pelos assassinos em sua fuga.

3. *The New York Times*, 7 de setembro de 1999, p. A10.

53. Haing Ngor

1. *People*, 11 de março de 1996, Volume 45, Nº 10, p. 99.

2. Houve (e ainda há) versões conflitantes sobre a idade de Ngor. O *Los Angeles Coroner* declarou que Ngor tinha 55 anos na ocasião de sua morte. Todavia, Marion Rosenberg, publicista de Ngor, de longa data, disse à mídia que ele estava com 45 anos ao morrer.

3. www.infobeat.com.

4. *People*, 11 de março de 1996, Volume 45, Nº 10, p. 99.

5. Martin Gilman Wolcott, *The Evil 100*, 12.

54. Richard Nixon

1. *The New York Times*, 27 de fevereiro de 1974.

55. Lee Harvey Oswald

1. Do pronunciamento oficial de Winston Churchill sobre o assassinato do presidente Kennedy.

2. *The New York Times*, 27 de novembro de 1963, p. A1.

3. *The New York Times*, 26 de novembro de 1963, P. A12.

56. O Papa João Paulo II

1. De *Witness to Hope*, de George Weigel.

2. Idem.

3. Citado em www.cnn.com.

4. Citado na *Encyclopedia of Assassinations*.

57. O Papa Paulo VI

1. Mendoza disse isso em uma conferência à imprensa feita em 28 de novembro de 1970. Citado em *Mabini's Ghost*, de Ambeth R. Ocampo.

2. *The New York Times*, 13 de janeiro de 1971, p. 8.

3. *Catechism of the Catholic Church*, p. 635.

4. *The Top 100 Catholics of the Century*. (www.dailycatholic.org/issue/archives/ 1999Dec2,vol.10,no.229txt/dec2top.htm).

5. *The New York Times*, 27 de novembro de 1970, p. 11.

6. Idem.

– 266 –

58. Yitzhak Rabin

1. Do último discurso feito por Rabin antes de ser assassinado. *The New York Times*, 5 de novembro de 1995, p. A16.

2. Carl Sifakis, *The Encyclopedia of Assassinations*, p. 178.

3. Sifakis, p. 179. (www.cnn.com/WORLD/9511/rabin/index.html).

4. www.cnn.com/WORLD/9511/rabin/index.html.

59. Rasputin

1. Alex De Jonge, *The Life and Times of Grigorii Rasputin*, p. 327.

2. Algumas fontes dizem 22 de dezembro de 1916, e outras 2 de janeiro de 1917.

60. Ronald Reagan

1. 11 de janeiro de 1990.

2. 30 de março de 1981.

3. Judith St. George, *Ronald Reagan*.

4. Apresentada como evidência no julgamento de Hinckley, o que a tornou objeto de registro público e, por conseguinte, de domínio público.

61. George Lincoln Rockwell

1. Frederick J. Simonelli, *American Fuehrer*, p. 131.

2. O guarda-costas e amigo pessoal de Rockwell, Frank Smith, não acreditava que Patler fosse o assassino, e dizia que o crime fora parte de uma conspiração envolvendo oficiais de alto escalão do Partido Nazista Americano. Cito de *American Fuehrer* (página 138): "Desconfiado da polícia — e cumprindo uma promessa que fizera a Rockwell no caso de esse morrer assassinado —, Smith fez as próprias investigações. Elas

o levaram a concluir que [Matt] Koehl, [William L.] Pierce e [Robert Allison] Lloyd haviam concebido o assassinato. Smith identificou em Christopher Vidnjevich um violento e instável membro da divisão do Partido Nazista Americano em Chicago, o assassino de Rockwell. (...) As investigações e subseqüentes acusações de Smith culminaram na troca de tiros entre ele e Vidnjevich no interior do Maine. Ambos sobreviveram. Smith recusou-se a dar curso a suas alegações pelas vias convencionais."

3. *The New York Times*, 26 de agosto de 1967, p. 14.

4. *The New York Times*, 16 de dezembro de 1967, p. 33.

5. George Lincoln Rockwell, *Why Nazism?*, panfleto do nazismo norte-americano do início dos anos 60.

6. George Lincoln Rockwell, *This Time the World*, p. 154-55.

62. Franklin Delano Roosevelt

1. Zangara disse isso após ser sentenciado a morrer na cadeira elétrica pela morte do prefeito de Chicago, Anton Cermak (www.eastlandmemorial.org/zangara.shtml).

2. *The New York Times*, 15 de fevereiro de 1933, p. 2.

3. *The New York Times*, 17 de fevereiro de 1933, p. 1.

63. Theodore Roosevelt

1. Do discurso de 50 minutos que Theodore Roosevelt fez imediatamente após ser baleado. Ele desabotoou o colete e mostrou ao público sua camisa ensangüentada, antes de prosseguir. De

The New York Times, 15 de outubro de 1912, p. 2.

2. Thomas Marshall era o vice-presidente de Theodore Roosevelt (mas acabou aliando-se a Woodrow Wilson na eleição de 1912, depois que Roosevelt fundou o próprio partido). Citado em *TR and Will: A Friendship that Split the Republican Party*, de William Manners, p. 310.

3. Livros de Theodore Roosevelt: *The Naval War of 1812* (1882); *Hunting Trip of a Ranchman* (1885); *Life of Thomas Hart Benton* (1887); *Gouverneur Morris* (1888); *Ranch Life and the Hunting Trail* (1888); *The Winning of the West 1769-1807* (4 volumes, 1889-1896); *New York* (1891); *Hero Tales from American History* (1895); *Rough Riders* (1899); *African Game Trails* (1910); *The New Nationalism* (1910); *History as Literature, and Other Essays* (1913); *Theodore Roosevelt, An Autobiography* (1913); *Nas Selvas do Brasil* (1914); *Life Histories of African Game Animals* (1914); *America and the World War* (1915); *Fear God and Take Your Own Part* (1916); *The Foes of Our Own Household* (1917); *National Strength and International Duty* (1917).

4. *The Milwaukee Journal Sentinel*, 27 de janeiro de 1998, p. 1.

5. *The New York Times*, 15 de outubro de 1912, p. 1.

64. Anuar el-Sadat

1. Camelia Sadat, *My Father and I*, p. 172.

2. Mohammed Keikal, *Autumn of Fury: The Assassination of Sadat*, p. 260-61.

65. Theresa Saldana

1. *Los Angeles Times*, 2 de junho de 1989.

2. *A Biographical Dictionary of World Assassins*.

3. *The New York Times*, 6 de novembro de 1984.

4. *Newsday*, 21 de julho de 1989.

5. Internet Movie Database. (www.imdb.com)

66. Rebecca Schaeffer

1. Katherine Ramsland, "Stalkers: The Psychological Terrorist".

2. Mike Tharp, "In the Mind of a Stalker".

3. Internet Movie Database (www.imdb.com).

4. É esse o filme que parece ter incentivado Bardo a matar Schaeffer. No filme, ela é vista na cama com um homem e, sendo Bardo absolutamente incapaz de separar a fantasia da realidade, interpretou a cena como uma prova do completo abandono da moral por parte de Schaeffer, e jurou dar-lhe uma lição.

67. Monica Seles

1. *Sports Illustrated*, 17 de julho de 1995.

2. Idem.

3. *A Biographical Dictionary of the World's Assassins*

4. *Sports Illustrated*, 17 de julho de 1995.

5. *The New York Times*, 1º de maio de 1993.

68. William Henry Seward

1. *Speech on the Irrepressible Conflict*, 25 de outubro de 1858.

Notas

2. John M. Taylor, *William Henry Seward: Lincoln's Right Hand*, p. 248.

3. Roy Z. Chamlee, Jr., *Lincoln's Assassins*, p. 2.

4. Taylor, p. 248.

5. Taylor, p. 244.

69. Alexandre Soljenitsin

1. *O Primeiro Círculo*, capítulo 17.

2. "Me and Bobby McGee", 1969.

70. Margaret Thatcher

1. Do discurso de Margaret Thatcher ao Partido Conservador, logo após o bombardeio terrorista que atentou contra sua vida. Citado em Margaret Thatcher, *The Downing Street Years*, p. 382.

2. *The Downing Street Years*, p. 379.

3. www.biography.com.

71. Leon Trotski

1. Carl Sifakis, *The Encyclopedia of Assassinations,* p. 217.

2. *The New York Times*, 19 de junho de 1940, p. 8.

3. *The New York Times*, 22 de agosto de 1940, p. 14.

4. Leon Trotski, *Minha Vida*.

72. Harry S. Truman

1. Um Truman calmo e controlado disse isso depois da chuva de balas em frente à Blair House, durante o atentado perpetrado por dois nacionalistas porto-riquenhos. Citado em *American History*, julho/agosto de 1997, Vol. 32, Nº 3, p. 32.

73. Gianni Versace

1. Liz Tilberis era editora-chefe do *Harper's Bazaar* na época da morte de Versace, e escreveu isso em editorial aberto do *New York Times*, em 16 de julho de 1997, p. 19.

2. *The Advocate*, 17 de fevereiro de 1998, Nº 753, p. 13.

74. George Wallace

1. Wallace fez essa declaração ao *Detroit News,* e ela foi citada em "Portrait of an Assassin" (www.pbs.org).

2. *The New York Times*, 16 de maio de 1972, p. 34.

3. *The New York Times*, 18 de maio de 1972, p. 1.

75. Andy Warhol

1. Victor Bockris, *Warhol*.

2. Bockris.

3. Existe certa controvérsia quando à data do nascimento de Warhol. Os anos de 1927, 1929 e 1930 já foram aventados. Todavia, 6 de agosto de 1928 é comumente aceita e adotada por Warhol para celebrar seu aniversário. Também é a data que está escrita em sua laje tumular.

BIBLIOGRAFIA

Abrams, Herbert L. *"The President Has Been Shot": Confusion, Disability, and the 25th Amendment*. Stanford, Calif.: Stanford University Press, 1992.

Allen, Felicity. *Jefferson Davis: Unconquerable Heart*. Columbia, Missouri: University of Missouri Press, 1999.

American Political Leaders, 1789-2000. Washington, D.C.: Congressional Quarterly, 2000.

Andrews, Jay David. *Young Kennedys: The New Generation*. Nova York: Avon, 1998.

Bakeless, John. *The Tragicall History of Christopher Marlowe*. Hamden, Conn.: Archon Books, 1942.

Baldwin, James. *One Day, When I Was Lost: A Scenario Based on Alex Haley's "The Autobiography of Malcolm X"*. Nova York: Dell, 1992.

Ballard, Michael B. *A Long Shadow: Jefferson Davis and the Final Days of the Confederacy*. Jackson, Miss.: University Press of Mississippi, 1986.

Barrett, A. A. *Agrippina: Sex, Power, and Politics in the Early Empire*. New Haven, Conn.: Yale University Press, 1996.

Basler, Roy P., editor. *The Collected Works of Abraham Lincoln*. New Brunswick, N. J.: Rutgers University Press, 1953.

Bernstein, Carl, e Marco Politi. *His Holiness: John Paul II and the Hidden History of Our Time*. Nova York: Doubleday, 1996.

Bishop, Jim. *The Day Kennedy Was Shot*. Nova York: Gramercy Books, 1984.

Bloom, Harold, editor. *Christopher Marlowe*. Nova York: Chelsea House Publishers, 1986.

Bobb, Dilip. *The Great Betrayal: Assassination of Indira Gandhi*. Nova Délhi, Índia: Vikas Publishing, 1985.

Bockris, Victor. *Warhol*. Nova York: Da Capo Press, 1997.

Bogosian, Eric. *Talk Radio*. Nova York: Vintage Books, 1987.

Brands, H. W. *T. R.: The Last Romantic*. Nova York: Basic Books, 1997.

Brant, Marley. *Jesse James: The Man and the Myth*. Nova York: Berkley, 1998.

Bibliografia

Bravin, Jess. *Squeaky: The Life and Times of Lynette Alice Fromme*. Nova York: St. Martin's Griffin, 1998.

Breihan, Carl W. *The Day Jesse James Was Killed*. Nova York: Bonanza Books, 1962.

Breitman, George, e Herman Porter. *The Assassination of Malcolm X*. Nova York: Merit Publishers, 1969.

Breitman, George: *The Last Year of Malcolm X: The Evolution of a Revolutionary*. Nova York: Schocken Books, 1968.

Bremer, Arthur H. *An Assassin's Diary*. Nova York: Pocket Books, 1973.

Brooke, C. F. Tucker. *The Life of Marlowe and the Tragedy of Dido, Queen of Carthage*. Nova York: Gordian Press, 1930.

Brooks, Stewart M. *Our Murdered Presidents*. Nova York: Frederick Fell, 1966.

Brown, Paul Alonzo. *The Development of the Legend of Thomas Becket*. Philadelphia, Pa.: University of Pennsylvania Press, 1930.

Buchan, John. *Julius Caesar*. London: Peter Davies Limited, 1932.

Bullock, Alan. *Adolf Hitler: A Study in Tyranny*. Nova York: HarperCollins, 1962.

Bumgarner, John R. *The Health of the Presidents: The 41 United States Presidents Through 1993 From a Physician's Point of View*. Jefferson, N.C.: McFarland & Company, 1994.

Butler, John. *The Quest for Becket's Bones: The Mystery of the Relics of St. Thomas Becket of Canterbury*. New Haven, Conn.: Yale University Press, 1995.

Caplan, Lincoln. *The Insanity Defense and the Trial of John W. Hinckley Jr*. Boston: Mass.: Daniel R. Godine, 1984.

Catechism of the Catholic Church. Nova York: Image Books, 1995.

Chambers, John Whiteclay II, editor. *The Oxford Companion to American Military History*. Nova York: Oxford University Press, 1999.

Chamlee, Roy Z. *Lincoln's Assassins: A Complete Account of Their Capture, Trial, and Punishment*. Jefferson, N.C.: McFarland & Company, 1990.

Charnwood, Lord. *Abraham Lincoln*. Garden City, N.Y.: Garden City Publishing, 1917.

Clark, James C. *The Murder of James A. Garfield: The President's Last Days and the Trial and Execution of His Assassin*. Jefferson, N.C.: McFarland & Company, 1993.

Clard, Ronad D. *Lenin: A Biography*. Nova York: Harper & Row, 1988.

Clarke, James W. *American Assassins*. Princeton, NJ: Princeton University Press, 1982.

_____. *On Being Mad, Or Merely Angry: John W. Hinckley Jr. and Other Dangerous People*. Princeton, N.J.: Princeton University Press, 1990.

Compton, Piers. *The Turbulent Priest: A Life of St. Thomas of Canterbury*. London: Staples Press, 1957.

Cone, James H. *Martin & Malcolm & America: A Dream or a Nightmare*. Nova York: Orbis Books, 1991.]

Tentativas, Atentados e Assassinatos que Estremeceram o Mundo

Cook, Don. *Charles De Gaulle: A Biography*. Nova York: G. P. Putnam's Sons, 1983.

Cooper, William J. Jr. *Jefferson Davis, American*. Nova York: Alfred A. Knopf, 2000.

Courtois, Stéphanie, Nicolas Werth, Jean-Louis Panné, Andrzej Paczkowski, Karel Bartosek, e Jean-Louis Margolin. *The Black Book of Communism: Crimes, Terror, Repression*. Boston, Mass.: Harvard University Press, 1999.

Crenshaw, Charles. *JFK: Conspiracy of Silence*. Nova York: Signet, 1992.

Dale, Philip Marshall. *Medical Biographies: The Ailments of Thirty-three Famous Persons*. Norman, Okla.: University of Oklahoma Press, 1952.

Davis Jefferson. *The Rise and Fall of the Confederate Government*, Vols. 1 & 2. Nova York: Da Capo, 1990.

Davis, Lee. *Assassination: Twenty Assassinations That Changed History*. North Dighton, Mass.: JG Press, 1997.

Davison, Jean. *Oswald's Game*. Nova York: W. W. Norton & Co., 1983.

De Jonge, Alex. *The Life and Times of Grigorii Rasputin*. Nova York: Dorset Press, 1982.

Degregorio, William A. *The Complete Book of U.S. Presidents*. Nova York: Barricade Books, 1993.

Delaney, John J. *Pocket Dictionary of Saints*. Nova York: Doubleday, 1983.

Deutsch, Herman B. *The Huey Long Murder Case*. Garden City, N. Y.: Doubleday, 1963.

DiSalle, Michael V. *Second Choice*. Nova York: Hawthorn Books, 1966.

Dodd, William Edward. *Jefferson Davis*. Nova York: Russell & Russell, 1966.

Doenecke, Justus D. *The Presidencies of James A. Garfield and Chester A. Arthur*. Lawrence, Kansas: The University of Kansas Press, 1981.

Donald, David Herbert. *Lincoln*. Nova York: Simon and Schuster, 1995.

Downie, J. A., e J. T. Parnell, editors. *Constructing Christopher Marlowe*. Cambridge: Cambridge University Press, 2000.

Duffy, James P., e Vincent L. Ricci. *Target Hitler: The Plots to Kill Adolf Hitler*. Westport, Conn.: Praeger Publishers, 1992.

Dugan, Alfred. *Julius Caesar: A Great Life in Brief*. Nova York: Alfred A. Knopf, 1955.

Dyson, Michael Eric. *Making Malcolm: The Myth and Meaning of Malcolm X*. Nova York: Oxford University Press, 1995.

Eddowes, Michael. *The Oswald File*. Nova York: Clarkson N. Potter, 1977.

Encyclopedia Americana. Danbury, Conn.: Grolier, 2001.

Epstein, Edward Jay. *Inquest: The Warren Commission and the Establishment of the Truth*. Nova York: Bantam, 1966.

Estleman, Loren D. *Billy Gashade: An American Epic*. Nova York: Tor Books, 1997.

Fetherling, George. *A Biographical Dictionary of the World's Assassins*. Nova York: Random House, 2002.

Bibliografia

Fineran, John Kingston. *The Career of a Tinpot Napoleon: A Political Biography of Huey P. Long*. New Orleans, La.: Private Press, 1986.

Fischer, Louis. *The Life of Lenin*. Nova York: Harper & Row, 1964.

Flynt, Larry. *An Unseemly Man: My Life as a Pornographer, Pundit, and Social Outcast*. Nova York: Dove Books, 1996.

Frank, Joe. *The Death of Trotsky*. [gravação em áudio] Washington, D. C.: National Public Radio, 1979.

Frost-Knappman, Elizabeth, editora. *The World Almanac of Presidential Quotations: Quotations from America's Presidents*. Nova York: Pharos Books, 1988.

Fuhrmann, Joseph T. *Rasputin: A Life*. Nova York: Praeger, 1990.

Gaffikin, Frank. *Northern Ireland: The Thatcher Years*. London: Zed, 1990.

Ganguly Meenakshi. "His Principle of Peace Was Bogus", 14 de fevereiro de 2000 (www.time.com/time/asia/magazine/2000/0214/india/godse.html).

Gardiner, Joseph L. *Departing Glory: Theodore Roosevelt as Ex-President*. Nova York: Scribner's, 1973.

Garrison, Jim. *On the Trail of the Assassins*. Nova York: Warner Books, 1991.

Geary, Rick. *The Fatal Bullet: The True Account of the Assassination, Lingering Pain, Death, and Burial of James A. Garfield, Twentieth President of the United States*. Nova York: Nantier, Beall Minoustchine, 1999.

Giancana, Sam, e Chuck Giancana. *Double Cross*. Nova York: Warner Books, 1992.

Gilbert, Martin. *Churchill: A Life*. Nova York: Henry Holt, 1991.

Gilbert, Robert E. *The Mortal Presidency: Illness and Anguish in the White House*. Nova York: BasicBooks, 1992.

Godse, Gopal. *Gandhi's Murder & After*. Délhi, Índia: S. T. Godbole, 1989.

Goldman, Peter. *The Death and Life of Malcolm X*. Nova York: Harper & Row, 1973.

Gottschalk, Louis R. *Jean Paul Marat: A Study in Radicalism*. Nova York: Benjamin Bloom, 1927.

Gould, Lewis L. *The Presidency of William McKinley*. Lawrence, Kansas: Regents Press of Kansas, 1980.

Graves, Robert. *I, Claudius: From the Autobiography of Tiberius Claudius, Born B. C. 10, Murdered and Deified A.D. 54*. Nova York: Time, Inc., 1965.

Hair, William Ivy. *The Kingfish and His Realm: The Life and Times of Huey P. Long*. Baton Rouge, La.: Louisiana State University Press, 1991.

Halstead, Murat. *The Illustrious Life of William McKinley, Our Martyred President*. Publicado pelo autor, 1901.

Hamerow, Theodore S. *On the Road to the Wolf's Lair: German Resistance to Hitler*. Cambridge, Mass.: The Belknap Press of Harvard University Press, 1997.

Tentativas, Atentados e Assassinatos que Estremeceram o Mundo

Hansen, Ron. *The Assassination of Jesse James by the Coward Robert Ford*. Nova York: W. W. Norton & Co., 1983.

Harrison, Alexander. *Challenging De Gaulle*. Nova York: Praeger, 1989.

Hayes, H. G., e C. J. Hayes. *A Complete History of the Trial of Charles Julius Guiteau, Assassin of President Garfield*. Philadelphia, Pa.: National Publishing Company, 1882.

Heikal, Mohamed. *Autumn of Fury: The Assassination of Sadat*. Nova York: Random House, 1983.

Hennisart, Paul. *Wolves in the City: The Death of French Algeria*. Nova York: Simon & Schuster, 1970.

Hertz, Emanual. *Lincoln Talks: A Biography in Anecdote*. Nova York: Viking Press, 1939.

Hidell, Al, and Joan D'Arc, editores. *The Conspiracy Reader: From the Deaths of JFK and John Lennon to Government-Sponsored Alien Coverups*. Secaucus, N.J.: Citadel Press, 1999.

Hinckley, Jack e Jo Ann Hinckley. *Breaking Points*. Grand Rapids, Mich.: Chosen Books, 1985.

Hitler, Adolf. *Mein Kampf*. Nova York: Houghton Mifflin, 1971.

Hoffman, Peter. *Hitler's Personal Security*. Nova York: Da Capo Press, 2000.

Hoover, Herbert. *The Memoirs of Herbert Hoover: The Cabinet and the Presidency, 1920-1933*. Nova York: Macmillan, 1951.

Horan, James D., e Paul Sann. *Pictorial History of the Wild West*. Nova York: Crown, 1954.

Hotson, J. Leslie. *The Death of Christopher Marlowe*. London: Nonesuch Press, 1925.

Hunter-Gault, Charlayne. *In My Place*. Nova York: Vintage Books, 1992.

Indiana, Gary. *Three Month Fever: The Andrew Cunanan Story*. Nova York: HarperCollins, 1999.

Jain, J. C. *The Murder of Mahatma Gandhi, Prelude and Aftermath*. Bombaim, Índia: Chetana Limited, 1961.

Jeffers, H. Paul. *Sal Mineo: His Life, Murder, and Mystery*. Nova York: Carroll & Graf, 2000.

Johns, A. Wesley. *The Man Who Shot McKinley*. Nova York: A. S. Barnes, 1970.

Jordan, Vernon E., Jr., com Annette Gordon Reed. *Vernon Can Read!* Nova York: PublicAffairs, 2001.

Josephson, Matthew. *The Robber Barons*. Nova York: Harcourt Brace and Company, 1934.

Kaiser, Robert Blair. *"R.F.K. Must Die!" A History of the Robert Kennedy Assassination and Its Aftermath*. Nova York: E. P. Dutton, 1970.

Kane, Joseph Nathan. *Facts About the Presidents: A Compilation of Biographical and Historical Information*, 6ª edição. Nova York: H. W. Wilson Company, 1993.

Karpin, Michael I, e Ina Friedman. *Murder in the Name of God: The Plot to Kill Yitzhak Rabin*. Nova York: Metropolitan Books, 1998.

Khosla, G.D. *The Murder of the Mahatma*. London: Chatto & Windus, 1963.

Klaber, William, e Philip H. Melanson. *Shadow Play*. Nova York: St. Martin's Press, 1997.

Knight, Janet M., editora. *Three Assassinations: The Deaths of John & Robert Kennedy and Martin Luther King*. Nova York: Checkmark Books, 1978.

Knowles, David. *Thomas Becket*. Stanford, Calif.: Stanford University Press, 1991.

Kramarz, Joachim. *Stauffenberg: The Architect of the Famous July 20th Conspiracy to Assassinate Hitler*. Nova York: Macmillan, 1967.

Lacoutre, Jean. *Nasser: A Biography*. Nova York: Alfred A. Knopf, 1974.

Lane, Mark. *Rush to Judgement*. Nova York: Fawcett Crest, 1967.

Lattimer, John K. *Kennedy and Lincoln: Medical and Ballistic Comparisons of Their Assassinations*. Nova York: Harcourt Brace Jovanovich, 1980.

Lee, Spike, com Ralph Wiley. *By Any Means Necessary: The Trials and Tribulations of the Making of Malcolm X*. Nova York: Hyperion, 1992.

Leech, Margaret. *In the Days of McKinley*. Nova York: Harper, 1959.

Lenwood, David G. *Malcolm X: A Selected Bibliography*. Westport, Conn.: Greenwood Press, 1984.

Lesher, Stephan. *George Wallace: American Populist*. Reading, Mass.: Addison-Wesley, 1994.

LeVert, Suzanne. *Huey P. Long: The Kingfish of Louisiana*. Nova York: Facts on File, 1995.

Levick, Barbara. *Claudius*. New Haven, Conn.: Yale University Press, 1990.

Lewis, Wm. Draper. *The Life of Theodore Roosevelt*. Nova York: United Publishers, 1919.

Lifton, David. *Best Evidence: Disguise and Deception in the Assassination of John F. Kennedy*. Nova York: Carroll & Graf, 1988.

Lloyd, Craig. *Aggressive Introvert: A Study of Herbert Hoover and Public Relations Management, 1912-1932*. Columbus, Ohio: Ohio State University Press, 1973.

Long, Huey P. *Every Man a King: The Autobiography of Huey P. Long*. New Orleans, La.: National Book Company, 1933.

Low, Peter. *The Trial of John W. Hinckley Jr*. Mineola, N.Y.: Foundation Press, 1986.

Lyons, Herbert. *Herbert Hoover: A Biography*. Garden City, N.Y.: Doubleday & Company, 1948.

Magill, Frank N. *Great Lives from History*. Englewood Cliffs, N.J.: Salem Press, 1987.

Malgonkar, Manohan. *The Men Who Killed Gandhi*. Délhi, Índia: Macmillan, 1978.

Malhotra, Inder. *Indira Gandhi: Personal and Political Biography*. Boston, Mass.: Northeastern University Press, 1989.

Manchester, William. *The Death of a President*. London: Michael Joseph, 1967.

Manners, William. *TR and Will: The Friendship that Split the Republican Party*. Nova York: Harcourt, Brace & World, 1969.

Mansfield, Peter. *Nasser's Egypt*. Nova York: Penguin, 1965.

Manvell, Roger, e Heinrich Fraenkel. *The Men Who Tried To Kill Hitler*. Nova York: Coward-McCann, 1964.

Markham, Ronald e Ron LeBreque. *Obsessed: The Stalking of Theresa Saldana*. Nova York: William Morrow & Co., Inc., 1994.

Maxwell-Stuart, P. G. *Chronicle of the Popes: The Reign-by-Reign Record of the Papacy from St. Peter to the Present*. London: Thames and Hudson, 1997.

McKinley, William. *Speeches and Addresses of William McKinley*. Nova York: Appleton, 1893.

McMillan, Priscilla Johnson. *Marina and Lee*. Nova York: Harper & Row, 1977.

McPherson, James M. *"To the Best of My Ability": The American Presidents*. Nova York: Dorling Kindersley, 2000.

_____. *Abraham Lincoln and the Second American Revolution*. Nova York: Oxford, 1991.

Melanson, Philip H. *Spy Saga: Lee Harvey Oswald and U.S. Intelligence*. Nova York: Praeger Publishers, 1990.

_____. *The Murkin Conspiracy: An Investigation into the Assassination of Dr. Martin Luther King Jr.* Nova York: Praeger Publishers, 1989.

Miller, Nathan. *Star-Spangled Men: America's Ten Worst Presidents*. Nova York: Scribner, 1998.

Moldea, Dan E. *The Killing of Robert F. Kennedy: An Investigation of Motive, Means and Opportunity*. Nova York: W. W. Norton & Co., 1995.

Momigliano, Arnaldo D. *Claudius: The Emperor and His Achievements*. Oxford, England: Clarendon Press, 1934.

Moore, Jim. *Conspiracy of One: The Definitive Book on the Kennedy Assassination*. Fort Worth, Texas: The Summit Group, 1991.

Morgan, H. Wayne. *William McKinley and His America*. Syracuse, N.Y.: Syracuse University Press, 1963.

Morgan, Ted. *FDR: A Biography*. Nova York: Simon and Schuster, 1985.

Morris, Edmund. *Dutch: A Memoir of Ronald Reagan*. Nova York: Random House, 1999.

_____. *Theodore Rex*. Nova York: Random House, 2001.

Nash, Jay Robert. *Bloodletters and Badmen: A Narrative Encyclopedia of American Criminals, from the Pilgrims to the Present*. Nova York: M. Evans & Co., 1995.

Ngor, Haing. *Haing Ngor: A Cambodian Odyssey*. Nova York: Macmillan, 1987.

Noguchi, Thomas T., M.D., com Joseph Di Mona, *Coroner at Large*. Nova York: Simon and Schuster, 1985.

Nossiter, Adam. *Of Long Memory: Mississippi and the Murder of Medgar Evers*. Reading, Mass.: Addison-Wesley, 1994.

O'Balance, Edgar. *The Algerian Insurrection, 1954-62*. Hamden, Conn.: Archon Books, 1967.

Bibliografia

Ocampo, Ambeth R. *Mabini's Ghost*. Manila, Filipinas: Anvil Publishing, 1995.

Olcott, Charles S. *The Life of William McKinley*. Boston, Mass.: Houghton, Mifflin, 1916.

Orth, Maureen. *Vulgar Favors: Andrew Cunanan, Gianni Versace, and the Largest Failed Manhunt in U.S. History*. Nova York: Delacorte Press, 1999.

Oswald, Robert L., com Myrick Land e Barbara Land. *Lee: A Portrait of Lee Harvey Oswald*. Nova York: Coward-McCann, 1967.

"The Papal Years: Charisma and Restoration." (www.cnn.com/SPECIALS/1999/pope/bio/papal)

Parton, James. *Life of Jackson*. Nova York: Mason Brothers, 1860.

Pavy, Donald. *Accident and Deception: The Huey Long Shooting*. New Ibeiera, La.: Cajun Publishing, 1999.

Payne, Robert. *The Life and Death of Lenin*. Nova York: Simon and Schuster, 1964.

_____. *The Life and Death of Trotsky*. Nova York: McGraw-Hill, 1977.

Pedrosa, Carmen Navarro. *Imelda Marcos: The Rise and Fall of One of the World's Most Powerful Women*. Nova York: St. Martin's Press, 1987.

Pepper, William F. *Orders to Kill: The Truth Behind the Murder of Martin Luther King*. Nova York: Carroll & Graf, 1995.

Peri, Yoram, editor. *The Assassination of Yitzhak Rabin*. Stanford, Calif.: Stanford University Press, 2000.

Picchi, Blaise. *The Five Weeks of Giuseppe Zangara: The Man Who Would Assassinate FDR*. Chicago, Ill.: Academy Chicago Publishers, 1998.

Pickles, Dorothy. *Algeria and France: From Colonialism to Cooperation*. Nova York: Praeger Publishers, 1963.

Pinciss, Gerald. *Christopher Marlowe*. Nova York: Frederick Ungar Publishing, 1975.

Posner, Gerald. *Case Closed: Lee Harvey Oswald and the Assassination of JFK*. Nova York: Random House, 1993.

Potter, John Mason. *Plots Against the Presidents*. Nova York: Astor-Honor, 1968.

Radzinsky, Edvard. *The Rasputin File*. Nova York: Doubleday, 2000.

Ramsland, Katherine. "Stalkers: The Psychological Terrorist" www.thecrimelibrary.com (Courtroom Television Network, 2001).

Randall, J. G., e Richard N. Current. *Lincoln the President: Last Full Measure*. Nova York: Dodd, Mead & Company, 1955.

Ray, James Earl. *Who Killed Martin Luther King?* Nova York: Shooting Star Press, 1997.

Reader's Digest Press. *Legend: The Secret World of Lee Harvey Oswald*. Nova York: McGraw-Hill, 1978.

Report of the President's Commission on the Assassination of President Kennedy. Washington, D.C.: United States Government Printing Office, 1964.

Tentativas, Atentados e Assassinatos que Estremeceram o Mundo

Rohrs, Richard C. "Partisan Politics and the Attempted Assassination of Andrew Jackson". *Journal of the Early Republic*, 1981.

Rosa, Joseph G. *Alias Jack McCall: A Pardon or Death?* Kansas City, Kans.: University of Kansas Press, 1967.

_____. *Wild Bill Hickok: The Man & His Times*. Lawrence, Kans.: University of Kansas Press, 1996.

Rosenberg, Charles E. *The Trial of the Assassin Guiteau: Psychiatry and the Law in the Gilded Age*. Chicago, Ill.: University of Chicago Press, 1995.

Ross, James. *I, Jesse James*. Thousand Oaks, Calif.: Dragon Publishing, 1988.

ed-Sadat, Anwar. *In Search of Identity*. Nova York, Harper & Row, 1977.

Sadat, Camelia. *My Father and I*. Nova York: Macmillan, 1985.

Sandburg, Carl. *Abraham Lincoln: The Prairie Years and the War Years: One-Volume Edition*. Nova York: Harcourt, Brace and Company, 1954.

Scammell, Michael. *Solzhenitsyn: A Biography*. Nova York: W. W. Norton & Co., 1984.

Schoenbrun, David, *The Three Lives of Charles de Gaulle*. Nova York: Atheneum, 1968.

Schultz, Duane. *The Dahlgren Affair: Terror and Conspiracy in the Civil War*. Nova York: W. W. Norton & Co., 1999.

Segal, Ronald. *Leon Trotsky: A Biography*. Nova York: Pantheon Books, 1979.

Seles, Monica, e Nancy Ann Richardson. *Monica: From Fear to Victory*. Nova York: HarperCollins, 1996.

Service, Robert. *Lenin: A Biography*. Cambridge, Mass.: Harvard University Press, 2000.

Shearing Joseph. *The Angel of the Assassination*. London: Heinemann, 1935.

Sheffer, Gabriel, editor. *Innovative Leaders in International Politics*. Albany, N.Y.: State University of Nova York Press, 1993.

Shilts, Randy. *The Mayor of Castro Street: The Life and Times of Harvey Milk*. Nova York: St. Martin's, 1982.

Sifakis, Carl. *Encyclopedia of Assassinations*. Nova York: Checkmark Books, 2001.

Simonelli, Frederick J. *American Fuehrer: George Lincoln Rockwell and the American Nazi Party*. Chicago, Ill.: University of Illinois Press, 1999.

Singh, Harbhajan. *Indira Gandhi: A Prime Minister Assassinated*. Nova Délhi, Índia: Vikas Publishing, 1985.

Singular, Stephen. *Talked to Death: The Life and Murder of Alan Berg*. Nova York: William Morrow and Co., 1987.

Sinkin, Stevie. *A Preface to Marlowe*. Essex, England: Pearson Education Limited, 2000.

Smith, Richard H. *Thomas E. Dewey and His Times*. Nova York: Simon and Schuster, 1982.

Smith, Theodore Clark. *The Life and Letters of James Abram Garfield*. Hamden, Conn.: Archon Books, 1968.

Bibliografia

Solanas, Valerie. *The SCUM Manifesto*. Nova York: Olympia Press, 1968.

Spignesi, Stephen J. *JFK Jr*. Secaucus, N.J.: Citadel Press, 1997.

_____. *The Beatles Book of Lists*. Secaucus, N.J.: Citadel Press, 1998.

_____. *The Italian 100*. Secaucus, N.J.: Citadel Press, 1997.

_____. *The USA Book of Lists*. Franklin Lakes, N.J.: New Page Books, 2000.

St. George, Judith. *In the Line of Fire: Presidents' Lives at Stake*. Nova York: Holiday House, 1999.

Steers, Edward, Jr. *Blood on the Moon: The Assassination of Abraham Lincoln*. Lexington, Ky.: University of Kentucky Press, 2001.

Stern, Philip Van Doren. *The Man Who Killed Lincoln: The Story of John Wilkes Booth and His Part in the Assassination*. Nova York: Random House, 1939.

Stevens, Serita Deborah, com Anne Klarner. *Deadly Doses: A Writer's Guide to Poisons*. Cincinnati, Ohio: Writer's Digest Books, 1990.

Stryker, Susan, e James Van Buskirk. *Gay by the Bay: A History of Queer Culture in the San Francisco Bay Area*. San Francisco, Calif.: Chronicle Books, 1996.

Sullivan, George. *They Shot the President: Ten True Stories*. Nova York: Scholastic, 1993.

Sumner, William Graham. *Andrew Jackson as a Public Man: What He Was, What Chances He Had, and What He Did With Them*. Boston, Mass.: Houghton, Mifflin and Company, 1882.

Tannebaum, Samuel A. *The Assassination of Christopher Marlowe (A New View)*. Hamden, Conn.: The Shoe String Press, 1928.

Taylor, John M. *William Henry Seward: Lincoln's Right Hand*. Nova York: HarperCollins, 1991.

Tharp, Mike. "In the Mind of a Stalker." *U.S. News & World Report*. 17 de fevereiro de 1992. (Vol. 112, Nº 6.)

Thatcher, Margaret. *The Downing Street Years*. Nova York: HarperCollins, 1993.

Thomas, Benjamin, *Abraham Lincoln*. Nova York: Alfred A. Knopf, 1952.

Thompson, Josiah. *Six Seconds in Dallas: A Microstudy of the Kennedy Assassination*. Nova York: Berkley, 1976.

Thomsett, Michael C. *The German Opposition to Hitler: The Resistance, the Underground, and Assassination Plots, 1938-1945*. Jefferson, N.C.: McFarland & Company, 1997.

Toland, John. *Hitler*. Garden City, N.J.: Doubleday, 1976.

Triplett, Frank. *The Life, Times & Treacherous Death of Jesse James*. Chicago, Ill.: Swallow Press, 1970.

Trotsky, Leon. *My Life*. Nova York: Charles Scribner's Sons, 1930.

Tucker, Robert C., editor. *The Lenin Anthology*. Nova York: W. W. Norton & Co., 1975.

Turner, Lowri. *Gianni Versace: Fashion's Last Emperor*. London: Essential, 1997.

Tentativas, Atentados e Assassinatos que Estremeceram o Mundo

Ulam, Adam B. *The Bolsheviks*. Nova York: Macmillan, 1965.

Vidal, Gore. *Lincoln*. Nova York: Random House, 1984.

Wallechinsky, David. *David Wallechinsky's Twentieth Century: History with the Boring Parts Left Out*. Nova York: Little, Brown and Company, 1995.

Warhol, Andy. *The Andy Warhol Diaries*. Nova York: Warner Books, 1989.

Warren Commission Report on the Assassination of President John F. Kennedy, The. Washington, D.C.: U.S. Government Printing Office, 1964.

Weigel, George. *Witness to Hope: The Biography of Pope John Paul II*. Nova York: Cliff Street Books, 1999.

Wells, H.G. *The Outline of History: Being a Plain History of Life and Mankind*, 2 volumes. Garden City, N.Y.: Garden City Books, 1961.

Wieczynski, Joseph L., editor. *The Modern Encyclopedia of Russian and Soviet History*. Gulf Breeze, Fla.: Academic International Press, 1982.

Williams, Harry T. *Huey Long*. Nova York: Alfred A. Knopf, 1970.

Wilson, Francis. *John Wilkes Booth: Fact and Fiction of Lincoln's Assassination*. Nova York: Houghton Mifflin, 1929.

Winston, Richard. *Thomas Becket*. Nova York: Alfred A. Knopf, 1967.

Wolcott, Martin Gilman. *The Evil 100*. Nova York: Kensington, 2002.

Wood, Joe, editor. *Malcolm X: In Our Own Image*. Nova York: St. Martin's Press, 1992.

X. Malcolm, e Bruce Perry, editor. *Malcolm X: The Last Speeches*. Nova York: Pathfinder, 1989.

X, Malcolm, com Alex Haley. *The Autobiography of Malcolm X*. Nova York: Grove Press, 1965.

Yang, Hugo. *The Iron Lady: A Biography of Margaret Thatcher*. Nova York: Farrar, Strauss Giroux, 1989.

Ziegler, Philip. *Mountbatten*. Nova York: Alfred A. Knopf, 1985.

ÍNDICE REMISSIVO

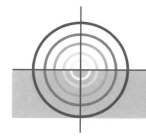

A

Abrams, Michael, 83-85
Agca, Mehmet Ali, 184-186
Agripina, a Jovem, 23
All the King's Men, 144
Al-Qaeda, 180
Amir, Yigal, 190-192
Apanhador no Campo de Centeio, O, 135
Appel Quay, 56
Arafat, Yasser, 192
Arco do Triunfo, 17
Assassinos, 180
Atzerodt, George A., 110-112

B

Bardo, Robert John, 217-219
Beckett, São Tomás, 1
Beckett, Thomas à, 1
Berg, Alan, 4
Berkman, Alexander, 66-68
   suicídio de, 69
bin Laden, Osama, 173
BOAC, 20
Bogosian, Eric, 6

Booth, John Wilkes, 138-140
Bravo, Jesse, o, 108
Bremer, Arthur Herman, 244-246
Bremer, Arthur, X
"Brighton, o Bombardeiro de", 230
Brunerie, Maxime, 16
Bruto, Marco, 7,8
Burke, Karen, 80-82
Bush, George, 199
Butler, Major-General Benjamin, 39-40
Byck, Samuel, 178

C

Calpúrnia, 9
Cantuária, 1-13
Carpenter, John Henry, 34
Carter, Jimmy, 10-12
Cássio, 7, 8
Castro, Fidel, 13-15, 120
Cermak, Anton, 206
César, Júlio, 7
Champs-Elysées, 16
Chapman, Mark David, 133-136
Chenhalls, Tregear, 20

Tentativas, Atentados e Assassinatos que Estremeceram o Mundo

Chicago Daily Tribune, 47
Chirac, Jacques, 16-18
Churchill, Winston, 19
CIA, 13-15
Cláudio, 22-24
Clinton, Bill, 25
Collazo, Oscar, 238-240
Companhia Siderúrgica Carnegie, 66
Comunista, o último, 14
Connally, John, 29, 182
 tratamento médico de, 30-31
Corday, Charlotte, 148
Crane, Bob, 33-36
Cricklade, Robert of, 1
Cruzadas, 2
Cunanan, Andrew, 241
Czolgosz, Leon, 159

D

Dahlgren, Ulrich, 38
Davis, Jefferson, 37
De Gaulle, Charles, 18, 41-43
De La Beckwith, Byron, 48-50
Depósito de Livros, 118
Dewey, Thomas, 45
Dia da Bastilha, 16
Dimaali, Carlito, 157
Duran, Francisco Martin, 25

E

Ebert, Roger, 4
Élia, 23
el-Sadat, Anuar, 210-212
Elser, Johann George, 94
Epitáfio de Wild Bill, 92
Escola Militar, 43
Evers, Medgar, 48

F

Farrakhan, Louis, 52
Ferdinando, arquiduque Francisco, 55
Flynt, Larry, 58
Ford, Charley, 107-109
Ford, Gerald, 62
Ford, Robert Newton, 107-109
Foster, Jodie, 199-200
Franklin, Joseph Paul, 113-115
Frente Nacional Islâmica, 173
Friar Park, 84
Frick, Henry Clay, 66
Frizer, Ingram, 155-158
Fromme, Lynette "Squeaky" Alice, 62
Fundo Universitário dos Negros Unidos,
 115

G

Gandhi, Indira, 70
Gandhi, Mohandas, 73
Garfield, James, 77
Gettysburg, a Batalha de, 139-140
Godse, Nathuram Vinayak, 74
Goldman, Emma, 66, 68
Graf, Steffi, 222
Greer, Germaine, 80, 82
Grim, Edward, 3
Gritos do Silêncio, Os, 176
Guerra, Sombra e Água Fresca, 33
Guiteau, Charles J., 77-79

H

Hagan, Thomas, 146
Haig, Alexander, 199
Harrison, George, 83, 85, 134
Hartman, Brynn, 87
Hartman, Phil, 87

Índice Remissivo

Henrique II, rei, 1

Henrique II, rei, 2-3

Hickok, Wild Bill, 90

Hinckley, John W., 10, 116-117, 198-200

Hitler, Adolf, 6, 93, 203

Hoover, Herbert, 97

Hoover, J. Edgar, 129

Hotel Lorraine, 128

Howard, Leslie, 20

Humphrey, Hubert, 99, 126

Hustler, 60, 113

I

IRA, 169, 171, 230, 231

Isle, Belle, 38

J

Jackson, Andrew, 101
    fatos interessantes sobre o assassinato de, 103

Jackson, reverendo Jesse, 104, 106

James, Jesse, 107

Jesse, o Gentil, 108

Johnson, Andrew, 110

Jordan, Vernon, 113

Juventude Transviada, 167

K

Kaplan, Fania, 131

Kennedy, Edward, 116

Kennedy, John F., IX, 118, 121, 181, 182, 214

Kennedy, Robert F., 123

KGB russo, 227-229

Khmer Vermelho, 176-177

Kilpatrick, Hugh Judson, 38

King Jr., Martin Luther, 127

Kocan, Peter, 99

Ku Klux Klan, 49, 115

L

Lane, David Eden, 4

Lawrence, Richard, 101

le recknynge, 157

Lenin, Vladimir, 130

Lennon, John, 133

Lepke, Louis, 46

Life, 122

Liga Urbana Nacional, 115

Lincoln, Abraham, 111-112, 137

Long, Huey P., 141

Love, Courtney, 59-60

Luciano, Lucky, 45, 46

Luftwaffe, a Alemã, 19-20

M

Máfia, 13-14

Magee, Patrick, 230-233

Malcolm X, 145-147

Marat, Jean-Paul, 148

Marcos, Imelda, 152

Marlowe, Christopher, 155, 158

Mathews, Robert Jay, 4

McCall, John "Jack", 90-92

McKinley, William, 159

McMahon, Thomas, 169

Mendoza, Benjamin, 187-189

Mercader, Ramon, 235-236

Messalina, 24

Miglin, Lee, 242

Milk, Harvey, 162, 164

Mineo, Sal, 165, 167

Mitchell, Margaret, 20

Moldea, Dan, 125

– 283 –

Tentativas, Atentados e Assassinatos que Estremeceram o Mundo

Mountbatten, Lorde, 168-171
Mubarak, Hosni, 172-174, 192
Museu Gavrilo Princip, 57

N

NAACP, 50
Navratilova, Martina, 222
neonazistas, 16
New York Times, 107
Newsradio, 87
Ngor, Haing S., 175-177
Nixon, Richard, 126, 178-180

O

O'Neal, Jewel, 143
Ono, Yoko, 134
Organização pela Libertação da Palestina (OLP), 192
Oswald, Lee Harvey, 29, 118, 181-183

P

Paine, Lewis, 223-226
Pan-Americana, Exposição, 160
Papa João Paulo II, 184-186
Papa Paulo VI, 187-189
Parche, Günther, 220-222
Parker, John, 140
Parr, Jerry, 198-199
Partido Nacional-Socialista dos Homens Brancos, 203
Partido Nazista Americano, 201
Peirce, Bruce Carroll, 4
Plater, John, 201-203
Pláucia, 23
Plutarco e Suetônio, 8
Pompeu, 8-9
Princip, Gabrilo, 55-57

R

Rabin, Yitzhak, 190-192
Radio City Music Hall, 136
Rasputin, 193-196
Ray, James Earl, 128-129
Reagan, Ronald, 10, 11, 197-200
Republic, Arizona, 35
Rio Monongahela, 69
Rockwell, George Lincoln, 201-203
Roosevelt, Franklin Delano, 204-206
Roosevelt, Theodore, 207-209
Ruby, Jack, 118-183

S

Saldana, Theresa, 213-216
San Francisco Examiner, 64
Saturday Night Live, 87
Schaeffer, Rebecca, 217-219
Schrank, John N., 208-209
Scotland Yard, 128
Secreto, serviço, 26-27
Seles, Monica, 220-226
Serviço secreto, 99
Seward, William Henry, 223-226
Shabazz, Qubilah, 52
Shadow V, 169-170
Shakespeare, William, 7
Singh, Beant, 70-72
Singh, Satwant, 70-72
Sirhan, Sirhan Bishara, 124-126
Solanas, Valerie, 247-250
Soljenitsin, Alexandre, 227-229
Stalin, Iosif, 130, 235-237
Suleiman, Said Hassan, 173

Índice Remissivo

T

Thatcher, Margaret, 230-232
Torresola, Griselio, 238-240
Touro Indomável, 213
Trotski, Leon, 234-237
Truman, Harry S., 238-240

V

Versace, Gianni, 241-243
von Schlabren, Fabian, 95

W

Wallace, George, 244-249
Warhol, Andy, 247-250

Weiss, Dr. Carl, 142-144
White, James Daniel, 163-164
Williams, Lionel Ray, 165-167
Williams, Londell, 105-106
Williams, Tammy, 105-106
Workman, Charlie "Besouro", 47

X

X, Malcolm, 145

Z

Zangara, Giuseppe, 97, 204-206

Impressão e Acabamento
Oesp Gráfica S.A. (Com Filmes Fornecidos Pelo Editor)
Depto. Comercial: Alameda Araguaia, 1.901 - Tamboré - Barueri - SP
Tel. 4195 - 1805   Fax: 4195 - 1384

CADASTRO DO LEITOR

- Vamos informar-lhe sobre nossos lançamentos e atividades
- Favor preencher todos os campos

Nome Completo (não abreviar):

Endereço para Correspondência:

Bairro: Cidade: UF: Cep:

Telefone: Celular: E-mail: Sexo: F   M

Escolaridade:

- [ ] 1º Grau
- [ ] 2º Grau
- [ ] 3º Grau
- [ ] Pós-Graduação
- [ ] MBA
- [ ] Mestrado
- [ ] Doutorado
- [ ] Outros (especificar): _____

Obra: **Tentativas, Atentados e Assassinatos que Estremeceram o Mundo – Stephen J. Spignesi**

Classificação: **História**

Outras áreas de interesse: _____

Quantos livros compra por mês?: _____ por ano? _____

Profissão: _____

Cargo: _____

Enviar para os faxes: **(11) 3079-8067/(11) 3079-3147**

ou e-mail: **vendas@mbooks.com.br**

Como teve conhecimento do livro?

- [ ] Jornal / Revista. Qual? _____
- [ ] Indicação. Quem? _____
- [ ] Internet (especificar *site*): _____
- [ ] Mala-Direta: _____
- [ ] Visitando livraria. Qual? _____
- [ ] Outros (especificar): _____

M.BOOKS

M. Books do Brasil Editora Ltda.

Av. Brigadeiro Faria Lima, 1993 - 5º andar - Cj 51
01452-001 - São Paulo - SP Telefones: (11) 3168-8242/(11) 3168-9420
Fax: (11) 3079-3147 - e-mail: vendas@mbooks.com.br

DOBRE AQUI E COLE

CARTA – RESPOSTA
NÃO É NECESSÁRIO SELAR

O selo será pago por
M. BOOKS DO BRASIL EDITORA LTDA

AC Itaim Bibi
04533-970 - São Paulo - SP